城市轨道交通工程
油气田瓦斯隧道施工指南

主编　高峰　郭刚　肖军

中国建材工业出版社

图书在版编目（CIP）数据

城市轨道交通工程油气田瓦斯隧道施工指南/高峰，郭刚，肖军主编．--北京：中国建材工业出版社，2020.6

ISBN 978-7-5160-2765-3

Ⅰ.①城… Ⅱ.①高… ②郭… ③肖… Ⅲ.①城市铁路—铁路隧道—隧道施工—指南 Ⅳ.①U459.1-62

中国版本图书馆 CIP 数据核字（2019）第 282334 号

城市轨道交通工程油气田瓦斯隧道施工指南
Chengshi Guidao Jiaotong Gongcheng Youqitian Wasi Suidao Shigong Zhinan
主编　高峰　郭刚　肖军

出版发行：中国建材工业出版社
地　　址：北京市海淀区三里河路1号
邮　　编：100044
经　　销：全国各地新华书店
印　　刷：北京鑫正大印刷有限公司
开　　本：787mm×1092mm　1/16
印　　张：15
字　　数：360千字
版　　次：2020年6月第1版
印　　次：2020年6月第1次
定　　价：79.80元

本社网址：www.jccbs.com，微信公众号：zgjcgycbs
请选用正版图书，采购、销售盗版图书属违法行为

本书编写委员会

主　审　朱俊平　蒋宗全

主　编　高　峰　郭　刚　肖　军

副主编　彭宝富　张文选　孙志强

编　者　罗世刚　刘家铮　刘海涛　胡慧慧

蔺怀洲　陈　涛　张珍贵　赵建波

李　信　孙慕楠　李江洪　张秀敏

刘　毅

前　言

随着铁路、地铁建设的飞速发展，隧道施工比例越来越大、瓦斯隧道越来越多，穿越油气田区的隧道也越来越多，与煤层瓦斯不同，油气田区瓦斯具有特殊的生成、赋存机制，瓦斯无处不在，发生瓦斯燃烧和爆炸的风险极高。因此，在城市轨道交通隧道施工过程中瓦斯管理与控制十分关键，研究瓦斯隧道施工技术对于预防瓦斯突发性施工，减少灾害性损失具有极其重要的意义。

城市轨道交通工程油气田瓦斯隧道属于高风险隧道，施工难度大、技术要求高、安全风险大。瓦斯隧道的施工安全是施工管理的重中之重，在瓦斯隧道施工之前，首先要系统了解瓦斯及瓦斯隧道知识；其次要重点分析瓦斯隧道施工安全技术和施工安全管理措施，最后要了解瓦斯隧道瓦斯异常处理案例等。瓦斯隧道施工安全技术：基于瓦斯隧道超前地质预报的超前谋划，隧道安全用电和瓦斯隧道机械设备防爆改装是确保瓦斯隧道安全施工的准备工作。施工通风是确保隧道施工安全的重要前提，良好的通风设计、通风方案、通风专业化管理是防止瓦斯积聚、降低瓦斯浓度、保障施工作业环境的关键手段；施工过程中的瓦斯监测与检测及瓦斯防控工作属于过程管控，是瓦斯隧道施工过程中的管控重点。瓦斯隧道安全管理是从体系、制度、现场、日常检查、应急等全过程、全方面、全部人员进行城市轨道交通工程油气田瓦斯隧道安全管理。基于具体隧道施工过程中的瓦斯异常涌出防治示例是走进施工现场、了解瓦斯危害及具体防治措施的关键。城市轨道交通工程瓦斯隧道在地铁运行过程中的瓦斯防控是地铁运行安全的保障，是隧道后期使用过程中的重点监控对象。

瓦斯隧道一旦发生事故，多为群死群伤事故，社会危害极大。安全是无数个0前面的1，没有安全，效益更无从谈起。安全是施工的前提和保障，做好瓦斯隧道安全管理工作是城市轨道交通工程油气田瓦斯隧道施工的第一要务。

因水平所限，有些问题尚需进一步论证，论述也未必适当，疏漏甚至错误之处在所难免，诚请专家和读者不吝赐教，予以指正！

编　者

2020年5月

目　录

1 绪　　论

随着铁路、地铁建设的飞速发展，隧道施工比例越来越大、瓦斯隧道越来越多，穿越油气田区的隧道也越来越多，与煤层瓦斯不同，油气田区瓦斯具有特殊的成生、赋存机制。煤系地层的瓦斯产生于煤层，有煤层的区段才有瓦斯，而油气田瓦斯则存在于巨大的生（油气层）、储（油气层）、盖（层）构造体系中。隧道穿越这样的地层，就会产生瓦斯无处不在的现象。发生瓦斯燃烧和爆炸的风险极高，因此在地铁隧道施工过程中瓦斯管理与控制十分关键，本书主要探讨了油气田区隧道瓦斯产生的形式与危害，深入论述了施工过程中瓦斯的管理与控制的重要性，对于确保施工安全具有重要指导意义。

1.1 油气田瓦斯的基本知识

1.1.1 油气田瓦斯的概念

油气田是指受单一局部构造单位所控制的同一面积内的油藏、气藏、油气藏的总和。如果在这个局部构造范围内只有油藏，称为油田；只有气藏，称为气田。对于油气田的理解应该包含以下几个概念：

（1）油气田是指石油和天然气聚集的场所。

（2）一个油气田总是受某一局部构造单位所控制，这个“局部构造”是广义的，它可以是背斜、单斜、断块、盐丘等，也可以是礁块、不整合、古潜山、古沙洲等构造单位。

（3）一个油气田占有一定面积，这个面积无论大小，总是受单一局部构造单元控制的。

（4）一个油气田产油面积内可以包括一个或若干个油藏或气藏。

石油地质学家总结实践经验，提出油气田形成要具备生、储、盖、圈四大要素，要经历运移、聚集、保存等过程。生、储、盖、圈四大要素，是指生油层、储集层、盖层和圈闭。生油层生成的油气，运移到储集层，再在储集层经过横向和纵向运移，进入圈闭中，这类局部构造单位可以是穹隆、背斜、单斜、刺穿构造等，在它们所控制的范围内往往伴生多种圈闭，即形成油气田。

1.1.2 油气田瓦斯与煤田瓦斯的区别

通常所说的瓦斯是指煤矿瓦斯，是古代植物在堆积成煤的初期，纤维素和有机质经厌氧菌的作用分解而成。在高温、高压的环境中，在成煤的同时，由于物理和化学作用，继续生成瓦斯。油气田区的瓦斯是指天然气（Natural Gas），即俗称的天然瓦斯，它是古生物遗骸长期沉积地下，经慢慢转化及变质裂解而产生的气态碳氢化合物，其主要成分为甲烷，并含有少量的乙烷、丙烷、丁烷等碳氢化合物及少量的不燃性气体。天然气与液化石油气一样，皆具无色、无味、无毒、易燃、易爆的特性。天然气比重较空气轻，易往上飘散。空气中的天然气含量达5%～16%，遇到火源即会引起燃烧或爆炸。

油气田瓦斯是游离态的，施工隧道穿越含油气构造时，由于隧道断层与节理带的发育，隧道开挖过程中瓦斯无处不在的特点，瓦斯防控困难大。

1.1.3 油气田瓦斯的爆炸机理

甲烷（CH_4）与空气中的混合物吸收一定热量后，分解为化学活性较大的游离基（如—CH_3、—H、—OH等），这类游离基很容易与其余的O_2、CH_4结合，产生更多的游离基，使反应速度迅速上升，高温高压下积蓄的能量瞬间释放，极速向外冲击，形成爆炸。

其最终反应式为

$$CH_4+2O_2 \longrightarrow CO_2+2H_2O$$

1.1.4 油气田瓦斯的爆炸条件

引起瓦斯爆炸或燃烧必须同时满足以下条件：

1. 瓦斯气体聚集到一定浓度

瓦斯爆炸主要是甲烷（CH_4）爆炸，CH_4爆炸浓度界限为5%～16%，当CH_4浓度低于5%时，遇火不爆炸，但能在火焰外围形成燃烧层，火焰呈淡蓝色；当CH_4浓度为9.5%时，其爆炸威力最大（O_2和CH_4完全反应）；CH_4浓度在16%以上时，失去其爆炸性，必须不断供给新鲜空气，才能在接触界面上燃烧，瓦斯爆炸（燃烧）示意图如图1-1所示。

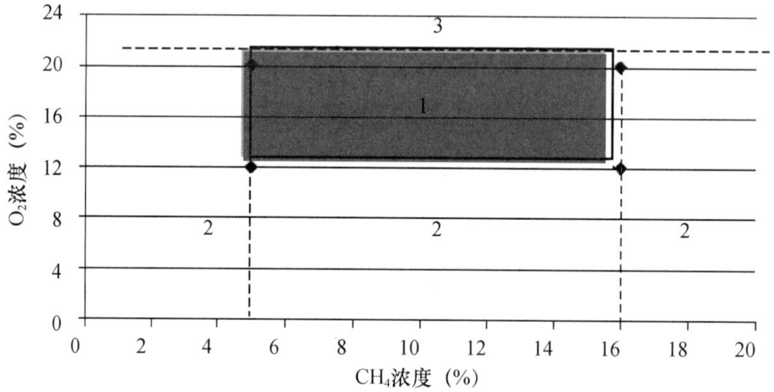

图1-1 瓦斯爆炸（燃烧）示意图

1—爆炸区；2—燃烧区；3—O_2的浓度超常态空气中的浓度，属于可燃烧、可爆炸区，但具体是燃烧还是爆炸的浓度尚待试验研究

2. 混入足够浓度的氧气

实践证明，空气中的O_2浓度降低时，瓦斯爆炸界限随之缩小，当O_2浓度减少到12%以下时，瓦斯混合气体即失去爆炸性。如果有新鲜空气进入，O_2浓度达到12%以

上，就可能发生爆炸。

3. 接触高温热源

引火温度是指点燃瓦斯所需的最低温度，一般认为是 650～750℃。它的高低与瓦斯的浓度有关。瓦斯的浓度与点燃温度的对应关系如表 1-1 所示。我国煤矿瓦斯爆炸的火源主要是电火花和爆破作业，主要发生地点是采掘工作面。

表 1-1 瓦斯的浓度与点燃温度的对应关系

瓦斯浓度（%）	2	3.4	6.5	7.6	8.1	9.5	11	14.7
点燃温度（℃）	810	665	512	510	514	525	539	565

4. 瓦斯与氧气的混合气体有足够时间接触高温热源

瓦斯与高温热源接触时，并不立即燃烧、爆炸，而是经过一个很短的时间间隔，称此现象为引火延迟性，间隔的这段时间称感应期，其值决定 CH_4 和 O_2 的浓度、初压、点火温度，由几毫秒到十几秒。高温热源存在时间小于着火感应期时，CH_4 不会燃烧或爆炸。

1.1.5 影响瓦斯爆炸的因素

瓦斯爆炸界限并不是固定不变的，其变化同混合气体中其他可燃气体、煤尘、惰性气体的多少及混合气体所在环境温度的高低、压力大小等因素有关。

（1）其他气体的掺入：多种气体混入，增加了爆炸性混合气体的浓度，使瓦斯爆炸界限扩大，即爆炸危险下限降低，爆炸危险上限增高。

（2）煤尘掺入：煤尘能燃烧，有的本身还能爆炸；同时，当温度在 300～400℃时，从煤尘之中可以发挥出可燃气体。因此，煤尘混入瓦斯-空气的混合气体中，使瓦斯的爆炸下限降低，爆炸的危险性增加。

（3）初始温度：温度是热能的体现，温度高说明具有的热能大。瓦斯-空气混合气体爆炸时的初始温度高低影响瓦斯的爆炸界限。实践证明，初始温度越高，瓦斯爆炸浓度范围越大（即上限上升，下限下降）。

（4）初始压力：压力本身就是能量。瓦斯-空气混合气体爆炸时的初始压力大小影响瓦斯的爆炸界限。实测表明，初始压力越大，瓦斯爆炸浓度范围越大。

（5）点燃源能量的影响：瓦斯爆炸的最小点燃能量是 0.28mJ。

1.1.6 瓦斯的危害

瓦斯有以下五大危害：

1. 瓦斯燃烧，引起火灾

达到瓦斯燃烧条件时，瓦斯可以燃烧，瓦斯燃烧可以引燃其他辅助设施设备，引起火灾，严重的还会引起设备油箱爆炸等后果，使人员设备等遭受巨大损失。

2. 瓦斯爆炸，导致矿毁人亡

煤矿瓦斯爆炸产生的瞬间温度可达 1850～2650℃，压力可达初压的 9 倍，爆源附近气体以每秒几百米以上的速度向外冲击，使人员伤亡，巷道和器材设施毁坏。爆炸后空气中 O_2 浓度降低，生成大量 CO_2 和 CO，有窒息和中毒危险。

3. 浓度过高，洞内人员缺氧气窒息

常态下，大气中氧气含量接近 21%，也就是说这个浓度是最适合人类生存的大气浓度。当瓦斯含量在 16%以上时，空气中的氧气含量就相对减少，同时因为瓦斯发凉、吸热量比空气大，燃烧时放出的热量被多余的瓦斯吸收了，因此不能引起燃烧和爆炸，但也不能因此而麻痹大意，因为瓦斯超过 16%，虽然失掉了爆炸性，但却带来了严重的窒息作用。当瓦斯含量达到 40%以上时，人就会立即窒息死亡。

4. 瓦斯突出，摧毁巷道

岩土与瓦斯突出事故是隧道掘进过程中，岩体在地应力和瓦斯共同作用下，破碎的岩土和瓦斯由岩体内突然向掘进空间抛出的异常动力现象，表现为几吨至数千吨甚至达万吨以上的破碎岩土在数秒至几十秒时间内，由岩体向掘进空间抛出，同时伴有大量瓦斯涌出，机械、人员掩埋，危害较为严重。

5. 引起中毒

随着瓦斯聚集，瓦斯中的 H_2S、CO 等有毒有害气体浓度升高，超过最高允许浓度，场内人员吸入后，会引发气体中毒事件。根据《公路隧道施工技术规范》（JTG/T F60—2009）的规定，空气中的 CO、CO_2、NO_2 等有害气体浓度必须符合表 1-2 规定。

表 1-2　工作场所空气中有毒物质容许浓度（mg/m^3）

中文名（CAS No.）	MAC	TWA	STEL
二氧化氮	—	5	10
二氧化硫	—	5	10
二氧化碳	—	9000	1800
一氧化氮	—	15	30
一氧化碳			
非高原	—	20	30
高原	—		
海拔 2000～3000m	20	—	—
海拔>3000m	15	—	—

注：MAC——时间加权平均容许浓度（8h）；TWA——最高容许浓度，指在一个工作日内任何时间都不应超过的浓度；STEL——短时间接触容许浓度（15min）。

1.1.7　瓦斯爆炸的预防

1. 防止瓦斯聚集与超限

通风异常与瓦斯异常是造成瓦斯聚集的根本原因。防止瓦斯聚集的措施是避免这些异常的发生，或者一旦出现异常，及时采取措施，在未造成事故或灾害之前，使其恢复正常；如果经处理仍不能恢复正常时，应将其控制在局部地点使异常局部化，并在异常区采取措施杜绝一切可能产生的火源或撤人，确保安全。防止瓦斯聚集与超限的措施如下：

（1）加强通风。隧道通风工作是防止瓦斯聚集最有效也是最基本的措施。建立完善合理的、最佳的隧道通风系统，加强通风管理，保证隧道有足够的新鲜空气，把掌子面以及局部聚集的瓦斯冲淡到规范规定的浓度以下并及时排出。

（2）加强检查。隧道内瓦斯浓度的检查是发现事故隐患的眼睛，也是采取防范和处理措施的依据。准确掌握隧道内瓦斯浓度的变化，是防止瓦斯爆炸的基本手段之一。所以隧道必须建立瓦斯气体的检查制度，严格按照技术交底的次数检查瓦斯，严禁假检漏检。

（3）局部瓦斯聚集的处理。及时处理局部积聚的瓦斯，是预防瓦斯燃烧和爆炸的主要措施之一，也是瓦斯管理工作的重要内容。严格执行相关规定中有关瓦斯浓度的规定和瓦斯超限时必须采取的安全措施，及时处理瓦斯超限和局部瓦斯聚集。

2. 防止瓦斯引爆的措施

火源是瓦斯燃烧和爆炸的必要条件之一，所以在隧道内杜绝火源，是防止瓦斯引燃和爆炸的关键。防止瓦斯引燃的原则是禁止一切非生产火源，对生产中可能产生的火源严格管理和控制。

（1）严格明火管理。严格洞口检查制度，严禁任何人携带烟草及引火物进洞，隧道内禁止吸烟和使用明火。照明要使用安全矿灯，矿灯要严格防爆。隧道内需要进行电焊、气焊时，严格遵守动火作业管理制度。

（2）防止电火花。洞内机械和电气设备及供电网路要符合相关要求，对电气设备的防爆性能应定期检查，不符合要求的及时更换和修理。所有电缆接头不准有“鸡爪子”“羊尾巴”和明接头。

（3）防止爆破火焰。严格炸药、爆破管理，严禁使用产生火焰的爆破器材和爆破工艺。爆破作业必须选用煤矿许用炸药和煤矿许用电雷管。炮眼要用黄泥填满，推广使用水泡泥。严格执行“一炮三检”制度等。

（4）防止摩擦火花。装渣作业时要采用洒水措施，防止火花产生。

（5）防止静电火花。通风使用双抗风管，作业人员穿着纯棉衣物等措施。

3. 防止事故扩大

防止瓦斯聚集与引燃措施是积极的，当有事故发生时，应采取措施尽量减小事故影响范围，防止灾害持续扩大。

瓦斯隧道要制订有针对性的灾害预防预案和应急救援措施，根据实际情况进行定期演练，使每个施工人员熟悉和掌握瓦斯爆炸时的撤离和躲避路线。紧急情况下，作业人员要佩戴自救器，发生瓦斯或其他灾害时能够安全逃生。

1.1.8 我国瓦斯分布状况

据中华人民共和国自然资源部编写的 2018 年《中国矿产资源报告》：全国石油预测的潜在资源量 1257 亿 t，可采资源量 301 亿 t。天然气地质资源量 90 万亿 m^3，可采资源量 50 万亿 m^3。全国埋深 4500m 以浅页岩气地质资源量 122 万亿 m^3，可采资源量 22 万亿 m^3。埋深 2000m 以浅煤层气地质资源量 30 万亿 m^3，可采资源量 12.5 万亿 m^3。

根据天然气水合物资源类型及赋存状态，结合地质条件，初步预测我国海域天然气水合物资源量约 800 亿 t 油当量。

这些资源分布于陆上和近海大陆架，形成于中新生界和古生界的 150 个沉积盆地中，总面积 430 万 km^2，其中陆上 140 个盆地 352 万 km^2，近海大陆架 10 个盆地78 万 km^2。

换言之，油气田区域占我国国土范围的 45%。

目前，我国公路、铁路、地铁、水利水电等基础设施建设正持续快速发展，带来隧道与地下工程建设的蓬勃发展。

截至2018年年底，中国铁路营业里程达13.1万km。其中，投入运营的铁路隧道15117座，总长16331km。

2018年新增开通运营线路铁路隧道550座，总长1005km，其中，长度10km以上特长隧道12座，总长约144km；在建铁路隧道3477座，总长7465km；规划铁路隧道6327座，总长15634km。

在水下隧道方面，2017年7月7日全线贯通的港珠澳大桥沉管隧道是世界上最长、埋入海底最深（50m）、单个沉管体量最大的公路沉管隧道，多项修建技术引领全球。在城市地下综合体方面，深圳前海综合交通枢纽工程建成后将达到世界第二、亚洲第一的规模，代表着我国对城市地下空间的开发利用已经达到世界水准。

随着“十三五”发展规划的深入推进和交通强国战略目标的明确提出，我国的交通建设由规模速度型发展时期转向质量效率型发展时期。在综合交通运输基础设施加速成网、交通运输业加快转型升级、现代治理能力持续提升、现代综合交通运输体系加快构建的黄金机遇期，隧道及地下工程领域在得到了全面发展的同时，也在一路前行中不断迎接新的机遇和挑战。

其中，穿越台湾海峡和连接海南岛的海底隧道也已加快规划与设计的步伐。大规模隧道工程的建设，必将会有越来越多的长大隧道穿越油气盆地周边的山脉，从而涌现出更多的特长油气田区瓦斯隧道。

1.1.9 近些年历史上曾发生的油气田瓦斯隧道恶性伤亡事故

1994年4月3～4日，达成铁路炮台山隧道发生非煤系瓦斯爆炸，造成20多人伤亡的重大工程事故，停工达7个月。事故原因调查表明，隧道穿越的上侏罗统蓬莱镇组地层存在圈闭构造带，汇集了来自下方3000m的须家河组地层生成的天然气。开挖过程表明，构造带内瓦斯含量具有极大的随机性。在未按瓦斯隧道设防的条件下，施工明火导致了此次爆炸事故的发生。

2013年，云桂铁路老石山隧道在穿越非煤层系地层施工时，发生了天然气逸出及燃烧现象，停工达9个月。经研究发现，隧道出口的背斜构造是油气运移的指向区和逸散浸染带，隧道下伏的多套生油气地层均存在一定的生油气能力，油气通过断裂构造向上运移至浅部富集。气体来源于深部志留系和寒武系筇竹寺组的页岩天然气，沿龙泉寺断裂带向上运移至隧道逸出。

2015年2月24日，成洛大道东延线的洛带古镇隧道发生瓦斯爆炸，造成3人死亡，20多人受伤。爆炸威力极大，现场多辆挖掘机被炸烂或炸翻，多处板房被炸毁，爆炸物最远飞到了500m以外。有目击者指出，爆炸后现场随即出现了蘑菇云，且伴有刺鼻的气味，天空还下起了“泥雨”。

该隧道穿越洛带气田大型储气构造龙泉山背斜，含浅层天然气瓦斯。节后恢复施工的过程中，没有及时采取通风措施，导致瓦斯聚集，遇明火导致爆炸事故。

2017年5月2日下午，贵州省大方县六龙镇某在建高铁的七扇岩隧道发生瓦斯事故。该事故导致12人死亡，12人受伤。

1.2 瓦斯隧道设计理念

1.2.1 瓦斯隧道的划分

1. 瓦斯隧道的界定

通过含瓦斯地层的隧道，应根据不同地段瓦斯赋存或涌出情况、瓦斯动力现象划分瓦斯工区、瓦斯地段等级，确定瓦斯隧道类型，并针对不同瓦斯地段等级进行防治瓦斯设计。瓦斯隧道施工期间，还应根据预测及揭示地质资料及时修正设计。

2. 瓦斯隧道的分类

瓦斯隧道分为低瓦斯隧道、高瓦斯隧道及瓦斯突出隧道三种，瓦斯隧道的类型按隧道内瓦斯工区的最高级确定。

隧道瓦斯工区可根据工区内瓦斯绝对涌出量、瓦斯动力现象判定。当全工区的瓦斯涌出量小于 0.5m^3/min 时，为低瓦斯工区；当全工区的瓦斯涌出量大于或等于 0.5m^3/min 时，为高瓦斯工区。瓦斯隧道只要在一处有突出危险，该处所在的工区即为瓦斯突出工区，判定瓦斯突出必须同时满足下列 4 个指标：

（1）瓦斯压力 $P \geqslant 0.74$MPa；

（2）瓦斯放散初速度 $\Delta P \geqslant 10$；

（3）煤的坚固性系数 $f \leqslant 0.5$；

（4）煤的破坏类型为Ⅲ类及以上。

根据《贵州省高速公路瓦斯隧道施工技术指南》（JTT 52/03—2014）、《贵州省高速公路瓦斯隧道设计技术指南》（JTT 52/02—2014）：瓦斯隧道分为微瓦斯隧道、低瓦斯隧道、高瓦斯隧道及煤（岩）与瓦斯突出隧道四种，瓦斯隧道的类型按隧道内瓦斯工区的最高级确定。瓦斯隧道施工工区分为非瓦斯工区和瓦斯工区。瓦斯工区分为微瓦斯工区、低瓦斯工区、高瓦斯工区和煤（岩）与瓦斯突出工区。

瓦斯工区施工期间，应由业主委托具有相关资质的机构进一步评定瓦斯工区等级，并编制瓦斯工区评定文件，当瓦斯工区等级发生变化或与勘察、设计不符时，应报业主与设计单位核准，动态调整设计及施工方案。

施工阶段应依据勘察和设计文件并结合探测或揭露的煤层赋存特征、瓦斯地质参数、涌出量以及工作面实际发生的煤（岩）与瓦斯动力现象等指标，分段煤层进一步评定瓦斯工区等级，并据此调整施工组织设计。

施工阶段微瓦斯工区、低瓦斯工区和高瓦斯工区的等级应按工区内绝对瓦斯涌出量进行判定，如表 1-3 所示。

表 1-3 施工阶段瓦斯工区等级判定

瓦斯工区等级	绝对瓦斯涌出量 $Q_{绝}$（m^3/min）
非瓦斯	0
微瓦斯	$Q_{绝} < 0.5$
低瓦斯	$0.5 \leqslant Q_{绝} < 1.5$
高瓦斯	$Q_{绝} \geqslant 1.5$

1.2.2 施工作业环境要求

根据《公路隧道施工技术规范》(JTG/T F60—2009)、《铁路瓦斯隧道技术规范》(TB 10120—2019)、《煤矿安全规程》(2016 版)、《建筑施工现场环境与卫生标准》(JGJ 146—2014)等相关规范的要求，施工作业环境应符合下列要求后方可继续施工：

(1) 粉尘允许浓度：每立方米空气中含有10%以上游离二氧化硅的粉尘必须在2mg 以下；

(2) 氧气不得低于20%(按体积计)；

(3) 瓦斯或二氧化碳不得超过0.5%(按体积计)；

(4) 一氧化碳浓度不得超过30mg/m³；

(5) 氮氧化物浓度在5mg/m³ 以下；

(6) 二氧化硫浓度不得超过15mg/m³；

(7) 硫化氢浓度不得超过10mg/m³；

(8) 氨的浓度不得超过30mg/m³；

(9) 隧道内的气温不宜超过28℃；

(10) 噪声不大于90dB。

1.2.3 施工工艺流程

油气田瓦斯隧道施工工艺流程是在常规隧道施工流程的基础上增加了瓦斯判断与处理流程(此处仅以Ⅳ级围岩台阶法施工示例)，瓦斯隧道Ⅳ级围岩台阶法施工工艺流程图如图1-2所示。瓦斯处理流程贯穿施工全过程，涉及超前探测、瓦斯突出与排放、瓦斯检测、通风、钻爆作业、电气设备等在后面章节分别详述。

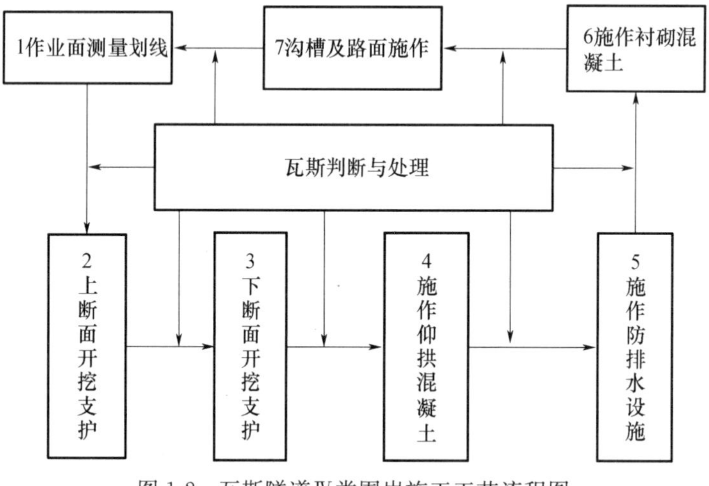

图1-2 瓦斯隧道Ⅳ类围岩施工工艺流程图

1.2.4 施工原则

瓦斯隧道按“短开挖、弱爆破、强支护、快封闭、勤监测”的原则组织施工。

1. 短开挖

当隧道通过油气田区时有瓦斯逸出风险，围岩软弱，应力较大。每次开挖进尺控制在2m以内为宜，地质良好可采用台阶法开挖或全断面开挖方案，台阶长度大于50m且大于5倍洞跨。保持每次开挖面积小，瓦斯溢量不大，开挖轮廓能够迅速得到支护。

2. 弱爆破

采用低爆力的矿用安全炸药（目前大量生产和使用的2号和3号煤矿许用炸药以及相应的抗水型，其对瓦斯的安全性随号数递增，威力则随号数递减）与安全雷管（煤矿许用毫秒电雷管最后一段延期小于130ms）。软弱围岩的开挖，可采用预裂爆破方法或采用小断面开挖，最后扩大成型，如采用导洞法、侧壁导坑法或环形开挖预留核心土的方法等，减少爆破对围岩的扰动。

3. 强支护

按照“加固围岩、改善变形、先柔后刚、先放后抗、变形留够、底部加强”的支护原则，开挖前采用长锚杆或注浆导管超前支护；开挖后采用型钢加工成U型钢架支撑，并进行锁脚或加大拱脚支撑面积；然后分两次喷射初期支护混凝土：初喷混凝土稍厚些待变形稳定后再复喷；加大衬砌厚度和提高衬砌材料强度来提高模筑混凝土衬砌刚度。

4. 快封闭

由于瓦斯逸出范围隧道围岩属地质构造带，易出现破碎、松散、节理发育等情况，爆破后初支不及时，容易产生坍塌、掉块，因此排险后，首先进行初喷工作，采用C25素喷混凝土初喷，厚度不小于4cm。初喷封闭后，立即组织进行初支结构施工。

5. 勤监测

采用“双保险”监测措施。即建立遥控自动化监测系统与人工现场监测相结合。遥控自动化系统由洞口监测中心（配置主控计算机）和洞内的控制分站以及在洞内各工作面、塌方空洞、巷道转角等处的瓦斯浓度探头、风速探头、自动报警器、远程断电仪组成。通过各探头，洞口监测中心随时了解洞内各处瓦斯浓度和风速情况，如有超标立即报警并通过断电器关闭洞内电器电源。各工作面和瓦斯情况可及时地被监控人员掌握，提高对事故的应变能力，特别是爆破减风期间，监测人员能立即观察到炮后瓦斯浓度的变化曲线和涌出量，节省施工间隙。但设置自动监测系统的探头须离开挖面有一定的距离，还要人工配合检查，实行装药前、放炮前、爆破后人工进行瓦斯检查（即一炮三检查）。使得开挖过程中监测瓦斯浓度做到不间断。

施工过程中加强通风措施。瓦斯隧道通风方案应结合施工期间的工区划分，在每个工区中采用独立的通风系统。各工区通风系统互不干扰，斜井工区可设置通风竖井，较长的隧道设计平行导坑，使之通风形成回路。

1.3 城市轨道交通油气田瓦斯隧道设计要求

1.3.1 设计依据

瓦斯隧道的设计依据如下：

（1）国家法律、法规以及地方政府强制性条文；

（2）行业标准、规范；
（3）拟建项目勘察设计合同文件；
（4）拟建项目的可行性研究报告；
（5）与设计有关的工作会议纪要；
（6）与拟建项目有关的工作会议纪要；
（7）《拟建项目可行性研究报告》专家评审意见；
（8）拟建路线方案评审意见；
（9）与沿线地方政府关于涵洞、通道、取弃土场及道路改移的协议；
（10）与本工程相关的地质勘察、测量资料、线路等基础资料。

1.3.2 现行规范和技术标准

主要采用的规范和技术标准如下：
（1）《地铁设计规范》（GB 50157—2013）；
（2）《混凝土结构设计规范》（GB 50010—2010）（2015 年版）；
（3）《地下工程防水技术规范》（GB 50108—2008）；
（4）《铁路隧道设计规范》（TB 10003—2016）；
（5）《铁路工程抗震设计规范》（GB 50111—2006）（2009 年版）；
（6）《城市轨道交通结构抗震设计规范》（GB 50909—2014）；
（7）《混凝土结构工程施工质量验收规范》（GB 50204—2015）；
（8）《铁路混凝土结构耐久性设计规范》（TB 10005—2010）（执行）；
（9）《混凝土结构耐久性设计规范》（GB/T 50476—2008）（参考）；
（10）《铁路隧道防水材料》（TB/T 3360.1—2014、3360.2—2014）；
（11）《铁路隧道辅助坑道技术规范》（TB 10109—1995）；
（12）《铁路瓦斯隧道技术规范》（TB 10120—2019）；
（13）《铁路工程施工组织设计规范》（Q/CR 9004—2018）；
（14）《铁路建设贯彻国防要求技术规程（试行）》（铁计〔2005〕23 号）；
（15）《铁路边坡防护及防排水工程设计补充规定》（铁建设〔2009〕172 号）；
（16）《铁路隧道监控量测技术规程》（Q/CR 9218—2015）；
（17）《中空锚杆技术条件》（TB/T 3209—2008）；
（18）《铁路隧道风险评估与管理暂行规定》（铁建设〔2007〕200 号）；
（19）《铁路建设工程风险管理技术规范》（Q/CR 9006—2014）；
（20）《铁路隧道运营通风设计规范》（TB 10068—2010）；
（21）《铁路隧道超前地质预报技术规程》（Q/CR 9217—2015）。

1.3.3 主要设计标准及原则

1. 总体设计原则

1）一般规定

（1）隧道勘察设计应综合考虑线路技术标准、环境保护、运营养护、防灾救援等方面的因素，合理确定隧道位置、结构型式、施工方法、建设工期、工程投资等，保证前道工程的安全、可靠、耐久。

(2) 隧道不宜穿越工程地质、水文地质极为复杂和溶洞、暗河、煤层采空区等严重不良地质段；必须通过时，应有充分的理由和可靠的工程措施。

(3) 隧道位于市区时，隧道设计应考虑施工及运营对环境的影响，并应考虑城市规划及周围环境对隧道结构的影响。

(4) 隧道施工组织设计应根据施工方法、施工通风、施工排水、施工风险控制等要求，并结合机械化配套程度、辅助坑道设置情况，合理规划进度和工期。

(5) 隧道防排水设计应重视对地表水和地下水的处理。隧道排水系统应畅通，满足可维护要求。

2) 隧道位置的选择

(1) 特长隧道、地质条件复杂的隧道，其平面位置的选择应在较大范围地质勘察的基础上，结合施工方案、工期、相关工程及运营条件等，经技术经济比选确定。

(2) 河谷线路沿河傍山地段，当线路以隧道形式通过时，线路选线宜向靠山侧内移，避免隧道外侧岩体过薄、河流冲刷和不良地质对其稳定的影响；并进行短隧道群与长隧道方案比较。

(3) 濒临水库、河流地区的隧道应注意水库明岸、河流冲刷等对隧道稳定的影响，评价隧道与水体的水力联系，采取相应的工程措施。

(4) 岩溶地区隧道选线应符合下列规定：

① 充分利用遥感图像地质解释成果资料，分析研究区域范围内岩溶发育情况，隧道位置优先选择岩溶及岩溶水发育相对较弱的区域。

② 隧道应尽量选择高线位通过，不宜通过岩溶水发育的季节交替带、水平径流带、深部缓流带。

③ 傍山隧道宜选择在岩溶发育较弱的一侧通过，并应高于岩溶水排泄带。

④ 隧道应避免穿越岩溶强烈发育的构造带，避开负地形区、网状洞穴、暗河发育区、巨大空洞区、溶洞群及岩溶水富集区、排泄区。

⑤ 隧道应以大角度通过可熔岩与非可熔岩接触带及断层、褶曲轴部等构造带。

⑥ 隧道应尽量靠近并高于既有或在建的其他地下工程，充分利用其他地下工程已形成的降落漏斗效应截排地下水。

⑦ 线路纵坡应优先采用人字坡，隧道内宜适当加大纵坡。

⑧ 当线路与暗河交叉时，隧道应在暗河顶板高程以上以大角度与之相交，并保证隧底以下有足够安全厚度。

(5) 高地温地区隧道选线应符合下列规定：

① 隧道位置应选择在地温相对较低的地层。

② 通过较高地温地区时，应优化平纵断面，以高线位、短距离方式通过。

③ 河谷地区线路宜设于傍山靠河侧，缩短辅助坑道设置长度。

(6) 严寒和寒冷地区隧道应尽量选择在地下水位低、围岩含水率较低、冻融对围岩影响较小的地段；洞口宜设在背风向阳处。

(7) 隧道选线应避免穿越滑坡区域；当必须穿越时，隧道洞身位置应选择在滑动面以下一定深度的稳定地层中，并采取可靠工程措施。

（8）隧道选线应避免穿越风积沙地层；当必须穿越时，应尽量缩短穿越长度。

（9）地震动峰值加速度 0.10g 以上的地区，隧道不宜穿越活动断裂带、易液化砂（粉）土地层。

（10）隧道洞口应综合考虑地形地质条件、相关工程和环境要求等因素，宜避开滑坡、崩塌、岩堆、危岩落石、泥石流等地段，选择在稳定的边坡进洞，不应设在排水困难、地势狭窄的沟谷低洼处或不稳定的悬崖陡壁下。

（11）两相邻隧道间的最小净距，应综合考虑围岩级别、隧道断面尺寸及施工方法等因素。一般情况下，可采用表 1-4 中的值；困难情况下，通过采取控制爆破、加强支护等措施可采用表中的下限值。

表 1-4　两相邻单线隧道间的最小净距（m）

围岩级别	Ⅰ	Ⅱ～Ⅲ	Ⅳ	Ⅴ	Ⅵ
净距	（0.5～1.0）B	（1.0～1.5）B	（1.5～2.0）B	（2.0～4.0）B	＞4.0B

注：B 为隧道开挖断面的宽度。

3）隧道线路平面及纵断面

（1）隧道内的线路平面宜设计为直线，当因地形、地质等条件限制设计为曲线时，宜将曲线设在洞口附近并采用较大的曲线半径。内燃牵引隧道内不宜设置反向曲线。

（2）隧道纵断面设计应符合下列规定：

① 隧道内的纵坡可设计为人字坡或单面坡，地下水发育的 3000m 及以上隧道宜采用人字坡。

② 隧道内的坡度不宜小于 3‰。

③ 在最冷月平均气温低于－3℃的地区，隧道宜适当加大坡度。

④ 相邻坡段间应根据设计速度、相邻坡段坡度差，按《铁路线路设计规范》（GB 50090—2006）规定设置圆曲线形竖曲线连接。

（3）隧道洞口应考虑防洪、防淹，并符合下列规定：

① 当洞口位于可能被洪水淹没地带、水库回水影响范围、受山洪威胁地段时，其路肩高程应高出设计水位加波浪侵袭高度和壅水高度不小于 0.5m。

② 位于城市地区的隧道，采用 V 形坡时，洞门及敞开段边墙顶高程应高出内涝水位 0.5m。

③ Ⅰ、Ⅱ级铁路设计水位的洪水频率标准为 1/100；当观测洪水（包括调查可靠的有重现期可能的历史洪水）高于上述设计洪水频率标准时，应按观测洪水设计。

4）防灾疏散救援工程

（1）通行旅客列车的隧道应进行防灾疏散救援工程设计。

（2）防灾疏散救援工程设计应遵循以人为本、自救为主、安全疏散、方便救援的原则。

（3）防灾疏散救援工程设计应根据隧道（群）长度、结构型式、施工辅助坑道条件等，设置紧急出口、避难所、紧急救援站等疏散救援设施，并根据需要设置防灾通风、应急照明、供电、应急通信、消防等配套设施。

（4）防灾疏散救援工程的设计应包括以下主要内容：

① 总体设计方案，确定防灾疏散救援工程设置形式、规模和数量。

② 确定土建工程的技术参数：疏散通道尺寸；横通道的间距、断面尺寸；紧急救援站、紧急出口、避难所、防护门等相关技术参数。

③ 与疏散救援设施配套的通风、应急照明、供电、应急通信、设备监控、消防等设备系统设计。

④ 疏散救援设施及设备的接口设计。

⑤ 应急预案。

5）接口设计

隧道设计应考虑相关专业在隧道内设施的布置要求，各种设施在隧道内的布置应综合考虑以减少设备洞室数量。隧道与相关专业的接口应有良好的过渡和衔接。

（1）隧道与路基、桥梁、轨道接口设置应符合下列规定：

① 隧道洞口边坡防护应与路基边坡协调设计。

② 设计速度 160km/h 及以上路段，隧道与路基分界段应设置过渡段。

③ 隧道洞内排水沟与路基排水沟应顺畅衔接，保证隧道内地下水能顺利流出。

④ 隧道内的电缆槽向路基、桥梁范围的电缆槽过渡时其转弯半径应满足相关专业电缆敷设要求。

⑤ 隧道与桥梁相连时，隧道内的侧沟、电缆槽盖板顶面与桥梁人行道应平顺连接，隧道内排水沟应顺接到桥下排水系统中。

⑥ 桥隧相连地段，应做好系统设计、合理安排施工工序，防止相互干扰。

⑦ 设计速度 160km/h 以下路段，有砟与无砟轨道过渡段，宜设置在洞外。

（2）隧道与接触网、通信、信号、电力、综合接地等的接口设计应符合下列规定：

① 隧道衬砌结构应考虑接触网下锚、综合接地等的安装要求。设备安装不应对隧道防水和结构安全产生不良影响。

② 隧道内过轨管应采用预埋方式，并应埋入隧道底部混凝土内足够深度，避免变形或损坏。

2. 设计标准

（1）设计使用年限为 100 年。

（2）结构安全等级为一级。

（3）抗震设防烈度为 7 度，设计基本地震加速度 0.10g，抗震设防为乙类。

（4）耐火等级为一级。

（5）防水等级为一级。

1）施工图设计原则

（1）结构设计净空尺寸必须符合地铁建筑限界要求，并应满足使用及施工工艺、环境保护、抗震、防水、防火、防腐蚀及人防的要求。

（2）结构设计应满足强度、刚度、稳定性和耐久性要求，应根据结构特点进行承载力（包括失稳）、抗倾覆、滑移、变形、裂缝开展宽度的验算，并满足施工工艺及结构耐久性要求。

（3）隧道纵向坡度应结合周边环境、地质条件、辅助坑道设置情况等选用适当的坡型和坡度，隧道纵坡不宜小于 3‰，实现重力排水。

（4）隧道结构的净空尺寸应满足建筑限界、救援通道、空气动力学效应、供电方式、维修养护方式、车辆密封性能等要求，还应预留适当的预留变形量。

（5）隧道防排水遵循“防、排、截、堵结合，因地制宜，综合治理”的原则设计，对地表水、地下水应妥善处理，使洞内外形成一个完整、通畅、便于维修的防排水体系。

（6）隧道辅助坑道的设置应综合考虑施工、防灾疏散和救援等功能的要求，尽量永临结合。

（7）隧道的防灾通风与运营通风统筹考虑，并采用可靠的防火安全措施。

（8）隧道与相关专业的接口应有良好的过渡与衔接。

2）瓦斯工区设计原则

瓦斯工区段设计除了一般工区设计要求的内容外，还要对瓦斯处理进行专门设计。

《铁路隧道设计规范》（TB 10003—2016）中对特殊地质地段的瓦斯地层做如下规定：

（1）瓦斯地段等级划分应符合下列规定：

① 煤系地层可根据吨煤瓦斯含量和瓦斯压力两项指标判定，当按两项指标分别判定的等级不一致时，应按较高等级确定。

② 同一组煤系地层中各煤层等级划分不一致时，应按较高等级确定。

③ 对于非煤系地层（岩层瓦斯）含有瓦斯时，应按实测瓦斯压力确定。

（2）瓦斯隧道设计应包括以下内容：

① 瓦斯超前地质预报、探煤、煤与瓦斯突出危险性鉴定设计。

② 高瓦斯和瓦斯突出隧道指导性施工组织设计、揭煤防突设计。

③ 瓦斯隔离及排放系统设计。

④ 衬砌结构设计及建筑材料选择。

⑤ 施工通风及运营通风设计。

⑥ 瓦斯监测及控制设计。

⑦ 电气设备与作业机械要求。

⑧ 有关应急预案要求及安全防护工程设计。

（3）瓦斯隧道应根据瓦斯地段等级设置瓦斯设防段，瓦斯地段等级较高段应向较低段适当延长，一般不少于 50m。

（4）瓦斯设防段可结合瓦斯赋存条件、瓦斯涌出及补给情况采用超前周边注浆、开挖后径向注浆等措施封闭围岩瓦斯通道，减少瓦斯涌（逸）出量。

（5）瓦斯隧道应采用复合式衬砌，并应符合下列要求：

① 当瓦斯涌出量或压力较大，采用围岩注浆封闭瓦斯或加大通风能力较困难或不经济时，可在初期支护变形基本稳定后增设喷混凝土层或喷涂防瓦斯层。

② 二次衬砌厚度应不小于 40cm，并根据瓦斯赋存（排放）条件、围岩注浆、初期支护封闭瓦斯效果，还可选择设置瓦斯隔离层、衬砌背后注浆、二次衬砌抗渗混凝土等瓦斯防治措施。

③ 施工缝、变形缝应采用气密性处理措施。

（6）瓦斯隔离及瓦斯排放措施应满足下列规定：

① 瓦斯隧道应设计瓦斯隔离层。

② 全封闭防瓦斯地段有地下水时，应设置将地下水引离含瓦斯地段的排水设施，并设置水气分离装置，分离出的瓦斯气体可用管道引出洞外在高处放散。从隧道内引出瓦斯的排放管，其上端管口距地面应有足够高度并妥善接地防止雷击。

③ 瓦斯压力大且补给源大的瓦斯设防段可结合辅助坑道设置条件等，设置机械抽排系统。

（7）隧道内微瓦斯工区的电气设备与作业机械可使用非防爆型；低瓦斯工区的作业机械可使用非防爆型，但其电气设备应使用防爆型；高瓦斯工区和瓦斯突出工区的电气设备与作业机械应使用防爆型。非瓦斯工区、微瓦斯工区和低瓦斯工区的行走机械严禁驶入高瓦斯工区和瓦斯突出工区。

（8）高瓦斯工区和瓦斯突出工区供电应配置两路电源，其电源线上不得分接隧道以外的任何负荷。

（9）瓦斯隧道施工应按实测瓦斯浓度、风速（风量）进行管理，瓦斯工区应按实际瓦斯类别进行动态管理。

（10）瓦斯隧道运营期间应进行瓦斯检测。低瓦斯隧道可采用人工检测；高瓦斯和瓦斯突出隧道，应采用自动监测。自动监测系统应具有瓦斯超限报警、通风机自动控制等功能。

2 瓦斯隧道施工安全技术

城市轨道交通工程油气田瓦斯隧道施工安全离不开先进的科学技术和检验检测方法。

2.1 瓦斯隧道超前地质预报

超前地质预报是在分析既有地质资料的基础上，采用地质调查、物探、地质超前钻探、超前导坑等手段，对隧道开挖工作面前方的工程地质与水文地质条件及不良地质体的工程性质、位置、产状、规模等进行探测、分析判释及预报，并提出技术措施和建议。

瓦斯隧道超前地质预报是瓦斯隧道施工的第一道预防线。隧道施工前，施工单位应根据预报对象的特点和超前地质预报方案设计，编制超前地质预报实施细则并纳入施工组织设计。

2.1.1 超前地质预报的目的

油气田瓦斯隧道超前地质预报应达到以下目的：

（1）进一步探明隧道开挖工作面前方的工程地质与水文地质条件，指导工程施工顺利进行。

（2）降低地质灾害发生的概率和危害程度。

（3）为优化工程设计提供地质依据。

（4）为编制竣工文件提供地质资料。

2.1.2 超前地质预报方法及其内容

城市轨道交通油气田瓦斯隧道超前地质预报应根据油气田瓦斯隧道环境及特点，选择适宜的方法并积极采用综合预报方法，提高预报的准确性。

根据隧道地质条件、不良地质体对施工的影响因素及其风险等级，采取不同的超前地质预报方法组合模式，超前地质预报可采用地质调查法、超前钻探法、物探法和超前导坑预报法。

1. 地质调查法

地质调查法是根据隧道已有勘察资料、地表补充地质调查资料和隧道内地质素描，通过地层层序对比、地层分界线及构造线地下与地表相关性分析、断层要素与隧道几何参数的相关性分析、临近隧道内不良地质体的前兆分析等，利用常规地质理论、地质作图和趋势分析等，推测开挖工作面前方可能揭示的地质情况的一种超前地质预报方法。

地质调查法适用于各种地质条件下隧道的超前地质预报，包括隧道地表补充地质调查和隧道内地质素描等。

隧道地表补充地质调查应包括下列主要内容：

（1）对已有地质勘察成果的熟悉、核查和确认。

（2）地层、岩性在隧道地表的出露及接触关系，特别是对标志层的熟悉和确认。

（3）断层、褶皱、节理密集带等地质构造在隧道地表的出露位置、规模、性质及其产状变化情况。

（4）压碎岩、膨胀岩、天然气等特殊岩土地层在地表的出露位置、宽度及其产状变化情况。

（5）根据隧道地表补充地质调查结果，结合设计文件、资料和图纸，核实和修正超前地质预报重点区段。

隧道内地质素描是将隧道所揭露的地层岩性、地质构造、结构面产状、地下水出露点位置及出水状态、出水量、煤层、溶洞等准确记录下来并绘制成图表，是地质调查工作的一部分，包括开挖工作面地质素描和洞身地质素描。隧道内地质素描应包括下列主要内容：

（1）工程地质。

① 地层岩性：描述地层时代、岩性、层间结合程度、风化程度等。

② 地质构造：描述褶皱、断层、节理裂隙特征、岩层产状等。断层的位置、产状、性质、破碎带的宽度、物质成分、含水情况以及与隧道的关系。节理裂隙的组数、产状、间距、充填物、延伸长度、张开度及节理面特征、力学性质，分析组合特征、判断岩体完整程度。

③ 特殊地层：压碎岩、膨胀岩和浅层天然气富集地层等应单独描述。

④ 塌方：应记录塌方部位、方式与规模及其随时间的变化特征，并分析产生塌方的地质原因及其对继续掘进的影响。

⑤ 有害气体存在情况。

（2）水文地质。

① 地下水的分布、出露形态及围岩的透水性、水量、水压、水温、颜色、泥砂含量测定，以及地下水活动对围岩稳定的影响，必要时进行长期观测。地下水的出露形态分为渗水、滴水、滴水成线、股水（涌水）、暗河。

② 水质分析，判定地下水对结构材料的腐蚀性。

③ 出水点和地层岩性、地质构造等的关系分析。

④ 必要时进行地表相关气象、水文观测，判断洞内涌水与地表径流、降雨的关系。

⑤ 必要时应建立涌突水点地质档案。

（3）围岩稳定性特征及支护情况。记录不同工程地质、水文地质条件下隧道围岩稳定性、支护方式以及初期支护后的变形情况。发生围岩失稳或变形较大的地段，详细分析、描述围岩失稳或变形发生的原因、过程、结果等。

（4）影像：隧道内重要的和具代表性的地质现象应进行摄影或录像。

（5）地质调查法的相关要求及表格按《铁路隧道超前地质预报技术规程》（Q/CR 9217—2015）办理，如表 2-1 所示。

表 2-1 地质素描的方法及预报成果表

序号	方法	形成成果
1	采用罗盘仪，洞内观察等方法，实测岩层产状、节理产状及间距、微构造产状、断层面产状等，分段测绘	分析岩体各种参数，进行掌子面的工程地质评价，做出掌子面断面图，据其做常规预报展示图和分段预报报告书
2	做标准地层剖面和岩层层位	预报预测软弱岩层的位置，提出施工建议措施
3	观察掌子面断层及微构造出现情况、对产状进行量测	分析断层、微构造的产状规律，据其在掌子面部位、构造走向与隧道轴向的关系做出地质预报图

2. 超前钻探法

超前钻探法包括超前地质钻孔、加深炮孔及孔内摄影。

超前钻探法的超前地质钻孔和加深炮孔方法是目前各种超前地质预报方法中最直接的预报方法。对于揭露断层构造带、煤层等软弱地层、岩溶构造和采空区等最为有效。油气田瓦斯隧道施工过程中，主要用于探测掌子面前方砂层、构造破碎带中瓦斯赋存情况、地下水含量。

1）超前地质钻孔

超前地质钻孔：拟采用冲击钻和回转取芯钻，验证中近距离物探超前探测存在异常的地段，钻孔直径不小于 ϕ76。一般每循环探测深度宜控制在 30～50m，连续钻探时每循环搭接长度不小于 5m；活动断裂带超前探测宜采用深孔，连续钻探时每循环搭接长度不小于 10m。钻孔是否取芯根据不同地质条件和探测目的确定。

（1）根据不同地质条件及其适用性，现将超前地质钻孔法分为以下几类，如表 2-2 所示。

表 2-2 超前地质钻孔法分类表

序号	适用条件	钻探类型	主要手段	备注
1	地表物探Ⅴ类异常地段、一般地段	ZT1	根据地质调查法、物探预报结果，需要采用超前钻探验证地质异常时实施超前钻孔（1 孔）进行	超前钻孔长度控制在本段长度的 3%以内
2	构造、富水地段	ZT2	根据地质及物探预报结果，先施作超前钻孔 1 孔，若需进一步确定其产状，再施作超前钻孔 2 孔	当有平行导坑时，先行隧道采用 ZT2，后行隧道采用 ZT1
3	含瓦斯地层	ZT3	贯通施作超前钻孔 1 孔，若遇高瓦斯或瓦斯突出地层，需要测定岩层走向、形态时，施作超前钻孔 3 孔。当进行相关参数测试时，应聘请有资质的专业化队伍进行	当有平行导坑时，先行及后行隧道均采用 ZT3。具体测试项目按铁路现行瓦斯隧道相关规程、规范办理
4	活动断裂带	ZT4	根据地质及物探预报结果，先施作超前取芯钻孔 1 孔，必要时做年代、薄片鉴定，若需要进一步确定其产状，再施作超前钻孔 2 孔	超前钻孔宜采用深孔，先行隧道采用 ZT4，后行隧道采用 ZT1

说明：1. 当适用条件有重合段落时应采用组合的重合手段。
2. 关于高瓦斯或瓦斯突出地层：勘测期间未发现高瓦斯的段落，若施工中发现则采取表中措施。
3. 超前取芯钻孔一般只在特殊地层、特殊目的地段，需要精确判定的情况下使用，如溶洞及断层破碎带物质成分的鉴定，岩土强度试验取芯等

（2）超前地质钻孔孔位布置示意图（图 2-1）。

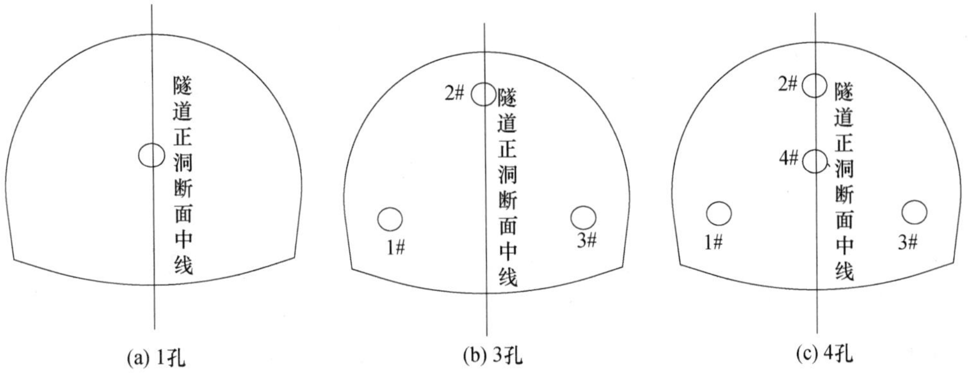

图 2-1　超前地质钻孔孔位布置图

（3）工艺流程及操作要点。

① 不取芯钻孔工艺流程，如图 2-2 所示。

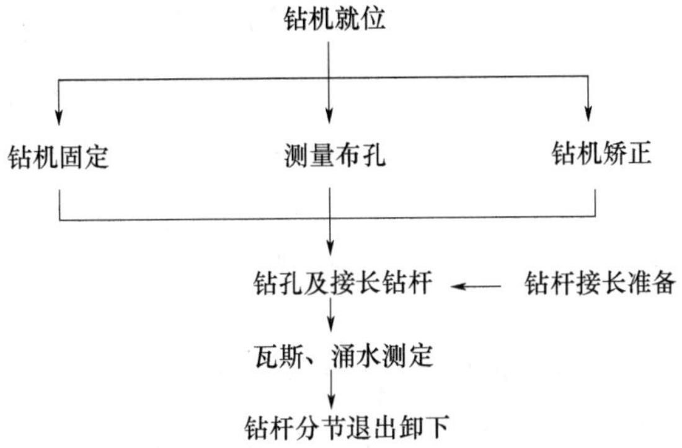

图 2-2　不取芯钻孔工艺流程图

② 取芯钻孔工艺流程如图 2-3 所示。

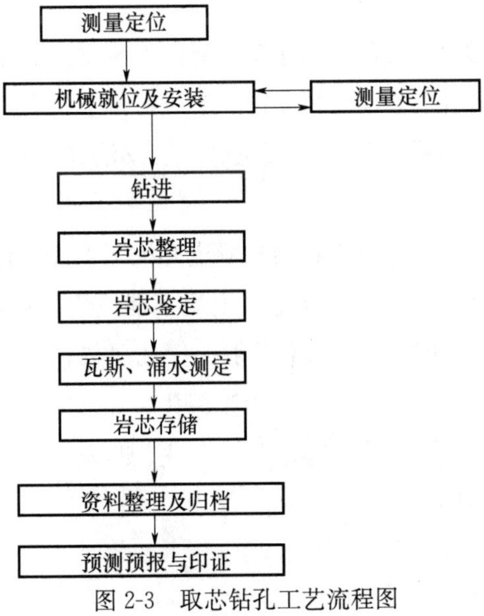

图 2-3　取芯钻孔工艺流程图

③ 操作要点。

施钻前搭设钻孔平台，制作导向架，并检查其安全稳定性，施钻时固定牢固，以防止钻杆在推力和振动力的双重作用下上下颤动，导致钻孔不直。钻机开孔时要低压力，待成孔 1.0m 后，压力逐渐增大，转速升至正常转速，第一根钻杆钻入围岩后，尾部剩余 20～30cm 时，停止钻进，钻机退回原位，人工装入第二根钻杆；换钻杆时，注意检查钻孔质量，偏离时及时调整。

对不取芯钻孔，在施钻进程中及时根据钻渣分析围岩的岩性、根据钻孔期间的推进速度和跳跃现象分析前方围岩的破碎情况及是否存在空洞、观察是否有瓦斯动力现象等并做好相应记录，钻孔达到要求深度后，拆卸钻杆，钻机退回原位；对取芯钻孔，除进行上述观测外，还要进行钻孔岩芯的收集和照相。

（4）布孔原则。

超前地质钻孔孔位的布置一般应遵循以下原则布孔：

① 一般地段外插角控制在 1°～3°；软弱破碎岩层外插角可适当加大。

② 当设计图明确孔位的地段时按设计图布置孔位；当设计图没有明确孔位的地段时，可根据现场情况灵活布孔，孔位、孔数、孔深、孔径以满足安全施工、整治处理和预报所需资料为原则。

（5）成果资料。出具超前地质钻探报告，内容包括工作概况、钻孔探测结果、钻孔柱状图，必要时应附钻孔布置图等。

（6）说明：原则上正洞及辅助坑道的超前钻探法孔位布置参照图 2-1 指导性意见执行，1 号、2 号和 3 号孔呈等腰三角形布置，离断面轮廓线的距离宜控制在 1.5～2m 之间；4 号孔宜布置在掌子面的中心位置。但当掌子面局部出现夹泥、裂隙增多、含水量增大等特殊情况时，宜结合现场情况适当调整孔位位置。

（7）超前地质钻孔参数一般应遵循以下原则：

① 一般地段钻孔深度 30m 时，立角宜控制在 1°～3°；当需要钻深孔时，需统计钻杆下垂量，根据统计结果适当调整立角角度，软弱破碎岩层角度可适当加大。

② 孔位、孔数、孔深、孔径以满足安全施工、整治处理和预报所需资料为原则。

2）加深炮孔

加深炮孔：加深探孔超前探测，利用在隧道开挖工作面上钻小孔径浅孔获取地质信息的一种方法，根据隧道断面大小及可能出现的不良地质，在每一循环布设 3～8 个加深探孔，探测孔较循环进尺加深 3m 以上，加深探孔严禁在爆破残眼中实施，且不能作为炮孔使用。非可熔岩一般段落不再布设加深探孔。

（1）根据不同的地质适用条件、隧道开挖工法、断面大小，所采用的加深炮孔孔数要求及孔位布置如表 2-3 所示。

表 2-3　加深炮孔数要求（非可熔岩段落）

适用条件	一般地段	含瓦斯地段	构造发育及侵入岩地段	富水地段	可熔岩非可熔岩接触带	备注
辅助坑道	—	3	3	3	5	当适用条件重合时，设计时考虑最不利因素
单洞单线	—	5	8	8	8	

说明：

1. 加深探孔宜在隧道断面轮廓线上均匀布置。非可熔岩中，需要采用加深探孔的段落，钻孔深度不小于 5m，外插角宜控制在 1°～3°；

2. 大跨段加深探孔数量应根据现场情况酌情增加；

3. 以上为指导性意见，现场施作时，当掌子面局部出现夹泥、裂隙增多、含水量增大等特殊情况时，孔数、孔位的布置可结合现场掌子面揭示的地质情况做动态调整，适当增加探孔数量和探测深度

（2）加深炮孔孔位布置示意图如图 2-4 所示。

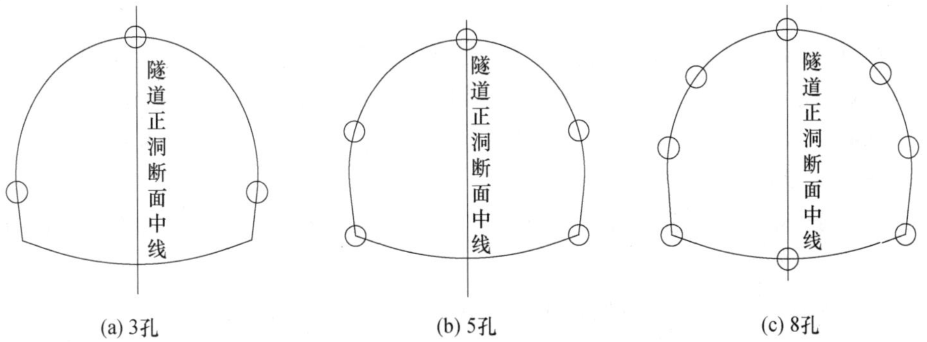

图 2-4　加深炮孔孔位布置图

3. 物探法

物探法包括弹性波反射法（地震波反射法、水平声波剖面法、负视速度法和极小偏移距离反射连续剖面法等）、电磁波反射法（地质雷达法）、高分辨直流电法等。

1）弹性波反射法

弹性波反射法适用于划分地层界线、查找地质构造、探测不良地质体的厚度和范围。

本隧道采用相对普遍和成熟的地震波反射法（TSP 法）。软弱、破碎地层，每次预报距离控制在 100～120m，前后两次搭接长度 10m 以上；岩体完整的硬质岩地层，每次预报距离可控制在 120～150m，前后两次搭接长度不小于 10m。其相关技术要求按《铁路隧道超前地质预报技术规程》（Q/CR 9217—2015）办理。

（1）探测基本原理。TSP203 超前地质预报系统是专门为隧道和地下工程超前地质预报研制开发的，它为方便快捷地预报掌子面前方 100～200m 范围内的断层破碎带、软弱地层等不良地质情况提供了一种强有力的方法和工具，通过超前地质预报提前了解掌子面前方的地质变化情况，合理安排掘进速度，及时优化施工方案，加强防护措施，从而能够确保安全、顺利地通过不良地质地段，使施工真正做到科学、安全、高效。

（2）现场布置。TSP203 超前地质预报系统测线布设在掌子面附近的边墙上，它由两个接收器孔（孔深 2.0m）和 24 个炮孔（孔深 1.5m，间距 1.5m）组成，两个接收器孔对称分布在两边墙，24 个炮孔等间距布置在边墙，如图 2-5 所示。每个炮孔炸药用量为 60～80g，采用瞬发电雷管逐个引爆。

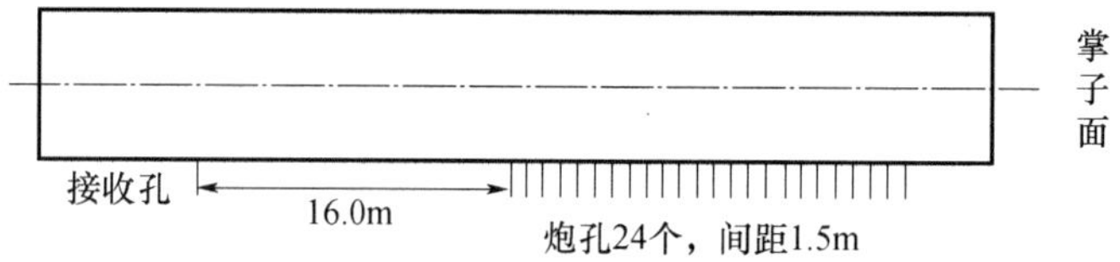

图 2-5　探测系统平面示意图

炮孔从掘进头向后，在巷道边墙布置，第一个炮眼距迎头退后 5m，孔深 1.5m，其他 23 个炮眼以同样孔深，间距 1.5m 向后依次布置。

接收孔位置：距第 24 炮眼 16m。

钻孔要求：

① 炮孔：24 个，垂直边墙深度 1.5m，间距 1.5m，高度 1m，孔径 ϕ42。

② 接收孔：2 个，深度 2m，距第 24 号炮孔 16m，高度 1m，孔径 ϕ50。

③ 炮孔和接收孔在巷道边墙布置成一条直线，高度 1m，平行于巷道走向。

④ 所有孔垂直于边墙。

（3）数据采集与分析。TSP203 超前地质预报系统分为洞内数据采集和室内计算机分析处理两大部分。

① 洞内数据采集。洞内数据采集主要由接收器、数据记录设备以及起爆设备三大部分组成。

洞内数据采集包括钻接收器孔、钻爆破孔、埋置接收器管、连接接收信号仪器、放炮接收信号等过程。

a. 钻接收器孔 2 个，如图 2-5 所示。

b. 钻爆破孔 24 个，如图 2-5 所示。

c. 埋置接收器管：将环氧树脂放入接收器孔中，然后将接收器管旋转插入孔内，接收器管与周围岩体就能很好地粘结在一起。

d. 装药：根据围岩软硬完整破碎程度与距接收器位置的远近而不同，药量可做适当调整。

e. 连线：将设备各组件及爆破导火线连接好。

f. 放炮、接收信号。

g. 拆线、清理设备。

② 室内计算机分析处理。采集的 TSP 数据，通过专用数据处理软件进行处理。专用数据处理软件处理流程包括 11 个主要步骤：数据设置→带通滤波→初至波拾取→拾取处理→炮能量均衡→Q 估算→反射波拾取→P-S 波分离→速度分析→深度偏移→提取反射层。通过速度分析，可以将反射信号的传播时间转换为距离（深度），可以用与隧道轴的交角及隧道掌子面的距离来确定反射层所对应的地质界面的空间位置，并根据反射波的组合特征及其动力学特征解释地质体的性质。

通过专用数据处理软件，可以获得P波、SH波、SV波的时间剖面、深度偏移剖面、提取的反射层、岩石物理力学参数、各反射层能量大小等成果，以及反射层在探测范围内的2D或3D空间分布。数据处理流程图如图2-6所示。

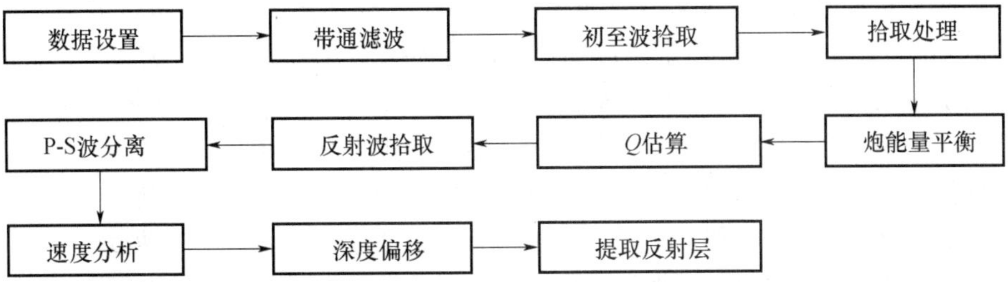

图2-6 数据处理流程图

(4) 成果资料提交。室内分析处理一般在24h内完成并提交成果报告，报告一般包括如下内容：

① 工作概况；

② 探测的方法、设备及原理；

③ 测线布置；

④ 对测试结果的初步分析；

⑤ 结论。

TSP报告中应附的成果图表：岩石参数曲线图、二维成果图、三维成果图。

(5) 与施工工序衔接。施钻炮孔和接收器孔与隧道施工平行作业，预报小组以工程联系单形式书面就钻孔的孔位、孔深、倾斜及炸药和雷管的数量等具体要求与现场钻爆队伍联系。为了洞内数据采集接收信号时减少噪声，一般要求45min左右短暂停工。

(6) 预报范围。一般预报距离为120～150m，在地质情况复杂地段，如岩溶发育、断层、煤层采空区、煤层瓦斯等特殊地段，为提高精度，采用连续重叠式预报，按平均每次预报120m考虑。

2) 地质雷达法

地质雷达法探测主要用于岩溶探测，也可用于断层破碎带、软弱夹层等不均匀体和人为坑洞的探测，每次预报距离控制在30m左右，前后两次搭接长度5m以上。其相关技术要求按《铁路隧道超前地质预报技术规程》(Q/CR 9217—2015) 办理。

根据不同地质情况及物探预报方法适用条件，现将物探法分为以下3类，如表2-4所示。

表2-4 不同地质情况及物探预报方法适用条件

序号	适用条件	物探类型	物探方法
1	洞口段	—	地质雷达法
2	地表物探Ⅴ类异常、构造、夹软弱地层、浅埋地段；侵入岩蚀变带	WT1	地震波反射法
3		WT2	地震波反射法＋地质雷达法

(1) 预报目的。项目施工过程中的地质雷达法探测主要作为超前地质预报的补充，在断层、破碎带等对超前地质预报的异常点采用地质雷达法作为补充手段，进而确定异常体的规模、性质等。

(2) 探测基本原理。地质雷达法通常是一种利用高频至特高频波段（即空气中电磁波波长 10m 波段至分米波段）电磁波的反射法无损探测方法。

在系统主机的控制下，发射机通过天线向隧道掌子面前方定向发射电磁波。垂直于隧道掌子面传播的电磁波当遇到有电性差异（介电常数、电导率、磁导率不同）界面或目标体时即发生反射，反射波被天线接收进入接收机，并传到主机，主机对从不同深度返回的各个反射波进行放大、采样、滤波、数字叠加等一系列处理，可在显示器上形成一种类似于地震反射时间剖面的地质雷达连续探测彩色剖面。该剖面的横坐标沿隧洞轴向，表示距离，单位为 m，随着距离的不断增加，以等距离间隔扫描反射回一系列的反射波曲线。纵坐标代表时间（ns），即表示每条扫描取样反射曲线上各个反射波往返旅行时间 t。在相对介电常数给定的情况下，纵坐标就可以通过下式换算为深度 r。

$$r=\frac{c \cdot t}{2\sqrt{\varepsilon_r}}$$

式中，$c/\sqrt{\varepsilon_r}$ 为介质内雷达波传播速度，实际工作中由于相对介电常数 ε_r 不易确定，一般通过介质内已知目标深度求出介质中的雷达波速度或通过经验数据获得介质中雷达波的传播速度。

数据处理时，首先根据扫射回波的形态、反射强度及其变化在连续剖面上判别目标性质，再根据回波的时间和速度确定目标深度，然后将这些信息绘成剖面成果图，为隧道掌子面前方地质异常体的预测提供基础资料。其探测原理如图 2-7 所示。

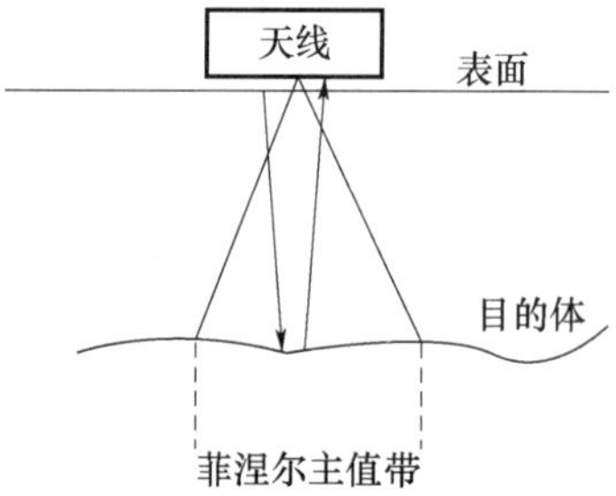

图 2-7　探测原理图

通过大量工程探测实践，行之有效的解释方法有灰度图法、变面积法（wiggle）、单点波形法、横向衰减对比法等。地下介质的雷达波速获取方法有已知钻孔探测法、已知目的层的探测法、公式计算法或经验数据法。

(3) 使用仪器。采用瑞典 MALA 公司生产的 ProEx 型地质雷达。

针对检测目标的工程特点，采用工作频率为 100MHz 的天线对掌子面前方进行检测。该仪器的特点是分辨率高，擅长进行大数据量、高密度的连续探测并实时显示彩色波形图，比较适合本工程的检测需要。

(4) 测线布置方式。原则上采用点测与连续探测相结合的方法进行，具体根据现场条件决定是否采用点测或连续探测法，如果掌子面较平整，横向探测干扰少，可采用连续探测法，否则采用点测法。探测时利用钻爆台车，在掌子面上一般按井字形布置测线进行探测，保证掌子面每次探测都能获得较为充分的原始资料，进而保证每次探测的准确性。根据掌子面实际探测条件测线需适当调整。

(5) 与施工工序衔接。采用地质雷达法进行掌子面前方探测，数据采集前，先对掌子面进行排险，清理顶部浮石，保证探测人员人身安全，再对掌子面进行平整处理，使雷达天线与掌子面能有较好的耦合，移走掌子面附近其他的金属物体，并为洞内数据采集接收信号时减少噪声，一般要求 30min 左右短暂停工。

（6）成果提交。室内计算机分析处理一般在 1d 内完成并报告有关部门。资料整理和处理要求如下：

雷达记录应清晰，反射波形、同相轴明显，不合格的记录应重测。对合格的记录应根据记录的情况进行必要的处理如编辑、滤波、增益、褶积、道分析、速度分析和消除背景干扰等，求得时间剖面。在时间剖面中应标出探测对象的反射波组，确定反射体的形态和规模。解释确定反射体的位置、形态，推断其充填情况。必要时应制作模型进行反演解析。提交以下资料：测线布置图；原始记录；时间剖面；解析参数和解析结果，出具超前地质预报地质雷达探测报告。

2.1.3 超前地质预报注意事项

（1）预报方法组合原则：物探法和钻探法的组合根据适用条件进行选择。

（2）对超前地质预报所得的资料须进行综合分析与评判，相互印证，并结合掌子面揭示的地质条件、发展规律、趋势及前兆进行预测、判断，并形成超前地质预报综合分析成果报告，根据超前地质预报综合分析成果，相应优化调整措施、工法及特殊处理措施，以确保施工安全、结构安全和工程顺利实施。

（3）对含天然气、瓦斯、放射性物质等特殊地层隧道及深埋隧道内的地温、地应力等问题应按国家现行有关标准开展专项监测、测试工作。

（4）施工过程中隧道超前地质预报应根据地质复杂程度分级，确定重点预报地段，并遵循动态设计原则，根据预报实施过程中掌握的地质情况，及时调整隧道区段的地质复杂程度分级、预报方法和技术措施等。

（5）超前地质预报的结果应体现及时性，超前地质预报实施单位应及时将预报成果报送各相关方。

（6）超前地质预报应进行实际地质状况与设计的对比分析，总结经验教训，不断提高隧道工程地质勘察质量。

（7）施工前应由地质人员和隧道施工经验丰富的施工者对掌子面掘进人员进行培训，使其了解“临近隧道内不良地质体的前兆标志”，以便及时采取相应应对措施，尽量减少突发地质灾害的发生。

（8）超前地质预报纳入施工组织设计和施工工序进行管理。

2.1.4 超前地质预报实例分析

2018 年×月×日，龙泉山隧道隧道 1 号斜井瓦斯异常涌出的情况。

1）瓦斯流量及压力检测情况

（1）掌子面超前钻孔瓦斯流量及压力检测情况。自 1 号斜井左线小里程掌子面出现瓦斯异常涌出情况以来，指挥部、项目部安排瓦斯防控咨询单位对掌子面新增超前水平钻孔内瓦斯流量、压力及瓦斯绝对涌出量进行了连续的测试，并对数据进行整理计算，各孔瓦斯流量及压力均呈下降趋势。

掌子面超前钻孔布置示意图，如图 2-8 所示。

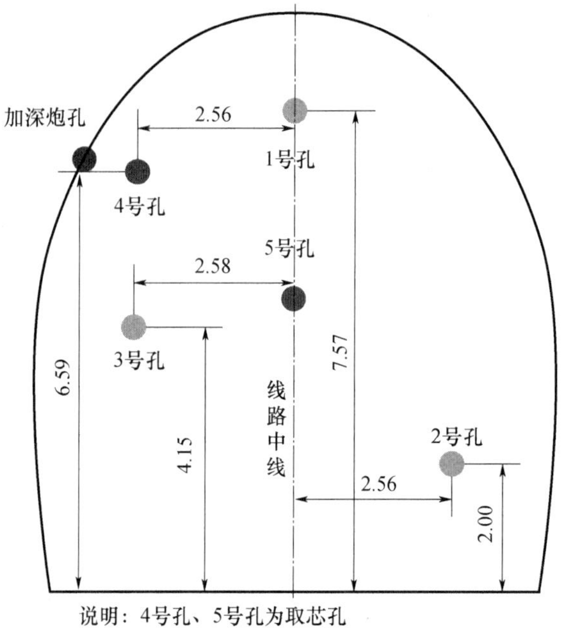

图 2-8　掌子面超前钻孔布置示意图

探孔瓦斯涌出量对比图，如图 2-9 所示。

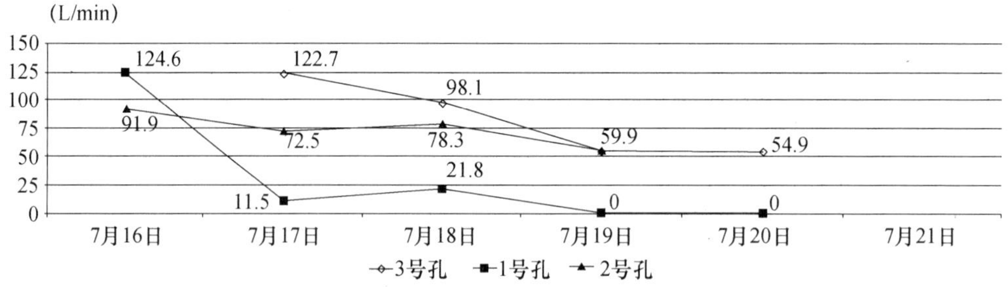

图 2-9　探孔瓦斯涌出量对比图

（2）瓦斯浓度及瓦斯绝对涌出量监测情况。自 7 月 2 日以来，连续对 1 号斜井工区左线小里程 ZDK44＋500 处瓦斯情况进行监测，总回风流瓦斯浓度逐渐减小，在 7 月 15 日新增加一路通风系统后，左线小里程方向瓦斯浓度下降趋势明显，7 月 16 日新增探孔后，绝对瓦斯涌出量有所增加，经近 3d 监测，绝对瓦斯涌出量呈下降趋势。回风瓦斯变化曲线（ZDK44＋500）图，如图 2-10 所示。

（3）瓦斯流量及压力检测结论。从掌子面探孔内瓦斯流量及压力以及回风流 ZDK44＋500 处的瓦斯浓度及瓦斯绝对涌出量连续的检测结果，可得出以下结论：

① 1 号斜井左线小里程掌子面超前水平钻探孔内瓦斯流量呈下降趋势，瓦斯涌出压力为 0；

② 1 号斜井左小回风流工作面中的瓦斯浓度及瓦斯绝对涌出量都呈下降趋势；

③ 目前 1 号斜井左小工作面的瓦斯涌出量小于洞内通风的瓦斯稀释能力，当前的通风能力能够满足要求。

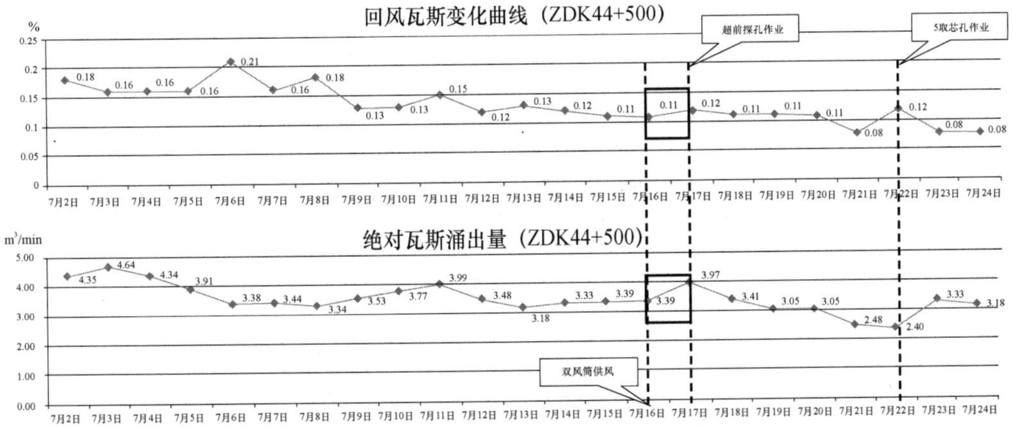

图 2-10　回风瓦斯变化曲线图

2）超前地质预报探测情况

（1）TSP203 超前地质预报。

① TSP 探测（图 2-11 和表 2-5）。

龙泉山隧道超前地质预报报告

预报里程（1#斜井–左线）：ZDK43+706～576

报告编号：LQP–241–I–069

×××岩土工程勘察质量检测有限公司
成都轨道交通18号线龙泉山隧道监测与地质预报项目经理部

2018年×月×日

图 2-11　龙泉山隧道超前地质预报报告

<table>
<tr><td>预报结论</td><td colspan="2">1.本次探测范围内，岩体构造主体较为发育，在里程ZDK43+706～673、ZDK43+641～625和ZDK43+602～576区段均发现了构造带和构造发育带;
2.构造带均有可能成为瓦斯通道，前后两个构造带规模较大，且构造面发育密集，中间一个规模较小，节理面分布较疏松;
3.构造带内局部区段可能含地下水，详见表2-5</td></tr>
<tr><td>建 议</td><td colspan="2">1.建议开挖构造带之前，采用水平钻查明瓦斯压力与赋存情况，并及时采取排放、通风措施，保证施工安全;
2.构造带施工，加强隧道变形观测，严防塌方、掉块事故。</td></tr>
<tr><td>数据采集</td><td></td><td rowspan="3">×××岩土工程勘察质量检测有限公司
龙泉山隧道监测与地质预报项目经理部
2018年5月30日</td></tr>
<tr><td>报告编写</td><td></td></tr>
<tr><td>审 核</td><td></td></tr>
<tr><td colspan="2">现场监理</td><td>签字:</td></tr>
</table>

图 2-11 龙泉山隧道超前地质预报报告（续）

表 2-5 龙泉山隧道 1 号斜井一左洞超前地质预报解译成果表

序号	里程	长度（m）	地质解译内容
1	ZDK43+706~673	33	岩体纵波波速为3986~4386m/s,为节理构造带。岩体节理密集发育，由两组节理面交切而成，走向与隧道轴向近直交，主体倾向小里程方向，视倾角约为70°。极有可能成为瓦斯通道，在693~678区段可能含少量地下水
2	ZDK43+673~641	32	岩体纵波波速为4229m/s，推测主体为中风化泥岩，偶夹砂岩。岩体构造不发育，岩石较为完整。仅在里程668~666、661~659区段发育两小型节理带，对围岩质量影响不大，主体建议为Ⅳ级围岩
3	ZDK43+641~625	16	岩体纵波波速为3929~4129m/s，推测为强-中风化泥岩夹砂岩。岩体构造较发育，主体由两组构造面组成。其中主要的一组走向与隧道轴向交角约为30°，右侧先见构造带。构造面间距为3~4m,构造面倾向于小里程方向，视倾角约为80°，有可能成为瓦斯通道，须谨慎施工
4	ZDK43+625~602	23	岩体纵波波速为4186m/s，推测为中风化泥岩夹砂岩。岩体构造不发育，岩石较完整。仅在里程611~609处发育一小型节理带，对围岩质量影响不大，主体建议为Ⅳ级围岩
5	ZDK43+602~576	26	岩体纵波波速为3929~4529m/s，推测为构造破碎带。岩体构造密集发育，由三组构造面交切而成。构造带走向与隧道轴向交角约为35°，右侧先见构造带。构造面视倾角约为80°，分别倾向于大、小里程方向，极有可能成为瓦斯通道，且在599~587、582~578区段可能含地下水

② TSP 探测结论（图 2-12）。

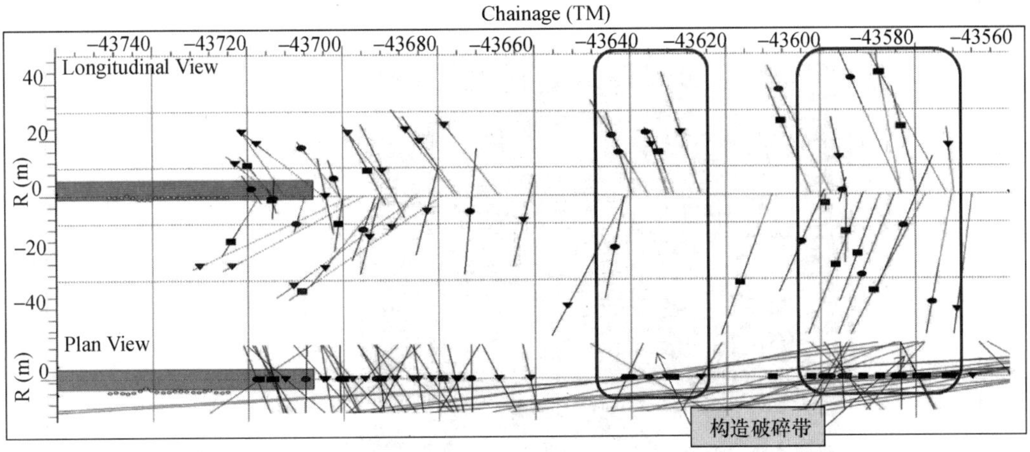

图 2-12　TSP 探测结论

TSP 结论：在里程 ZDK43＋641～625、602～576 区段，推测为构造破碎带，为瓦斯运移通道。

（2）地质雷达超前地质预报。

① 地质雷达探测（图 2-13 和表 2-6）。

龙泉山隧道超前地质预报报告

预报里程（1#斜井–左洞）：ZDK43+650～620

报告编号：LQP–254–I–074

×××岩土工程勘察质量检测有限公司
龙泉山隧道监测与地质预报项目经理部

2018年7月14日

图 2-13　地质雷达探测报告

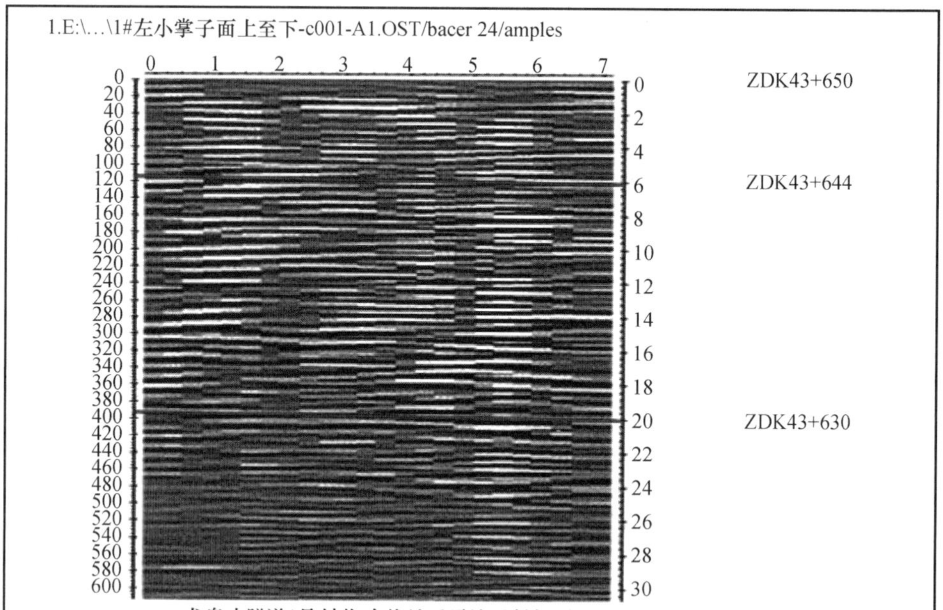

龙泉山隧道1号斜井-左线地质雷达反射剖面图

图 2-13　地质雷达探测报告（续）

表 2-6　龙泉山隧道地质解译成果表

序号	里程	长度（m）	地质解译内容
1	ZDK43＋650～644	6	推测主体为中风化泥岩夹砂岩，以中层为主，围岩主体较完整，节理不发育，层间结合较好，自稳性较好，推测为Ⅳ级围岩
2	ZDK43＋644～630	14	推测主体为强-中风化泥岩夹砂岩，为构造发育带，带内节理裂隙较发育，层间与节理间有泥质填充，岩质软弱，局部较破碎，可能成为瓦斯通道或赋存区
3	ZDK43＋630～620	10	推测主体为中风化泥岩夹砂岩，岩体构造不发育，岩石较为完整，层间结合较好，围岩自稳性较强。推测为Ⅳ级围岩

② 地质雷达探测结论。

a. 地质雷达现场采集。

b. 地质雷达探测结论：

在里程 ZDK43＋650～620 区段，围岩主体为泥岩夹砂岩，以泥岩为主，在里程 ZDK43＋644～630 区段，推测为强-中风化泥岩夹砂岩，为构造发育带，带内节理发育，节理间有泥质填充，岩质软弱，局部较破碎，易成为瓦斯通道或赋存区。

（3）超前地质钻孔超前地质预报。

① 超前地质钻孔探测。

a. 超前钻探孔位布置图，如图 2-14 所示。

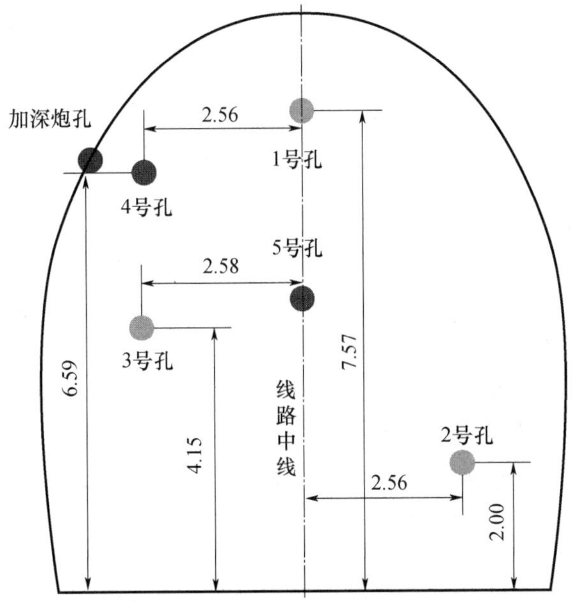

说明：4号孔、5号孔为取芯孔

图 2-14 超前钻探孔位布置图

b. 超前钻探孔柱状图，如图 2-15 所示。

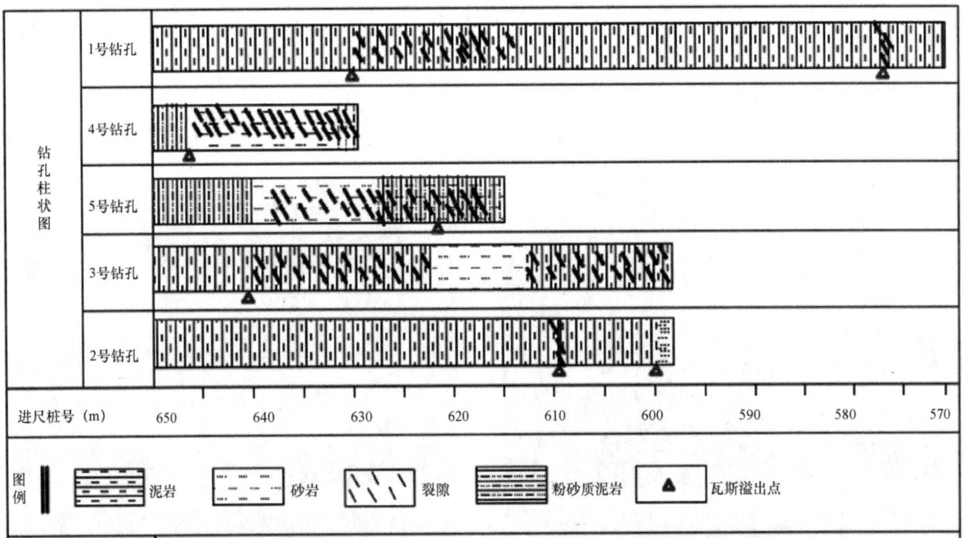

钻孔情况及围岩描述	掌子面前方0~80m (ZDK43+650～ZDK43+570) 岩性揭露以紫红色中-薄层状泥岩为主，1号钻孔在630～614.8、577.2～576.4为泥岩裂隙带，其他里程为泥岩；2号钻孔在599.6为砂岩，之前为泥岩；3号钻孔在640～623、612～598为泥岩裂隙带，623～612为砂岩，其他里程为泥岩。4号取芯钻650～645.8为紫红色薄层状粉砂质泥岩，石膏脉发育；645.8～631.9为灰绿色厚层状砂岩，裂隙发育；631.9～630为紫红色薄层状粉砂质泥岩。5号取芯钻650～640为紫红色薄层状粉砂质泥岩；640～628灰绿色厚层状砂岩，局部裂隙发育，石膏脉发育；628～615为紫红色薄层状粉砂质泥岩，局部裂隙发育，石膏脉发育
探水及探气	钻孔过程中未见地下水流出。1号钻孔前方里程ZDK43+629.2～ZDK43+570检测到瓦斯，ZDK43+629.2～ZDK43+614.8出现瓦斯喷涌现象；2号钻孔约ZDK43+609.2～ZDK43+608.0处检测到瓦斯浓度0.65%、ZDK43+599.6～ZDK43+598出现瓦斯喷涌并有顶钻现象；3号钻孔ZDK43+641.2～ZDK43+598检测到瓦斯，ZDK43+641.2～ZDK43+639.6，ZDK43+634～ZDK43+598里程现喷涌现象。4号钻孔ZDK43+646～ZDK43+630检测到瓦斯浓度100%；5号钻孔ZDK43+622～ZDK43+615检测到瓦斯浓度100%

图 2-15 超前钻探孔柱状图

c. 超前钻孔说明。

1 号孔：在施钻至 ZDK43+630 时，检测到孔口浓度为 100%，在 630～614.8 区段出现瓦斯喷涌现象，推测为裂隙发育段。

2 号孔：在施钻至 ZDK43+599.6 时，检测到孔口浓度为 100%，直至施钻至 598 结束时浓度未降，表现为瓦斯喷涌及钻进推力突增现象，推测进入砂岩区段，为构造发育区。

3 号孔：在施钻至 ZKD43+641 时，检测到孔口瓦斯浓度为 100%，此数值直至施钻结束未降；在 641.2～622 区段，出现瓦斯喷涌现象及钻机突进现象，推测为裂隙发育段。

4 号孔：在施钻至 ZDK43+622～612 区段时，检测孔口瓦斯浓度仍为 100%，但钻速明显减慢，推测以砂岩为主，岩体较完整。

5 号孔：在施钻至 ZDK43+612～598 区段时，检测孔口瓦斯浓度仍为 100%，且出现顶钻现象，推测为泥岩构造破碎带。

当前隧道开挖区位于卧龙寺向斜西翼，靠近核部切源断层，为纵张节理发育区，距离瓦斯来源较近，具有较好的瓦斯赋存条件，同时，上覆 160m 致密泥岩，提供了良好的封存条件。

以上分析得到了现场物探和钻探成果的验证。根据物探及钻探探测成果可知，本次探测范围内，存在多组裂隙发育区及砂岩分布区，分别分布于里程 ZDK43+644～598 各区段，物探与钻探结论基本相符。

现场持续瓦斯检测结果表明，18 日至 20 日，超前水平钻孔中瓦斯流量呈衰减趋势，瓦斯压力为 0；由于围岩自身不产瓦斯，仅依靠节理构造带补充来源于深部的瓦斯，且施工区域距离切源断层有一定距离，瓦斯来源有限，总体上讲，瓦斯可防可控。

② 超前地质钻孔取芯。

a. 4 号取芯孔芯样照片（图 2-16）。

图 2-16　超前地质钻孔取芯（一）

b. 4 号取芯孔芯样结论

ZDK43＋650～645.8 区段为紫红色薄层状粉砂质泥岩，石膏脉发育；645.8～631.9 区段为灰绿色厚层状砂岩，裂隙发育；631.9～630 区段为紫红色薄层状粉砂质泥岩。

ZDK43＋646～ZDK43＋630 区段检测到瓦斯浓度为 100％。

c. 5 号取芯孔芯样照片（图 2-17）。

图 2-17　超前地质钻孔取芯（二）

d. 5 号取芯孔芯样结论。

ZDK43＋650～640 区段为紫红色薄层状粉砂质泥岩；640～628 区段为灰绿色厚层状砂岩，局部裂隙发育，石膏脉发育；628～615 区段为紫红色薄层状粉砂质泥岩，局部裂隙发育，石膏脉发育。

ZDK43＋622～ZDK43＋615 区段检测到瓦斯浓度为 100％。

（4）超前地质预报综合预报结论（图 2-18）。

在龙泉山地区瓦斯成生机制、区域构造分析的基础上，通过 TSP、地质雷达、超前水平钻探及钻孔取芯分析探测成果，可得出如下结论：

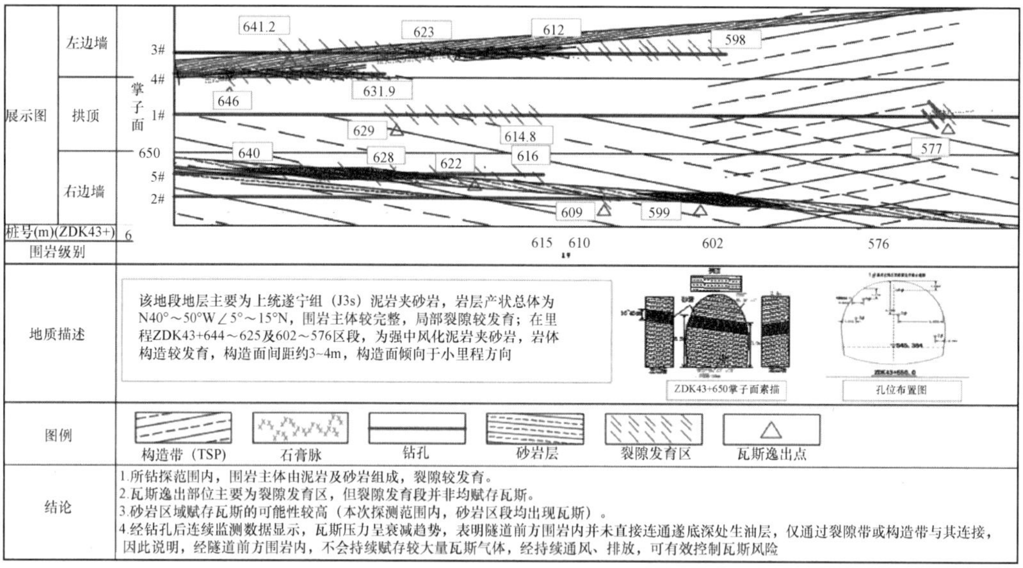

图 2-18　超前地质预报综合预报结论

① 左小掌子面穿卧龙寺向斜西翼，当前地层属侏罗系非生烃岩层，隧道下方深处油气沿地质构造运动中形成的构造裂隙、破碎带等通道，由深至浅，从下往上，随漫长地质年代变迁、运移，逐步向上浸染浅部地层，在构造裂隙空隙中形成瓦斯，隧道施工钻孔揭穿构造裂隙，导致瓦斯涌出。

② 本次补充探测探明掌子面前方 ZDK43＋650～576 范围存在两组构造裂隙，钻孔穿透裂隙时均发生瓦斯涌出现象，涌出强度随时间有明显衰减趋势，下部补给不明显。

③ 掌子面前方裂隙与隧道呈左侧斜交，开挖时掌子面左侧拱部最先揭露。

2.2　瓦斯监测与检测

瓦斯检测方法可以分为实验室分析法、现场检测法、自动报警断电仪检测法和系统综合监控四大类。实际应用中既可以采用其中的一种方法检测，也可以多种方法结合使用。

（1）实验室分析法。该方法是在隧道中采取气样到实验室进行分析测定。该法测得的数据一般精度高，但所需的时间较长。

（2）现场检测法。采用瓦斯检测器人工检测或便携式瓦斯自动检测报警仪检测。这种检测具有检测仪器体积小、质量轻、便于携带、能及时了解测定结果等优点，其精度能满足安全上的要求，在隧道中常采用。

（3）自动报警断电仪检测法。该法是用瓦斯自动报警断电仪连续、自动、远距离检测，在检测到瓦斯浓度超限时，自动切断超限区内电气设备电源。

（4）系统综合监控。该法除了监测瓦斯，还可以监测一氧化碳、风速、压力、氧气浓度等，还可以对隧道内电气设备的工作状态进行监控，在隧道施工中也常采用。

根据高瓦斯隧道特点，施工中多对瓦斯检测采用自动监测与人工检测相结合，自动监测采用 KJ101 煤矿安全综合监控系统，人工检测采用手持式移动检测仪。在每个洞口设置 KJ101 全自动安全监测系统，分别监测掌子面、模板台车顶部的上隅角等位置的瓦斯浓度、温度、回风风速等，实时控制各工作面的用电设备。当检测到瓦斯浓度>0.3%时报警；当检测到瓦斯浓度>0.5%时，系统命令自动切断作业区电源，作业人员停止作业，并撤出作业人员。

2.2.1 瓦斯检测

瓦斯人工检测是专职瓦斯检测员（简称瓦检员）使用甲烷检测报警仪和光干涉甲烷检测报警仪，对隧道特殊部位，如放炮地点 20m 附近、紧急停车带、车行和人行通道、隧道内具有明显凹陷点、电动机及开关附近、电缆接头及超前钻孔附近，加强瓦斯检测频率。

同时，聘请第三方检测机构，对隧道内瓦斯进行检测，验证系统监控及人工检测瓦斯浓度数据，保证整个瓦斯监测系统结果真实、受控。

瓦检员严格执行瓦斯巡检制度，按时到岗，跟班作业，不得擅自离岗空班、漏检和假检，根据瓦斯巡检要求和频率进行瓦斯巡检工作。每次检查结果记入瓦斯检测日报表和检测位置悬挂的瓦斯记录牌。测定甲烷浓度应重点在隧道风流的上部，测定二氧化碳浓度应重点在隧道风流下部。无作业台架处应配置辅助工具。洞内风速检测。

1. 瓦斯检测仪

隧道中广泛采用的瓦斯检测仪有热催化型甲烷检测报警仪、热导型甲烷检测仪、光干涉式甲烷检测仪三种，不同瓦斯检测仪的工作原理、构造各不相同，分别作简要介绍。

(1) 热催化型甲烷检测报警仪。空气中的甲烷气体以自然扩散方式进入仪器的热催化元件气室中，利用惠斯顿电桥电路将甲烷气体浓度转化为相应的电信号，再经信号放大电路做放大处理后送入微处理器，通过微处理器完成信号采集、A/D 转换、分析、计算、校核、编码、输出等处理，完成检测报警功能。在甲烷浓度低于 4%的情况下，电桥输出的电压与瓦斯浓度基本上呈直线关系，因此可以根据测量电桥输出电压的大小测算出瓦斯浓度的数值；当瓦斯浓度超过 4%时，输出电压就不再与瓦斯浓度呈正比关系，所以按这种原理做成的甲烷检测报警仪只能检测浓度低于 4%的瓦斯。

(2) 热导型甲烷检测仪。热导型甲烷检测仪的基本原理和结构大体与热催化型相似，其主要差别：热导型甲烷检测仪的反应元件为热敏元件如热敏电阻、铂丝、钨丝等。当反应室中充以含有甲烷的空气时，由于甲烷比空气的热导率大 1.296 倍，因此能够降低热敏元件的温度，并导致其电阻发生变化，从而破坏电桥的平衡。其代表产品有浙江奉化电子仪表厂生产的 KDD-1 型热导式瓦斯测定器、常州红旗仪表厂生产的 LRD-1型热导式瓦斯测定器。

(3) 光干涉式甲烷检测仪。光通过不同浓度的气室时，气体介质的折射率与气体的密度有关，通过一系列光的反射与折射，由于光程差的结果，在物镜的焦平面上产生明暗相间的干涉条纹，根据干涉条纹的位移量与瓦斯浓度的关系，就可以通过目镜观察测得瓦斯的浓度。

光干涉式甲烷检测仪是我国煤矿井下普遍使用的一种测定甲烷浓度的便携式仪器。为适应我国煤矿安全生产，加强瓦斯管理的需要，抚顺市、重庆市煤矿安全仪器厂联合成功研制了AQG-2型瓦斯检定器。该检定器采用了新型的光源结构，便于调整，增大了条纹的视见度，舒适、方便，整数和小数可以同时读出，性能良好，达到世界先进水平。此外，AQG型的缩形JWG型光干涉式瓦斯检定仪也有使用。

2. 人工巡检范围

（1）隧道内各工作面（掌子面超前钻孔、掌子面开挖、掌子面初期支护、仰拱开挖、仰拱混凝土施工、防水板挂设、二次衬砌立模、二次衬砌混凝土浇筑、隧道加宽段、顶部凹陷处等），至少检查4～6个点，即拱顶、两侧拱脚、两侧墙脚和仰拱底中点各距坑道周边20cm处。

（2）瓦斯可能产生聚集的地点（二衬台车部位、加宽段、加宽带、联络通道及预留洞室上部、塌腔内、局部超挖具有明显凹陷处）。

（3）隧道内可能产生火源的地点（电机附近、变压器、电气开关附近、电缆接头）。

（4）瓦斯可能渗出或异常涌出点（地质破碎地带、地质变化地带、裂隙发育的砂岩、泥岩及页岩地带）。

（5）在隧道进行水平钻孔时，水平钻孔处。

（6）被批准允许洞内电气焊接作业地点、内燃机具、电气开关、电机附近20m范围内。

（7）爆破地点附近20m范围内风流中。

（8）其他通风死角处。

3. 人工瓦斯检测频率

人工瓦斯检测频率要求能代表全部可能存在瓦斯灾害的时间段。

（1）正常情况下微瓦斯和低瓦斯工区，人工瓦斯检测日常频率每班不少于2次。高瓦斯工区、瓦斯突出工区，人工瓦斯检测日常频率每班不少于3次。测定完毕，及时填报瓦斯巡检表。

（2）高瓦斯施工范围的开挖工作面及瓦斯涌出量较大、变化异常区域，应固定专人随时检测瓦斯。

（3）经审批进行焊接等动火作业时，瓦检员必须跟班作业，随时检测动火点前后20m范围内的瓦斯浓度，确保动火作业区域瓦斯浓度小于0.5%。当瓦斯浓度大于0.5%时，严禁隧道内一切动火作业。动火点附近采取消防措施。

（4）停风或停电，恢复送电和启动洞内风机时，按规定进行瓦斯检测工作。

（5）适当增加对洞内死角的检测频率，尤其是隧道上部、交叉口处、横通道内、避人（车）洞等各个凹陷处通风不良、瓦斯易聚集的地点；对各种通风死角每班进洞检测一次，对瓦斯浓度超过0.25%的地段，必须加强检测，瓦斯浓度的测定在隧道风流的上部。

（6）以下作业环节，瓦检员跟班作业，随时检测瓦斯。

① 瓦斯工区钻爆作业（钻眼、装药、放炮前、放炮后）时，并填报“一炮三检”记录表。

② 瓦斯超前探测钻孔、焊接动火、塌腔及采空区处理等作业时。超前探孔瓦斯检测根据岩体破碎情况，一般每钻进4～8m需检测一次瓦斯浓度，并做好钻进深度、瓦斯浓度等的相关记录。

4. 安全要求

采用人工检测时，由于待检区气体种类及浓度等均未知，这样增加了瓦检员自身的危险性，除了常规安全防护措施外，尤其要注意以下安全要求：

（1）测定是由外向内、由高向低逐步进行的。

（2）尽量采用半蹲式检测瓦斯，检测时头部不能超越检测的高度，防止缺氧窒息。

（3）检查停风处、密闭空腔时，只可以在确定的安全区域内检测。

（4）佩戴好自救器和应急照明设施，携带便携式甲烷报警仪，两人以上同时进行，前后保持 3～5m，后者负责监护。

（5）当发现瓦斯浓度超过 3%，或有毒、有害气体浓度超过《煤矿安全规程》（2016 年版）的规定，或氧气浓度低于《煤矿安全规程》规定时，应立即返回，并及时上报。

（6）应时刻留意拱顶、拱墙、掌子面的稳定情况，发现有异常立即撤出。

（7）应时刻注意不要引起坚硬物体的撞击产生火花。

5. 实际施工情况介绍

瓦斯检测包括准备、实施检测、瓦斯处理等环节。

专职瓦检员和其他作业人员进入瓦斯工区携带的瓦斯检测仪器、仪表应符合下列规定：专职瓦检员应配备光干涉式甲烷检测仪，当地层富含 H_2S、CO 等有害气体时，还应配备相应的多气体测定器；洞内工程技术人员、施工班组长等主要管理人员配备便携式甲烷检测仪。

巡检范围和巡检频率见前述内容。

瓦斯工区停风或停电，恢复送电和启动洞内风机前，瓦检员应加强瓦斯检测工作，且符合以下规定：

（1）启动主通风机通风 15～30min 后，停风区瓦斯浓度不得超过 0.5%，否则继续加强通风，稀释瓦斯。

（2）检测证实停风区瓦斯浓度不超过 0.5%时，可恢复停风区电气设备供电。

（3）停风区瓦斯浓度不超过 0.5%，且局部通风机及其开关附近 10m 以内风流中瓦斯浓度均不超过 0.5%时，可启动局部通风机。

瓦斯工区瓦检员应严格洞内交接班制度，并应在岗位上进行现场交接班，交代清楚工区内瓦斯异常涌出变化、瓦斯赋存变化、是否存在瓦斯突出预兆现象、各种电气设备、局部通风机和作业机械等状态；瓦检员交接班时应在交接手册上互相签字，做到有据可查。

检测时的安全要求详见前述内容。

2.2.2 瓦斯自动监测要求

瓦斯自动监控系统使用 KJ 自动监控系统，其探头悬挂位置应能反映隧道风流中瓦斯的最高浓度。当检测到瓦斯浓度≥0.3%时报警，隧道自动断电报警系统为声、光联动形式；当检测到瓦斯浓度≥0.5%时切断电源实施瓦、电闭锁。

（1）KJ 系统结构。该系统主要由以下三部分组成：

① 地面中心站。地面中心站是整个系统的大脑，主要用于设置、实时显示并存储

隧道的环境参数。地面中心站主要由监控主机、系统软件、数据传输接口和其他计算机周边设备组成，并包含防雷设备。

② 隧道监控分站。隧道监控分站主要是为传感器提供电源和接收传感器数据，并把数据通过通信线路传输到地面主机。隧道监控分站有大、中、小三种类型，可根据各工区实际监控需求进行选择。龙泉山隧道各工区每个掌子面设置 3 台隧道监控分站，分别对掌子面传感器、隧道二衬台车和隧道施工完成段回风流进行监控。隧道监控分站根据开挖进度逐步进行安装。

③ 传感器及控制器。瓦斯自动监控主要对甲烷、硫化氢、一氧化碳和风速进行监控，传感器主要有甲烷传感器、硫化氢传感器、一氧化碳传感器和风速传感器。

控制器是系统断电的执行器，在异常情况下接收隧道监控分站发来的断电信号，切断隧道的工作电源，防止意外事故的发生。

（2）系统工作原理。自动监控系统由监控中心站、分站、输入、输出设备构成。监控中心站与分站之间通信，接收分站内的信息，可以对分站发出指令。对接收的信息进行处理、显示、报警。通过外围设备可以将信息进行打印、上传、发送等。分站接收由输入设备采集到的信号，通过逻辑变换，输出控制信号，通过断电器对控制对象进行通、断电控制。

系统通过在洞内安装的甲烷传感器、硫化氢传感器、风速传感器、一氧化碳传感器等测定洞内瓦斯参数，并将此信息回馈主控计算机分析处理，对洞内瓦斯、风速、风量和主要风机实施风电瓦斯闭锁及风量控制，瓦斯超标自动进行洞内传感器和洞外监控中心自动声光报警，再通过设备开停传感器、馈电断电器对被控设备自动断电。系统可及时准确地对洞内各工作面的瓦斯状况进行 24h 全方位监控，达到隧道安全生产的目的。

（3）KJ 隧道施工环境监测系统详细布置。瓦斯隧道施工过程中，开挖掌子面瓦斯易逸出，对掌子面施工作业人员危害较大，在隧道内二衬台车附近，施工作业工序多，易造成瓦斯聚集，回风流中瓦斯浓度能反映整个隧道瓦斯逸出量的情况，有进行回风流中瓦斯监控的必要。

① 中心机房设在隧道口的监控值班室，机房设备有监控主机、数据接口、电源避雷器、UPS 电源和主机配 KJ 监控软件。为了更好地保护监控设备，在监控中心机房和隧道口各设信号避雷器一台。

② 根据传感器的数量及种类按控制要求，配置远程断电仪。

③ 传感器布置，各种传感器布置位置对应表如表 2-7 所示。

表 2-7　各种传感器布置位置对应表

名称	安装地点	安装位置	要求及标准
甲烷传感器	掌子面、衬砌台车、回风流 20m 处	掌子面的操作台车上、二衬台车、洞顶	甲烷传感器的吊挂离顶部不大于 30cm，离隧道两边不小于 20cm 处，其迎风流和背风流 0.5m 内不得有阻挡物。吊挂处顶板完整，支护良好，无滴水
硫化氢传感器	掌子面、回流风处	掌子面操作台车、洞底部	掌子面操作台车下方的左侧或右侧 1.5m、洞顶下部悬挂不大于 30cm

续表

名称	安装地点	安装位置	要求及标准
一氧化碳传感器	掌子面、回流风处	掌子面操作台车、洞顶	掌子面操作台车上方的左侧或右侧、洞顶下部悬挂不大于 30cm
风速传感器	回风流二衬台车背后、交叉位置处	隧道中部净高的 1/3	隧道顶以下的 1/3 位置，迎向掌子面方向安装

2.2.3 瓦斯检测的基本要求

油气田区隧道瓦斯检测是为了通过检测瓦斯浓度、瓦斯压力、瓦斯含量、空气中氧气的含量、洞内温度、风速和各种有害气体 CH_4、CO_2、CO、H_2S、NO_2 等指标检测，了解瓦斯涌出、积聚情况，掌握其变化规律，进而制订瓦斯治理措施，预防瓦斯事故的发生。其重点检测项目为瓦斯浓度。

2.2.4 系统监控

瓦斯工区应采用人工检测与自动监测相结合的方式，配置瓦斯自动监控报警系统，对各作业面和回风流中甲烷等有害气体浓度进行连续监测。

矿井安全监控技术是伴随煤炭工业发展而逐步发展起来的。1815 年，英国发明了世界上第一种瓦斯检测仪器——瓦斯检定灯，其利用火焰的高度来测量瓦斯浓度。20 世纪 30 年代，日本发明了光干涉瓦斯检定器，一直沿用至今。20 世纪 40 年代，美国研制了检测瓦斯气体的敏感元件——铂丝催化元件。1954 年，英国采矿安全研究所研制成最早的载体催化元件。自 20 世纪 60 年代以后，主要的产煤国家都把发展催化元件作为瓦斯检测仪器的主攻方向。电子技术的进步推动了瓦斯监控装置的进一步发展，首先是研制小型化个人携带式仪器，其次是矿井监控系统，如 20 世纪 70 年代后期法国研制的 CTT63/40 矿井监控系统、英国的 MINOS 系统、美国的 SCADA 系统等。

我国监测监控技术应用较晚，20 世纪 80 年代初，从波兰、法国、德国、英国和美国等引进了一批安全监控系统（如 DAN6400 \ TF200 \ MINOS 和 Senturion-200），装备了部分煤矿；在引进的同时，通过消化、吸收并结合我国煤矿的实际情况，先后研制出 KJ2、KJ4、KJ8、KJ10、KJ13、KJ19、KJ38、KJ66、KJ75、KJ80、KJ92 等监控系统，在我国煤矿已大量使用。实践表明，安全监控系统为煤矿安全生产和管理起到了十分重要的作用，各煤矿已将其作为一项重大安全装备。当时相当一部分监控系统由于技术水平低、功能和扩展性能差、现场维修维护和技术服务跟不上等原因，或淘汰、或停产。因此造成相当一部分矿井无法继续正常使用已装备的系统。特别是近年来由于老系统服务年限将至，已无继续维修维护的必要，系统需要更新改造。

随着电子技术、计算机软硬件技术的迅猛发展和企业自身发展的需要，国内各主要科研单位和生产厂家又相继推出了 KJ90、KJ95、KJ101、KJF2000、KJ4/KJ2000 和 KJG2000 等监控系统，以及 MSNM、WEBGIS 等煤矿安全综合化和数字化网络监测管理系统。同时，在“以风定产，先抽后采，监测监控”十二字方针和煤矿安全规程有关规定条款的指导下，规定了我国各大、中、小煤矿的高瓦斯或瓦斯突出矿井必须装备矿井监测监控系统。因此，大大小小的系统生产厂家如雨后春笋般的不断涌现，为用户提供了更多的选择机会，也促进了各厂家在市场竞争条件下不断提高产品质量和服务意识。

自 2000 年以后，随着国家对煤矿企业安全生产要求的不断提高和企业自身发展的需要，我国各大、中、小煤矿陆续在装备矿井监测监控系统。系统的装备大大提高了矿井安全生产水平和安全生产管理效率，同时也对该技术的选择、使用、维护和企业安全生产信息化管理提出了更高的要求。

瓦斯自动监控系统应具备甲烷断电仪和甲烷风电闭锁装置的全部功能，必须具有断电状态和馈电状态监测、报警、显示、存储和打印报表功能，实现风、瓦斯、电闭锁和声光报警。瓦斯浓度达到报警值时，传感器应发出声、光报警信号、断电仪发出光报警信号，计算机发出声音报警信号。瓦斯浓度超过断电值时，断电仪可自动切断超限区的电源，而自动检测系统仍正常工作。

自动监测传感器悬挂位置应能反映风流中瓦斯的最高浓度，重点布置在开挖工作面、二次衬砌模板台车作业面及已完成衬砌段回风流中（防水板作业面、仰拱作业面、局部通风机和电动机集中放置地点等拱顶部位可悬挂便携式瓦斯报警仪），且应悬挂在拱顶下 20cm 位置处，其迎风流和背风流附近无障碍物阻挡。

隧道洞口应建立瓦斯监控中心，配置经安全培训并考核合格的瓦斯监控员，并建立 24h 连续值班制度。瓦斯监控员应严格遵守瓦斯检测操作规程，熟悉微机操作和瓦斯自动监测设备性能，随时注意各类瓦斯监测设备的运行状态，填写瓦斯隧道安全监控系统运行记录表。值班人员严禁擅离职守、脱岗离岗。

严禁任何人随意更改甲烷等气体传感器的预设参数，发现各类传感器数据显示异常时，应及时上报工区负责人，对监控系统进行校核、检验，并采取处理措施。

每班人工瓦斯检测结果应及时上交瓦斯监控中心，由值班瓦斯监控员对人工检测结果与自动监控系统相应位置、时间的自动监控值进行比对，并填写光学瓦斯检测仪与甲烷传感器对照表，两种方式相互验证，发现异常应及时查明原因。瓦斯检测和监测记录应保持连续性、完整性，分类建档，专人负责。

瓦斯自动监控系统安装后应进行验收，每月对监控系统进行定期检查、校正。甲烷传感器等采用载体催化元件的检测元件，每 15d 应使用校准气样和空气样调校 1 次。每 15d 应对甲烷超限断电功能进行测试。

2.2.5 瓦斯检查制度和对瓦检员的要求

1. 瓦斯检查制度

地铁隧道参照《铁路瓦斯隧道技术规范》（TB 10120—2019）和《煤矿安全规程》（2016 年版）规定：矿井必须建立瓦斯、二氧化碳和其他有害气体检查制度。

隧道瓦检员必须重点掌握以下原则，并制订制度，严格执行。

瓦检员必须持特种作业人员操作证上岗作业。

瓦检员不得空班漏检（空班漏检、假检、少检），检查实行“三对口”（瓦斯记录牌、瓦检手册、瓦斯日报在检查人、检查地点、检查次数、检查内容等方面必须完全一致）制度。

（1）严格执行“一炮三检制”（装药前、装药后、爆破后瓦斯检查）和“三人连锁放炮制”（爆破员、瓦检人员、班组长必须在爆破作业区域共同搞好爆破作业安全工作）。

（2）瓦检人员必须严格执行巡回检查制度。

（3）瓦检人员检查过程中不得进入瓦斯和二氧化碳浓度超过3.0％或其他有害气体浓度超过《煤矿安全规程》（2016年版）规定的区域。

（4）瓦检人员必须严格执行交接班制度。

（5）出隧道后，认真填写瓦斯日报表，送工区负责人、技术负责人审阅。

2. 对瓦检员的要求

瓦检员的工作成效直接关系隧道作业人员和设备等的安全，责任十分重大。因此，对瓦检员要求除了具有一定的现场实践经验外，还应具备职业素质、业务知识和操作技能。

瓦检员应具备的执业素质如下：

（1）责任心强，热爱本职工作。

（2）具有认真严谨、实事求是的工作作风。

（3）牢固树立“安全第一”的思想、政策水平和法律意识强。

（4）具有高中以上文化水平和多年隧道或井下实践经验。

（5）有吃苦耐劳精神，身体健康，能坚持隧道作业。

（6）色盲人员不得担任瓦检工作。

3. 瓦检员应具备的业务知识

（1）了解煤矿安全生产方针、政策和法律法规，有一定的法律观念和意识。

（2）掌握本岗位的安全工作职责，熟悉隧道瓦斯管理知识，具备瓦斯检测现场实践和理论知识。

（3）熟悉本岗位的操作规程，掌握《煤矿安全规程》（2016年版）和《铁路瓦斯隧道技术规范》（TB 10120—2019）对隧道通风、瓦斯及安全监控等方面的有关规定。

（4）熟悉隧道“一通三防”等的专业技术知识，了解隧道采掘、运输、机电、爆破等相关安全生产技术知识。

（5）掌握瓦斯检测仪器的构造、基本原理和使用、维护方法。

（6）熟悉隧道灾害发生基本规律及防治措施，熟悉分工区域及相邻区域的通风系统及避灾路线。

（7）掌握自救、互救、创伤急救的基本知识及操作方法。

（8）掌握自救器的工作原理及使用、维护方法。

4. 瓦检员应具备的实际操作技能

（1）会熟练使用瓦斯检测仪检测隧道内空气中瓦斯和二氧化碳浓度，会填写瓦斯检查牌、瓦斯检验手册和瓦斯日报表。

（2）能熟练地使用多种气体检测仪器检测隧道空气中一氧化碳、硫化氢等有毒、有害气体浓度并协助处理。

（3）会分析分工区域内超前地质预报资料、瓦斯来源、涌出规律，在隧道瓦斯及二氧化碳出现异常或超限的情况下，能按照相关规定和制度及时处理，安全地撤出人员，并立即汇报。

（4）能检查出分工区域内的通风系统、通风构筑物等相关设备、设施存在的问题及隐患，并能有效地进行处理。

（5）当隧道发生灾害事故时，能根据灾害性质、发生地点、波及范围、人员分布等情况组织参加现场抢险或组织工人按避灾路线紧急疏散脱险。

（6）能熟练地使用自救器并能开展现场自救、互救与创伤急救。

（7）会看通风系统图、隧道平面布置图、瓦斯监测系统图和避灾路线图。

瓦检员除具备上述基本条件外，还必须按照法律、法规的相关规定经培训考核合格，持有特种作业人员资格证后，方能上岗作业。

2.2.6 瓦斯超限处理

隧道内瓦斯聚集部位经常在超前探孔、掌子面、拱顶及塌方产生的空腔内、溶洞、横通道、裂隙发育处及其他隅角区域。隧道瓦斯超限的处理方法总括起来有通风法、置换法、隔绝法和钻孔抽放（排放）法四种。

（1）通风法：增大主风机风量、增加射流风机、局扇。

（2）置换法：将积聚瓦斯的空间用不燃性固体物质充填严密，或用液体、惰性气体置换，使瓦斯没有聚集的空间，同时设管抽放，这种方法处理塌腔、溶洞效果明显，处理速度快，还可达到预防自然发火的目的，是一举多得的好措施，也是发展的趋势。但目前除受条件限制外，其工艺过程较复杂，对生产有一定干扰，因此很少使用。

（3）隔绝法：如果顶板裂隙发育有大量瓦斯涌出，可用木板和黏土将其封严、填实。该法可以用来处理溶洞、塌腔、裂隙内瓦斯聚集。

（4）钻孔抽放（排放）法：钻孔至瓦斯聚集处，接抽放管抽放瓦斯或自然排放，从而疏散瓦斯。此法适用于防治瓦斯突出，如图 2-19 和图 2-20 所示。

图 2-19　瓦斯抽排

图 2-20　瓦斯引排

2.2.7　过渡期瓦斯监测

过渡时期是指隧道开挖贯通后，交付运营前，施工过程中主要采用射流风机引流，排除洞内施工污风。龙泉山隧道射流风机布置如图 2-21 所示。

系统监测随着隧道分区段二衬贯通逐步进行拆除，人工瓦检员逐步减少，人工检测重点对横通道、设备洞室等瓦斯易聚集处和施工过程中瓦斯异常涌出处进行检测。全隧二衬洞通后，留两组瓦检员进行全隧瓦斯检测直至交付运营。

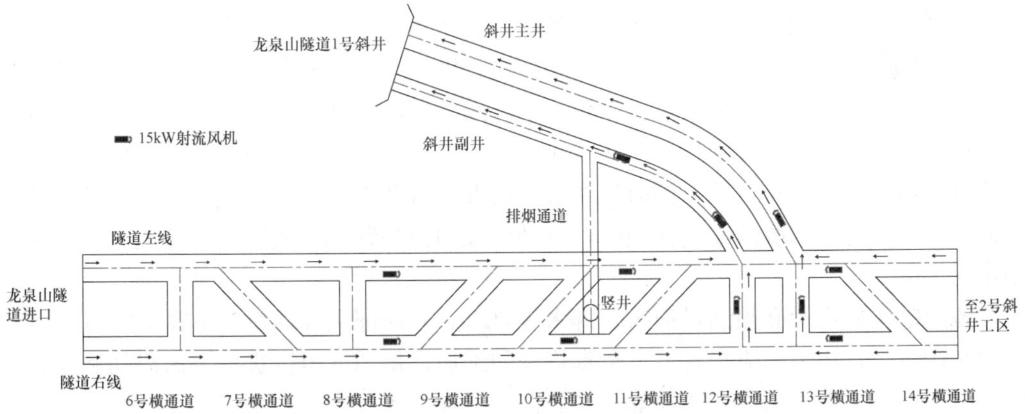

图 2-21　龙泉山隧道射流风机安装布置

2.2.8　运营期瓦斯监测

根据《铁路瓦斯隧道技术规范》（TB 10120—2019）4.4.1 规定：“瓦斯隧道在运营中，瓦斯浓度在任何时间、任何地点不得大于 0.5％”；4.4.9 规定：“当瓦斯浓度降到 0.3％以下时，可停止通风”。

瓦斯隧道在运营中，瓦斯浓度在任何时间、任何地点都不得大于0.5%。

瓦斯隧道运营期间，必须进行瓦斯检测，低瓦斯隧道可以采用人工检测，高瓦斯和瓦斯突出隧道，则应采用自动检测。自动检测系统应具有瓦斯超限报警、通风机自动控制等功能，系统可采用洞口或远程计算机集中控制。

隧道运营期瓦斯检测断面的位置，应根据施工期间的瓦斯涌出情况确定。施工期间有瓦斯涌出地段，每50～100m设置一处，其他地段视具体情况确定。人工检测点或自动检测探头应位于隧道断面中部拱顶下25cm处。自动检测时，检测系统应能抗强电磁干扰，探头的安装结构应便于定时检查维修。

2.3 瓦斯隧道安全用电标准

2.3.1 瓦斯隧道施工用电危险性

在瓦斯隧道施工过程中，瓦斯的防治与管理是最重要的环节，而瓦斯隧道施工中用电管控也是瓦斯防治重要的环节，瓦斯隧道中因为用电安全问题而导致的事故不在少数，大部分原因是在施工运行过程中电线线路容量超负荷运载，启动关闭设备瞬间产生的火花、配电柜闸刀插座等开关过程中瞬间产生的火花等，一旦达到瓦斯爆炸临界点，出现明火或火花，则有很大概率触发瓦斯爆炸（瓦斯浓度为5%～16%）。解决高瓦斯隧道施工用电技术管理是有效防止瓦斯事故的重要途径之一，高瓦斯隧道施工过程中，进洞的电气设备均有其特殊要求，必须达到要求才能进洞施工。

2.3.2 瓦斯隧道双电源

瓦斯隧道施工中，减少用电过程中启动、关闭频率是减少突然出现电火花的有效措施，高瓦斯隧道中因为机械耗电量大，功率高，因此在施工过程中很可能因为高频率施工而导致主线路突然断电或者因为其他原因导致公共电源断电，一方面影响施工进度及隧道供风，另一方面对安全也有很大影响。因此，瓦斯隧道用电要求采用双电源供电，即公共电网用电与自备电源，同时这两者之间安装自动电源切换装置，保证能及时切换电源。当公共电网因故障无法使用时，自动电源切换装置及时切换到自备电源上，保证稳定的供电。

备用电源的容量必须满足通风、排水等要求，并保证主要通风机等在10min内可靠启动和运行。备用电源应当有专人负责管理和维护，每10d至少进行一次启动和运行试验，试验期间不得影响隧道通风等，试验记录要存档备查。

2.3.3 瓦斯隧道用电计算

1. 用电负荷计算

根据施工现场实际用电特点，按需要系数法计算用电负荷。

单个施工用电设备组的负荷计算公式：

有功计算负荷：$P_c = K_x \sum P_s$；

无功计算负荷：$Q_c = P_c \times \tan\alpha$；

视在计算负荷：$S_c=\sqrt{P_c^2+Q_c^2}$。

多个施工用电设备组的负荷计算公式：

有功计算负荷：$P_{\sum c}=K_{\sum}\sum_1^i P_{ci}$；

无功计算负荷：$Q_{\sum c}=K_{\sum}\sum_1^i Q_{ci}$；

视在计算负荷：$S_{\sum c}=\sqrt{P_{\sum c}^2+Q_{\sum c}^2}$。

式中 P_c——用电设备计算有功功率，kW；

K_x——用电设备组需用系数；

P_s——用电设备铭牌额定功率，kW；

Q_c——用电设备无功计算负荷，kVar；

$\tan\alpha$——与功率因数角相对应的正切值；

S_c——用电设备视在功率，kVA；

$P_{\sum c}$——多个用电设备组计算有功功率，kW；

$\sum_1^i P_{ci}$——用电设备组各设备的有功功率之和，kW；

$Q_{\sum c}$——多个用电设备组计算有功功率，kVar；

$\sum_1^i Q_{ci}$——用电设备组各设备的有功功率之和，kVar；

$K_{\sum}$——同时系数（支干线取0.9～1，总干线取0.8～0.9）；

$S_{\sum c}$——多个用电设备组视在功率，kVA。

用电设备组需要系数 K_x 与功率因数 $\cos\alpha$ 的关系，如表2-8所示。

表2-8 用电设备组需要系数 K_x 与功率因数 $\cos\alpha$ 的关系

设备组名称	用电设备台数	需要系数 K_x	功率因数 $\cos\alpha$
混凝土搅拌机 砂浆搅拌机	10台以下	0.7	0.7
	10～30台	0.6	0.65
	30台以上	0.5	0.6
破碎机、筛洗石机 泥浆泵、空压机 输送机、水泵	10台以下	0.75	0.75
	10～50台	0.7	0.7
	50台以上	0.65	0.65
电焊机	2台	0.65	0.6
	3台及以上	0.35	0.5
加工动力设备	—	0.5	0.6
通风机	—	1.0	0.9
洞内照明	—	1.0	0.9

2. 电流计算及电缆选择

(1) 电流计算公式。导线计算电流公式为

$$I=P/(U\times\sqrt{3}\times\cos\alpha)$$

式中 P——功率，kW；

U——电压，kV；

$\cos\alpha$——功率因数，取 0.8～0.9。

（2）630kVA 变压器 10kV 高压侧电流：

$$I=P/(U\times\sqrt{3}\times\cos\alpha)=630/(10\times\sqrt{3}\times0.8)=45.47\ (A)$$

（3）800kVA 变压器 10kV 高压侧电流：

$$I=P/(U\times\sqrt{3}\times\cos\alpha)=800/(10\times\sqrt{3}\times0.8)=57.74\ (A)$$

（4）1000kVA 变压器 10kV 高压侧电流：

$$I=P/(U\times\sqrt{3}\times\cos\alpha)=1000/(10\times\sqrt{3}\times0.8)=72.17\ (A)$$

（5）单台用电设备低压电流计算：

$$I=P/(U\times\sqrt{3}\times\cos\alpha)=P/(0.38\times\sqrt{3}\times0.8)=1.90P\ (A)$$

如单台轴流通风机（1×132kW）导线电流为 $I=1.90P=1.90\times132=250.8$（A）；

单台轴流通风机（2×110kW）导线电流为 $I=1.90P=1.90\times220=418$（A）。

（6）电缆选择。根据《电工手册》电缆载流口诀：二点五下乘以九，往上减一顺号走。三十五乘三点五，双双成组减点五。条件有变加折算，高温九折铜升级。穿管根数二三四，八七六折满载流。

结合（2）～（5）计算结果选择电缆型号。

① 高压电缆选用。选用 MYJV－10kV－3×35（mm^2）铜芯矿用电缆，其安全载流量按 50mm^2 电缆计算为 50×3＝150（A），满足 1000kVA、800kVA 及 630kVA 变压器高压侧使用要求。

② 低压电缆选用。选用 MYP－0.38/0.66V－3×16＋1×10（mm^2）铜芯矿用电缆，其安全载流量按 25mm^2 电缆计算为 25×4＝100（A），满足功率为 100/1.90＝52.63（kW）以下的电气设备使用。

选用 MYP－0.38/0.66V－3×25＋1×16（mm^2）铜芯矿用电缆，其安全载流量按 35mm^2 电缆计算为 35×3.5＝122.5（A），满足功率为 122.5/1.90＝64.47（kW）以下的电气设备使用。

选用 MYP－0.38/0.66V－3×35＋1×16（mm^2）铜芯矿用电缆，其安全载流量按 50mm^2 电缆计算为 50×3＝150（A），满足功率为 150/1.90＝78.95（kW）以下的电气设备使用。

选用 MYP－0.38/0.66V－3×50＋1×16（mm^2）铜芯矿用电缆，其安全载流量按 70mm^2 电缆计算为 70×3＝210（A），满足功率为 210/1.90＝110.53（kW）以下的电气设备使用。

选用 MYP－0.38/0.66V－3×70＋1×25（mm^2）铜芯矿用电缆，其安全载流量按 95mm^2 电缆计算为 95×2.5＝237.5（A），满足功率为 237.5/1.90＝125（kW）以下的电气设备使用。

选用 MYP－0.38/0.66V－3×95＋1×25（mm^2）铜芯矿用电缆，其安全载流量按 120mm^2 电缆计算为 120×2.5＝300（A），满足功率为 300/1.90＝157.89（kW）以下的电气设备使用。

选用 MYP—0.38/0.66V—3×120＋1×35（mm^2）铜芯矿用电缆，其安全载流量按 150mm^2电缆计算为 150×2＝300（A），满足功率为 300/1.90＝157.89（kW）以下的电气设备使用。

选用 MYP—0.38/0.66V—3×150＋1×50（mm^2）铜芯矿用电缆，其安全载流量按 185mm^2电缆计算为 185×2＝370（A），满足功率为 370/1.90＝194.74（kW）以下的电气设备使用。

2.3.4 长大瓦斯隧道高压进洞

在长大瓦斯隧道施工中，洞内远距离供电电压为 380V 低压供电，当隧道施工长度超过一定距离后，电压降增大，供电电压不能满足洞内施工用电设备的电压要求。因此，需要在洞内安装矿用移动型隔爆变压器，以满足洞内用电需求。

隧道开挖进尺超过一定长度后，用高压电缆接洞外变压器，沿洞壁悬挂敷设，引入洞内移动式隔爆变压器，降压后分三路引出（一路供模板台车及附近所有用电设备，一路供掌子面所有用电设备，另一路供移动变压器及往洞口方向的所有用电设备）。移动变压器中性点不接地。洞内低压配电电缆全部采用煤矿用铜芯阻燃橡套软电缆，配电开关全部采用具有煤安（MA）认证的隔爆开关。在变压器出来的总隔爆开关处设置一台总检漏继电器，在三路供电电缆线中各安装一台分路总隔爆开关和分路检漏继电器，以确保用电安全。高压进洞施工用电示意图如图 2-22 所示。

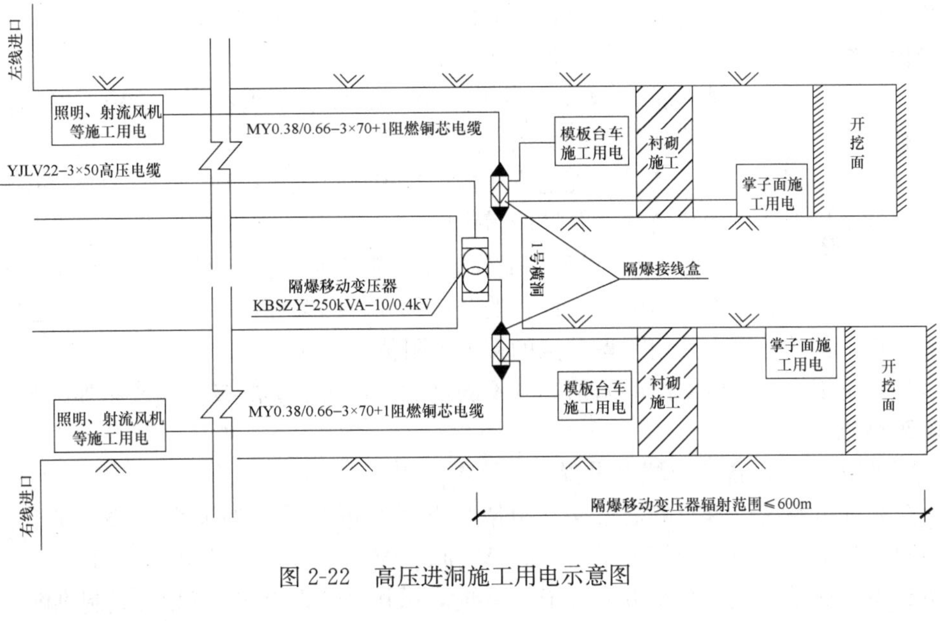

图 2-22　高压进洞施工用电示意图

2.3.5 瓦斯隧道安全用电技术管理

1. 接地保护系统

(1) 在隧道洞外附近适当位置设置环形接地网（图 2-23），地网由 5m×5m 网格构成，埋深不小于 1.0m。

(2) 水平接地体采用 40mm×4mm 镀锌扁钢水平敷设，水平接地体间每 5m 设 1 处

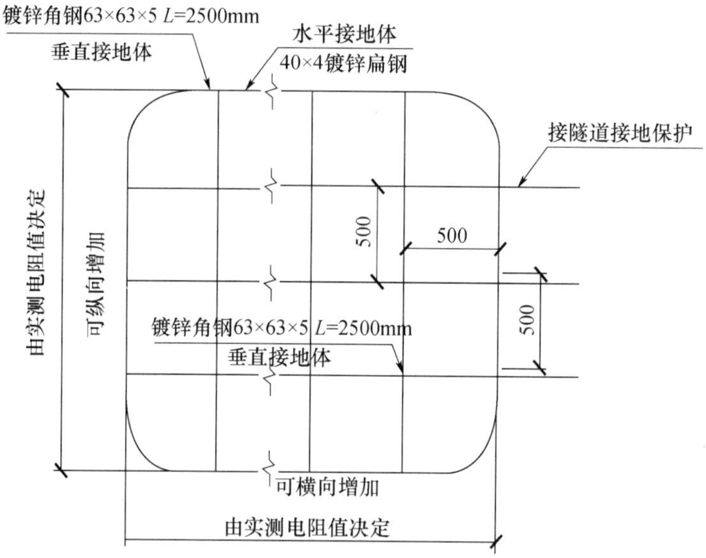

图 2-23　隧道洞外环形接地网

垂直接地体，垂直接地体采用 63mm×63mm×5mm，L＝2500mm 镀锌角钢安装在水平接地体上。

（3）隧道采用独立的接地保护系统，设计采用 MBV－25mm^2 黄/绿双色 PE 接地保护线，从洞口环形接地网向洞内架设，洞内每 200m 施作重复接地，洞口环形地网接地与洞内重复接地处的接地电阻值不得大于 1Ω。

（4）洞内重复接地极使用厚度不得小于 5mm，面积不得小于 0.75m^2 的镀锌钢板，安装在洞内集水坑、水沟或预留洞室内。

（5）根据规定，瓦斯工区的配电变压器严禁中性点直接接地，严禁由洞外中性点直接接地的变压器或发电机直接向瓦斯隧道供电。

（6）专用保护接地线不允许断线且不允许安装任何开关，洞内 36V 以上的和由于绝缘损坏可能带有危险电压的电气设备的金属外壳、构架等，都必须与专用保护接地线可靠连接，其接地网上任何一保护点的接地电阻值不得大于 1Ω。

（7）施工完毕后应实测电阻值，若不满足要求，采取增加接地体或添加降阻剂等其他降阻措施。

2. 洞内电气设备三级配电设置

（1）配电系统设置总隔爆开关、分隔爆开关、单台设备的隔爆开关，实行三级配电。设置配电系统使三相符合平衡。220V 和 380V 单相用电气设备接入 220V/380V 三相五线系统或单相照明线路电流大于 30A 时，采用 220V/380V 三相五线制供电。

（2）动力隔爆开关与照明隔爆开关分别设置，照明线路接线要接在动力隔爆开关的上侧。

（3）总隔爆开关设置在靠近电源区域，分隔爆开关设置在用电设备或负荷相对集中的区域，分隔爆开关与单台设备的隔爆开关的距离不得超过 30m，隔爆开关与其控制的固定式用电设备的水平距离不超过 3m。

（4）每台用电设备必须有各自专用的隔爆开关，禁止用同一个隔爆开关直接控制两台及两台以上用电设备（含插座）。

（5）隔爆开关不得装设在易受外来固体物撞击、强烈振动、液体浸溅及热源烘烤的场所。否则，应予清除或做防护处理。隔爆开关周围有足够两人同时工作的空间和通道，其周围不得堆放任何有碍操作、维修的物品。

（6）隔爆开关要放置在洞内其他机械设备不易碰撞的地方，并设立警示标记或警示灯。

3. 设置检漏继电器

（1）低压电线路上，装设能自动切断漏电线路的检漏装置。

（2）施工现场的总隔爆开关至分路隔爆开关设置两级检漏继电器，两级检漏继电器的额定漏电动作电流和额定漏电动作时间需合理配置，使之能具有分级保护功能。

（3）检漏继电器安装设在总电源隔爆断路器的负荷侧和分路隔爆开关的负荷侧。

（4）检漏继电器的选择符合现行国家标准《剩余电流动作保护电器（RCD）的一般要求》（GB/T 6829—2017）和《剩余电流动作保护装置安装和运行》（GB/T 13955—2017）的规定，在型钢加工厂等洞外干燥环境中，额定漏电动作电流应不大于 30mA，额定漏电动作时间不应大于 0.1s。在潮湿或有腐蚀介质的洞内场所的漏电保护器采用防溅型产品，额定动作电流不大于 15mA，额定漏电动作时间不大于 0.1ms。

（5）与总电源隔爆断路器配合的检漏继电器的额定漏电动作电流大于 30mA，额定漏电动作时间大于 0.1s，但其额定漏电动作电流与额定漏电动作时间的乘积不大于 30mA·s。

（6）漏电保护器每天使用前启动漏电试验按钮试跳一次，试跳不正常时严禁继续使用。

4. 防雷接地

为了防止雷电波及隧道内引起瓦斯爆炸，进洞线路，包括动力电缆、照明电缆、瓦斯监控系统电缆等均在洞口设置避雷器。洞口配电房终端电杆、环网柜高压接口与箱式变压器内均装设 HY5WS—17/50 型避雷器（图 2-24），避雷器引下线接洞口的环形接地网，其检测电阻不得超过 2Ω，且要定期检查测试（每季度检查一次）。进洞的其他风管、水管线也必须在洞口处与环形接地网进行不少于两处的集中接地，以防雷电和静电传入洞内。

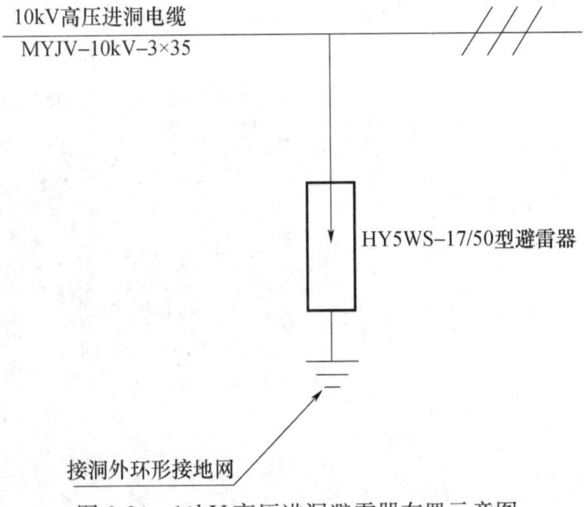

图 2-24　10kV 高压进洞避雷器布置示意图

5. 供电系统的“三专、两闭锁”

根据《煤矿安全规程》（2016 版）规定，瓦斯喷出区域、高瓦斯区域、煤与瓦斯突出区域中，开挖工作面的局部通风机供电必须设专用变压器、专用开关、专用线路。局部通风机和工作面的电气设备必须装有风电闭锁和瓦斯电闭锁装置，以保证局部通风机停止运转或隧道内瓦斯超限时，能立即自动切断隧道中电气设备的电源，防止爆炸事故。

（1）供电系统的“三专”。

① 专用变压器（图 2-25）。专用变压器是一台可不断电调压的变压器，它的一侧与井下供电线路并联，它有 3 个作用：一是分离作用，将隧道供电（隧道其他生产用电设备）与局部通风机供电隔离；二是调压作用，目前瓦斯隧道普遍存在开采距离相应较远，线路降压损失大，局部通风机不能正常运转的问题，调压可确保隧道局部通风机在额定电压下启动与运转，为掘进工作面提供需要的风速和风量；三是不断电作用，一般变压器在调整电压时要停电，改换抽头后再送电，造成调压时局部通风机停转。该专用变压器在调整电压时供电不间断。可确保调压时通风不受影响。

图 2-25　隧道洞内变压器

② 专用线路（图 2-26）。在专用变压器的二次输出端接一回路，专供掘进工作面局部通风机供电，无论井下回采或运输及其他用电设备发生故障，都能确保掘进工作面局部通风机不受影响，极大地提高了井下局部通风机运行的可靠性和连续性。

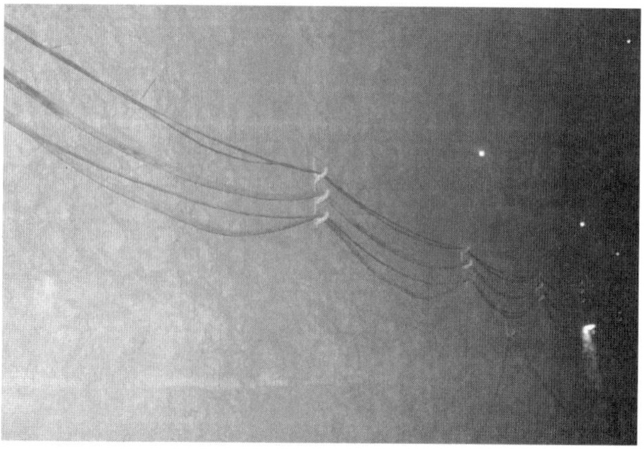

图 2-26　隧道洞内线缆上墙（专用线路）

③ 专用开关（图 2-27～图 2-29）。在井下掘进工作面局部通风机供电的总线路上装设 DW 隔爆馈电开关配套使用的 BJJ3 系列隔爆检漏继电器，对该支路实现漏电保护。局部通风机专用开关（QC83 系列）与掘进面总控开关（QC83 系列）和瓦斯断电仪配套使用，实现两闭锁。

（2）供电系统的“两闭锁”。

① 风电闭锁。其设置于洞口，不需要增加电气设备，只需将掘进工作面的总控开关（QC83 系列）与局部通风机专用开关中的一个辅助常开触头 CK 用外线连接，便可实现风电闭锁，如图 2-30 所示。

② 瓦斯电闭锁。在上述风电闭锁线路的基础上增加一台瓦斯断电保护仪，将瓦斯断电仪中的一个常闭触头 CB，串联风电闭锁线路中，当掘进工作面瓦斯超限时，常闭触头 CB 断开，切断掘进工作面电源。

图 2-27　隧道防爆馈电开关

图 2-28　隧道防爆馈电开关保护

图 2-29　隧道防爆馈电开关定期检查

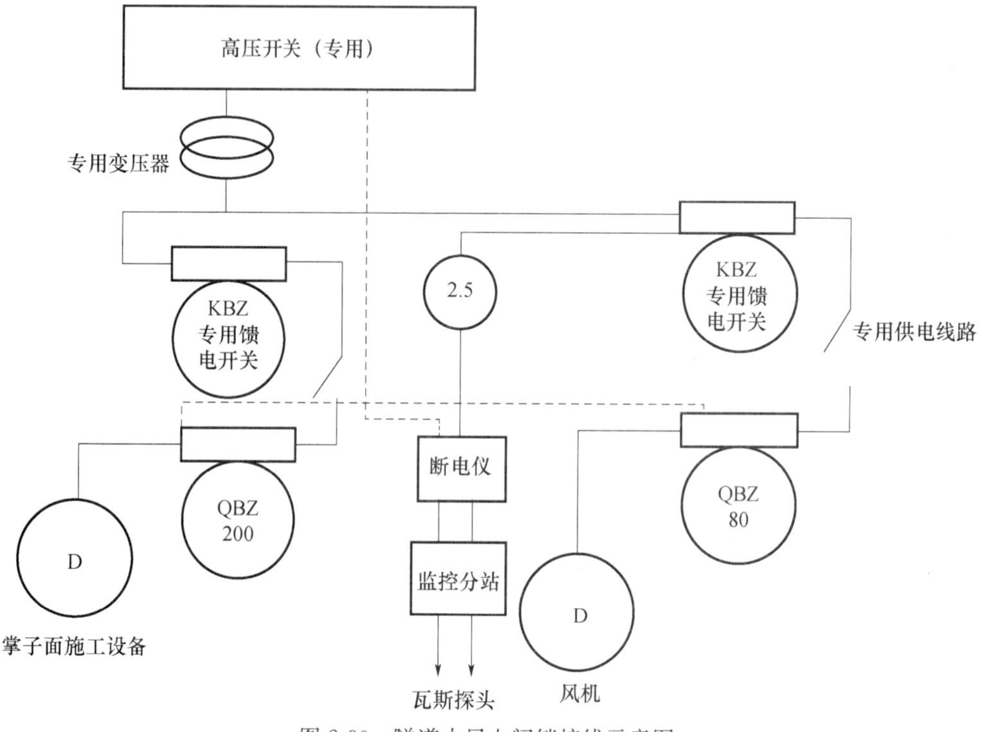

图 2-30　隧道内风电闭锁接线示意图

（3）构成与工作原理。由于掘进工作面是独头巷道，容易产生瓦斯集聚，而机电设备在运转过程中会产生电火花和机械火花，当瓦斯浓度达到 5%～16%，火花能量达到 0.28mJ 以上时，就会引起瓦斯爆炸。为了防止事故的发生，采取“三专两闭锁”是有效的措施。

①“三专”是指在瓦斯突出隧道、高瓦斯隧道、瓦斯隧道中，施工作业面的局部通风机实行专用变压器、专用开关、专用线路供电。

② 风电闭锁是用两台磁力启动器进行连锁控制，其中一台接通风机，另一台连接

掘进工作面电气设备，实现先通风后送电，风机停转时，掘进工作面电源也同时被切断。

风电闭锁工作原理是把 QBZ-80 启动器中的辅助常开触点 K1 通过电缆串联于 QBZ-200 启动器的控制回路中，只有局部通风机运转后其触点 K1 闭合，QBZ-200 启动器的控制回路才能接通，并使接触器吸合，给掘进工作面的电气设备供电。若局部通风机停止运转，K1 常开触点断开，从而切断 QBZ-200 启动器的控制回路，达到切断掘进工作面电气设备电源的目的，如图 2-31 所示。

③ 瓦斯电闭锁是由瓦斯探头、监控系统（监控分站）、断电仪和高压开关构成，如图 2-32 所示。

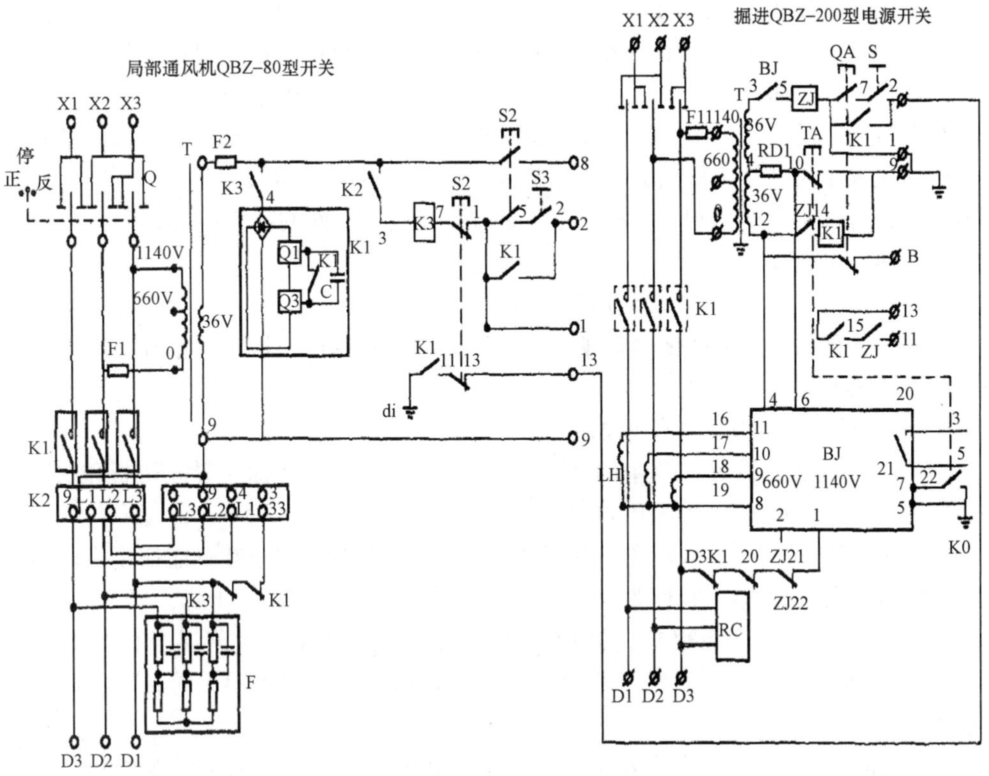

图 2-31　风电闭锁电气工作示意图

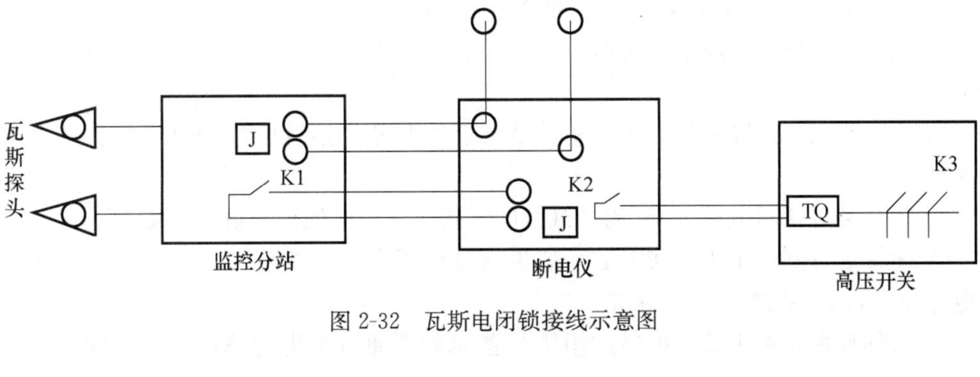

图 2-32　瓦斯电闭锁接线示意图

瓦斯电闭锁工作原理是由瓦斯探头测得CH_4含量信号送给监控分站，当瓦斯超限时，监控分站显示$CH_4 \geqslant 0.5\%$，其常开触点K1闭合，接通断电仪电路，其常开触点K2闭合，接通高压开关内的脱扣线圈TQ电路使高压开关跳闸，切断了掘进工作面电气设备的电源，实现了瓦斯电闭锁。

(4) 作用与使用范围。“三专两闭锁”适用于开挖工作面是独头巷道；洞内甲烷和有害气体易于聚集引起爆炸，造成人员伤亡和财产损失；工作面人员需要呼吸新鲜空气，有害气体须及时排出或稀释，需要在洞内布置局部通风机。

“三专”的作用：对局部通风机实行专用变压器、专用开关、专用线路供电来保证供电的连续性，不间断地向开挖工作面通风。

风电闭锁的作用：掘进动力设备工作前应先通风吹散瓦斯，当瓦斯浓度降到0.5%以下时，再开动掘进动力设备；由于故障原因局部通风机停止通风时，掘进动力设备也同时停电，这样可防止由于电火花或机械火花引起的瓦斯爆炸事故。

瓦斯电闭锁的作用：由于瓦斯喷出量大时局部通风机不能将其及时吹散或稀释，则由瓦斯监控系统对开挖工作面的动力电源实行闭锁。当瓦斯浓度达到0.3%时，瓦斯监控器发生警报；当瓦斯达到0.5%时，立即切断开挖工作面的动力电源，防止电火花和机械火花引起瓦斯爆炸。

(5)“三专两闭锁”的正确使用和管理。

开挖工作面的“三专两闭锁”必须指定专人负责使用、维护、清扫，防止杂物堆积。旁人不得乱动。

“三专两闭锁”的管理和使用如下：

① 当开挖工作面或回风流中的瓦斯浓度达到0.5%时，闭锁装置能切断开挖工作面及回风巷内的电气设备动力电源并闭锁。

② 当串联通风工作面入风流中瓦斯浓度达到0.5%时，闭锁装置能切断串联通风区域内的电气设备动力电源并闭锁。

③ 当排出开挖工作面聚集瓦斯使工作面回风流与全风压风流混合处瓦斯浓度达0.5%时，闭锁装置能切断回风区域内的电气设备动力电源并闭锁，同时发出声、光报警信号。

④ 局部通风机风筒中的风速过低或局部通风机断电时，闭锁装置能切断供风区域内的电气设备动力电源并闭锁。

⑤ 局部通风机停止运转，停风区域内瓦斯浓度达到1%以上时，闭锁装置能闭锁局部通风机电源，须人工解锁，方可启动局部通风机。

⑥ 当瓦斯传感器故障或断电时，闭锁装置能切断传感器监视区域内的电气设备动力电源并闭锁。

⑦ 因主机发生故障而失电时，闭锁装置能切断整个监视区域的电气设备动力电源并闭锁。

⑧ 闭锁装置接通电源1min内，继续闭锁相应区域内的被控设备电源。

⑨ 闭锁装置实现了④⑤功能后，如果恢复到正常状态或故障设备恢复正常并达到稳定运行后，闭锁装置能自动解锁。

⑩ 必须使用专用工具方可通过闭锁装置对局部通风机进行解锁，不允许对已闭锁

的电气设备动力电源进行人工解锁。

⑪ 主、备局部通风机闭锁应满足：当主局部通风机停止运转时，备用局部通风机必须自动开启；备用局部通风停止运转时，主局部通风机只允许人工开启；当双电源同时掉电再恢复送电时，主、备局部通风机均在待机状态，只允许人工启动。

⑫ 每周校准 1 次瓦斯传感器的“零点”和“灵敏度”，检查风筒传感器和设备开/停的安装位置及工作是否正常。

⑬ 安装地点需要改变时，应对装置重新进行调试、复查和调整，以保证其运行正常。

⑭ 主机圆法兰、接线柱、前端盖及瓦斯传感器催化元件座都是防爆接合面，使用、维护时应注意保护。

⑮ 在使用和维护中不得改变电气参数及元件的规格型号。

⑯ 当本装置保险丝烧断时，用相同容量的熔丝换上，不得以大代小使用。

⑰ 主机指示灯选用的是 6.3V/0.3A 的小型螺口灯泡。更换时先将指示灯压盖拆下用手拿住灯座，将压盖连同灯套一起旋下。新灯泡换上后，旋上灯套、压盖，再把压盖螺钉紧固好。

开挖工作面恢复供电的规定如下：

① 使用局部通风机的开挖工作面因检修停电等原因停风时必须撤出人员，切断电源，恢复通风前必须检查瓦斯，只有停风区中最高瓦斯浓度不超过 1%和最高二氧化碳浓度不超过 1.5%，而且在局部通风机及其开关附近 10m 内风流中瓦斯浓度不超过 0.5%，方可开启局部通风机。

② 低瓦斯矿井的掘进巷道中，当瓦斯浓度超过 1.5%时，应切断掘进巷道内全部电气设备的电源；当瓦斯浓度小于 1.0%时，方可恢复供电。

③ 高瓦斯矿井的掘进巷道中，当瓦斯浓度超过 1.0%时，应切断掘进巷道内全部电气设备的电源；当瓦斯浓度小于 1.0%时，方可恢复供电。

④ 当采用串联通风的被串开挖工作面局部通风机前瓦斯浓度超过 0.5%时，应切断被串开挖工作面巷道内全部电气设备的动力电源；当瓦斯浓度小于 0.5%时方可恢复供电。

⑤ 当掘进机附近瓦斯浓度超过 1.5%时，应切断掘进机电源；当掘进机附近瓦斯浓度小于 1%时，方可恢复供电。

6. 保护接地电阻的测定及测定的安全注意事项

(1) 接地电阻的测定。井下接地网电阻的测定，要有专人负责，每月应至少测定 1 次。测定接地电阻的方法很多，有电流电压表法、接地摇表法、直接采用接地电阻测量仪测量法（如 ZC-18 型安全火花型接地电阻测量仪）。

在具有瓦斯爆炸危险的隧道中应采用本质安全型测试仪。下面介绍 ZC-18 型安全火花型接地电阻测量仪的测量步骤。其接线示意图如图 2-33 所示。

测量步骤如下：

① 沿被测接地极 E，使电位探测针 P 和电流探测针 C 依直线彼此相距 20m，且电位探测针 P 插于接地极 E 和电流探测针 C 之间（E 和 q 的距离必须大于或等于板状接地极对角线的 5 倍，或管状接地极长度的 5 倍）。

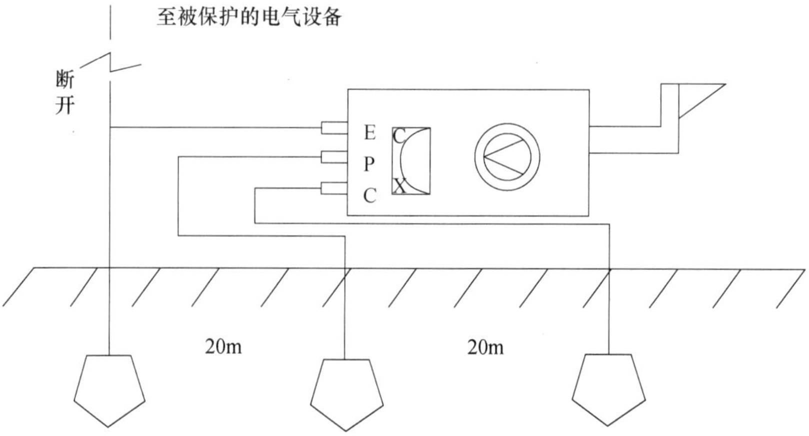

图 2-33　ZC-18 型安全火花型接地电阻测量仪接线示意图

② 用导线将 E、P 和 C 与仪表相应端钮连接。

③ 将仪表放置水平位置，检查检流计的指针是否指于黑线上，若不在可调整零位调节器，使之指于黑线。

④ 将倍率标度盘拨至×10 的倍数挡，慢慢转动发电机的手把，同时转动测量标度盘，使检流计的指针指于黑线上。

⑤ 当检流计的指针接近平衡时，加快发电机手把的转速，使其达到 120r/min 以上，调整测量标度盘使指针指于黑线上。

⑥ 如测量标度盘的读数小于 1 时，应将倍率标度盘置于×1 的倍数挡，再重新调整测量标度盘，以得到正确的读数。

⑦ 用测量标度盘的读数乘以标度的倍数，即为所测得的接地极电阻值。

（2）测定时的安全注意事项：

① 测量前用电压表先检查被测接地网有无电压存在，若有电压，应予以消除，否则会影响结果的准确性。

② 在主接地极处测量总接地网的过渡电阻时，应将 1 个主接地极与总接地网断开，以表示 1 个主接地极处于检修状态。

③ C 与 P 应远离铠装电缆、轨道等长大的金属物，最好与它们垂直布置。

④ 测量单个接地极的接地电阻时，应先将它们与接地网断开。

⑤ 测量时将探针 P 前后移动 3 次，重复进行测量，如 3 次测量的结果接近即可，并取它们的平均值。

7. 移动式隔爆变压器安装及使用注意事项

380V 低压供电线路长度超过 600m 后，电压降增大，供电电压不能满足洞内施工用电设备的电压要求，所以在隧道开挖超过 600m 以后，安装一台 KBSZY—630kVA—10/0.4kV 型移动式隔爆变压器。洞内变压器安装方法如下：

① 用 YJV—22—10 3×25 高压电缆从洞外高压环网柜专用开关上接入 10kV 电源，经避雷器后引入隧道。

② 高压电缆铠装铁皮在洞外必须接入专用接地网，接地电阻不得大于 2Ω。

③ 电缆沿洞壁用线卡固定后敷设，线卡间距不得大于 3m，高度不低于 2.5m，与低压线路保持 10cm 以上间隙。并在电缆上悬挂反光警示标志和电缆标识牌。

④ 高压电缆经专用防爆高压开关引入变压器，降压后分三路引出。

⑤ 变压器中性点不接地，保护接地必须与接地网可靠连接，接地电阻不得大于 2Ω。

⑥ 高压电缆全部采用煤矿用铜芯阻燃橡套电缆。

⑦ 在变压器低压侧安装一台总隔爆开关和检漏继电器，在分线路安装一台分路隔爆开关和分路检漏继电器，以确保用电安全。

⑧ 变压器过热保护：变压器在正常运行时温控器不会动作，只有在过载运行或表面散热不正常的情况下才能动作。当温控器报警或超温保护动作之后，必须查找过热原因，排除故障，并自然冷却到正常工作温度以下，才能重新送电。

⑨ 瓦斯浓度控制：放置移动式隔爆变压器的横洞处易产生瓦斯聚集，通过横洞处的风流将横洞内瓦斯浓度控制在安全范围内，并安排人员负责该处瓦斯监测，以确保移动式隔爆变压器的安全运行。

⑩ 移动式隔爆变压器在运输时应防止剧烈的振动和颠簸，运输和储存时都要防止雨淋和受潮。

8. 电气设备防爆性能的检查与处置

各种电气设备和施工机械防爆安全性能，必须经专职人员检查，确认合格后方能允许进洞使用。在正常开挖阶段，对洞内电气设备应组织日常检查，及时发现设备“失爆”隐患，设备检查频率及检查内容见表 2-10。防爆性能失效的电气设备，应立即处理或更换。非专职电气值班人员，不得擅自操作电气设备，电气操作必须使用专用工具。

9. 隧道高、低压动力电缆的选用

（1）隧道内电缆选用规定如下：

① 电缆根据作业环境条件严格选用。

② 严禁采用铝包电缆。

③ 电缆带有保护接地专用的足够截面的导体。

④ 电缆主线芯的截面满足供电线路负荷的要求。

⑤ 选用取得矿用产品安全标志的阻燃电缆。

⑥ 采用铜芯电缆。

（2）低压动力电缆选用规定如下：

① 固定敷设的电缆采用煤矿用铠装电力电缆。

② 移动式或手持式电气设备的电缆，采用专用的不延燃橡套电缆。

③ 开挖面的电缆必须采用铜芯。

④ 瓦斯工区内固定敷设的照明、通信、信号和控制用的电缆采用不延燃橡套电缆。

（3）隧道内高压电缆选用规定如下：

对洞内固定或非固定敷设的高压电缆采用煤矿用细钢丝铠装电力电缆。

10. 电缆的敷设

（1）照明电缆及灯应使用钢索悬挂。

（2）电缆悬挂点的距离，在竖井内不得大于6m，正洞、平行导坑和斜井内不得大于3m。

（3）电缆应不与风水管敷设在同一侧，当受条件限制需敷设在同一侧时，必须敷设在管子上方，其间距应大于0.3m。

（4）高低压电力电缆敷设在同一侧时，其间距应大于0.1m，高压与高压、低压电缆间的间距不得小于0.05m。

（5）洞内电缆与电气设备连接，必须使用与电气设备的防爆性能相符合的防爆型连接盒。电缆芯线必须使用齿形压线板或线鼻子与电气设备连接。在高瓦斯工区和瓦斯突出工区内，电缆之间若采用接线盒连接时，其接线盒必须是防爆型。高压低绝缘电缆接线盒内必须灌注绝缘填充材料。

11. 使用安全电压

安全电压指不戴任何防护设备，接触时对人体各部位不造成任何损害的电压。因此，在洞内各种平台上和未施作二衬地段使用36V安全电压的隔爆照明器。成洞地段的照明、手持式电气设备的额定电压和信号装置的额定供电电压使用220V。远距离控制线路的额定电压使用36V。

12. 隧道内用电安全标示标牌

（1）配电箱正面张贴配电箱标识牌，箱门背面张贴每日巡检记录。配电箱标识牌主要内容包括配电箱级数、用途、负责人、电话。

（2）变压器房外设置安全操作规程牌、“配电重地，闲人免进”警告牌；变压器边挂“高压危险”警示牌。

（3）洞内高压电放置处及其周围要做安全围栏防护，并设置禁入及高压危险提示标识。

（4）洞内不大于50m应安装一个带灯具的安全出口警示标志，灯具应采用防爆型灯具。

（5）洞内电缆上悬挂反光警示标志和电缆标识牌。

13. 洞内电气设备的设置原则

（1）配电系统设置总隔爆开关、分隔爆开关、单台设备的隔爆开关，实行三级配电。设置配电系统应使三相符合平衡。220V和380V单相用电气设备接入220V/380V三相五线系统或单相照明线路电流大于30A时，应采用220V/380V三相五线制供电。

（2）动力隔爆开关与照明隔爆开关分别设置，照明线路接线要接在动力隔爆开关的上侧。

（3）总隔爆开关应设置在靠近电源区域，分隔爆开关设置在用电设备或负荷相对集中的区域，分隔爆开关与单台设备的隔爆开关的距离不得超过30m，隔爆开关与其控制的固定式用电设备的水平距离应不超过3m。

（4）每台用电设备必须有各自专用的隔爆开关，禁止用同一个隔爆开关直接控制两台及以上用电设备（含插座）。

（5）隔爆开关不得装设在易受外来固体物撞击、强烈振动、液体浸溅及热源烘烤的场所。否则，应予以清除或做防护处理。隔爆开关周围应有足够两人同时工作的空间和通道，其周围不得堆放任何有碍操作、维修的物品。

(6) 隔爆开关要放置在洞内其他机械不易碰撞的地方，要设立警示标记或警示灯。

14. 机电设备和电缆的验收及检查

瓦斯工区内的机电设备和电缆应报专业监理工程师检验合格后方能投入使用。在使用期间，除日常检查外，应按规定周期进行检查，其检查周期见表 2-9 规定，发现问题及时维修或更换。

表 2-9　机电设备和电缆的检查周期

序号	检查项目	周期	备注
1	使用中的防爆机电设备的防爆性能	每月一次	专职电工每日检查外部一次
2	配电系统继电保护装置检查、整定	每半年一次	负荷变化应及时调整
3	高压电缆的泄漏和耐压试验	每年一次	
4	主要机电设备绝缘电阻检查	每月一次	
5	固定敷设电缆的绝缘和外部检查	每季一次	外观和悬挂情况由专职电工每周检查一次
6	移动式机电设备的橡胶电缆绝缘检查	每月一次	由专职电工每班检查一次外表有无破损
7	接地网接地电阻测定	每季一次	
8	新安装的机电设备绝缘电阻和接地		投入运行前测定

15. 电气设备的使用和维护

(1) 必须具有电气系统接线图，隔爆开关应有名称、用途和分路标记。

(2) 隔爆开关应由专人负责。

(3) 隔爆开关应每月进行一次检查和维修。检查、维修人员必须是专业电工。检查、维修时必须按规定穿戴绝缘鞋、手套，必须使用电工绝缘工具，并应做检查、维修工作记录。

(4) 对隔爆开关进行定期维修、检查时，必须将其前一级相应的电源隔离开关分闸断电，并悬挂写有“禁止合闸、有人工作”的停电标志牌，严禁带电工作。

(5) 隔爆开关必须按照下列顺序操作：送电操作顺序为总隔爆开关→分隔爆开关→设备隔爆开关；停电操作顺序为设备隔爆开关→分隔爆开关→总隔爆开关。但电气故障的紧急情况可除外。

(6) 当施工现场停止工作 1h 以上时，应将动力隔爆开关断电上锁。

(7) 隔爆开关内不得放置任何杂物，并应保持清洁。

(8) 隔爆开关内不得随意挂接其他用电设备。

(9) 隔爆开关内的电气配置和接线严禁随意改动。熔断器的熔体更换时，严禁用不符合原规格的熔体代替。检漏继电器每天使用前应启动漏电试验按钮试跳一次，试跳时不正常应严禁继续使用。

(10) 隔爆开关的进线和出线严禁承受外力，严禁与金属尖锐断口、强腐蚀介质和易燃易爆物接触。

(11) 电气设备现场周围不得存放易燃易爆物、污染和腐蚀介质，否则应予清除或做防护处置，其防护等级必须与环境条件相适应。

(12) 电气设备设置场所应能避免物体打击和机械损伤，否则应做防护处置。

2.3.6 电工及用电人员要求

（1）电工必须经过按国家现行标准和瓦斯隧道安全施工专项培训经考核合格后持证上岗工作；其他用电人员必须通过相关安全教育培训和技术交底，考核合格后方可上岗工作。

（2）安装、巡检、维修或拆除临时用电设备和线路，必须由电工完成，并应有人监护。电工的技术水平与技能必须与瓦斯隧道电气设备的技术复杂性相适应，且必须经过本瓦斯隧道用电安全专项培训，熟悉所使用的各种防爆配电设备的技术性能和故障处理方法。

（3）各类用电人员应掌握瓦斯隧道安全用电基本知识和所用设备的性能，并应符合下列规定：使用电气设备前必须按规定穿戴和配备好相应的劳动防护用品，并应检查电气装置和保护设施，严禁设备带“缺陷”运转；保管和维护所用设备，发现问题及时报告解决；暂时停用设备的隔爆开关必须切断电源侧隔离开关；移动电气设备时，必须断电。

（4）瓦斯隧道电工岗位作业内容如下：

① 做好电气设备安装、检修、维护工作，保证安全供电。

② 按照完好标准和电气规程要求，保质保量完成各项任务。

③ 严格执行《煤矿安全规程》（2016 年），电气设备操作规程，以及停送电制度，保证安全生产。

④ 努力学习技术，提高业务能力。

⑤ 填写好安装检修和试验记录。使用保管好工具和仪表。

2.3.7 智慧用电云监控技术

瓦斯隧道施工用电中，电路复杂，人工检查存在盲点，为有效控制施工工地用电安全，遏制电气引发的隧道灾害，施工中可采用智慧用电安全云监控系统进行安全防护。

智慧用电安全云监控系统是综合采用物联传感、移动互联、云计算及大数据等现代信息技术，由智能监控终端、数据传输设备和安易云三大核心组成的新一代物联网用电安全监管大数据服务平台系统，如图 2-34 所示。

该系统通过对项目“配电箱＋配电室”电气设备的智能化升级，实现漏电电流、电流、电压、温度等状态信息的采集、上传至安易云对数据进行分析处理，及时发现漏电、过载、短路、三相不平衡、过压、接触不良、温升异常等电气火灾隐患及电能损耗异常，及时预警，管理人员通过手机 APP 或 PC 客户端在线获取报警信息，及时开展隐患排查治理，达到消除潜在的电气安全危险，实现“防患于未然”的目的。

1. 智慧用电系统原理

智慧用电监控系统主要是针对施工工地用电设备的配电柜及办公生活临时建筑配电箱的进线回路安装配置“LFT201-D 智慧用电安全探测器＋LDU301 无线数据传输模块”，如图 2-35 所示。通过监测回路“三相电流＋三相电压＋ABCN 相线接头温度＋漏电电流”等信息并综合采集、无线上传。上传终端后基于大数据的分析处理，多维度预测电气安全状态发展趋势，为用户进行电气安全评估、隐患分析、系统优化、能效管理及整体用能情况提供强大的数据支撑，实时监测电气设备安全状态参数，客户可通过手机 APP 或 PC 客户端实现电气设备的透明化监测，可随时随地掌控电气设备的健康状况及能效情况，以达到安全监测及电能管理。

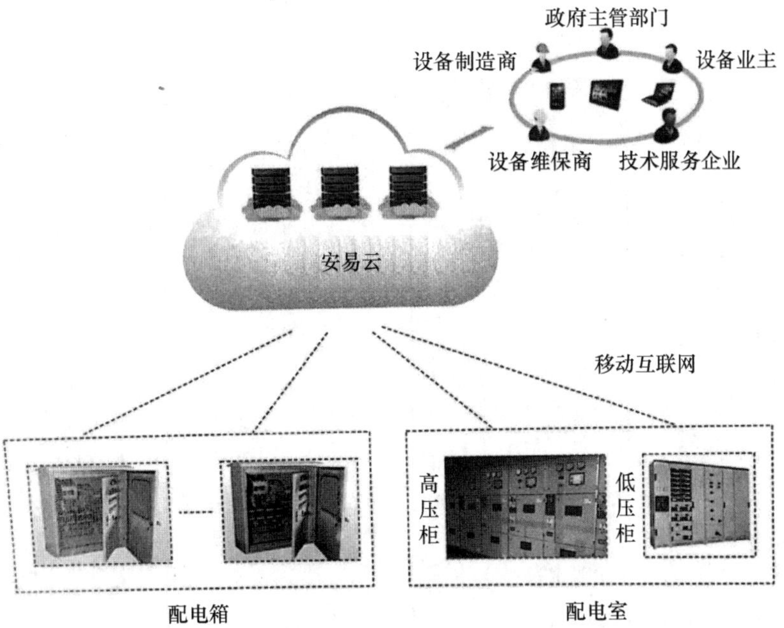

图 2-34　智慧用电系统

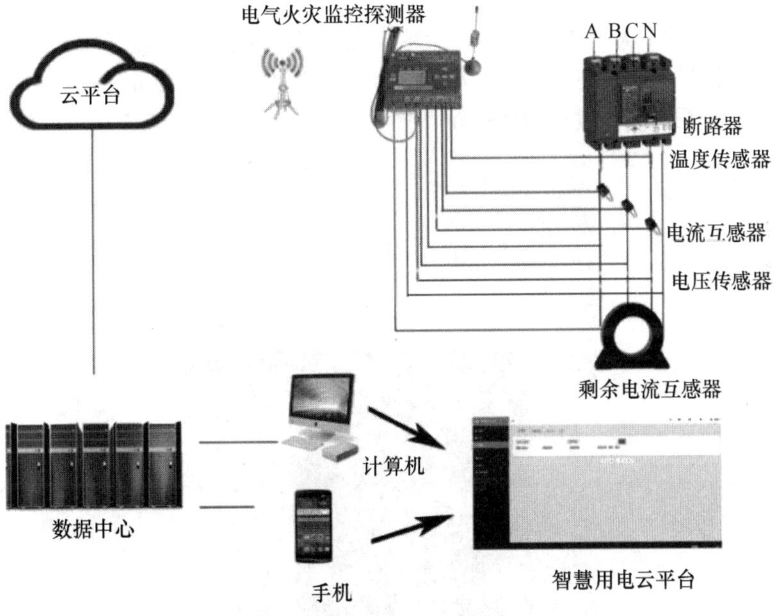

图 2-35　智慧用电监控系统示意图

2. 随时随地掌控用电安全情况

基于安装在配电柜（箱）内的安全用电传感终端，实施监控供电侧、用电侧安全用电参数，通过物联网传输技术上传至安全用电云平台，云平台不间断地进行数据的存储、分析、挖掘、利用，实现描述型——诊断型——预测型——指导型的全周期用电安全监管，如图 2-36 所示。

通过智慧安全用电云平台，可以实现 24h 不间断的大数据采集及应用，以便更全面地了解变化多端的供用电系统的工作状态。

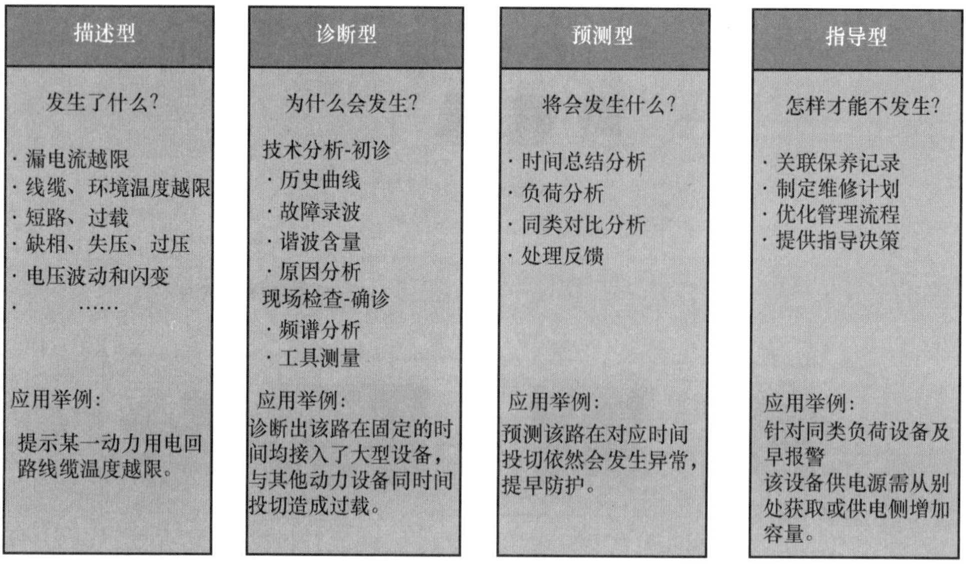

图 2-36　安全用电管理模式

3. 本地监管系统-声光报警

本地工作站、手机 APP 均通过智慧安全用电云平台这一“智慧大脑”查看数据，短信报警通过本地工作站接收信息；现场配电柜（箱）一旦发生安全异常，触发本地报警器发出声、光报警，监管系统同步发出报警提示，多种方式提醒值班人员检修，如图 2-37 所示。

图 2-37　声光报警

智慧安全用电监控系统具备用户权限管理的功能，相应的管理人员可查看对应的安全用电实时数据。

通过本地工作站，值班人员可以全面地了解所属单位的用电状态，一旦提示异常，可快速定位位置、回路，及时进行处理。

4. 手机 APP 掌上卫士

项目管理人员可以在手机上安装 APP，用个人账号登录，就可以不受时间、地点、环境的限制，掌上了解用电系统的安全状态，如图 2-38 所示。

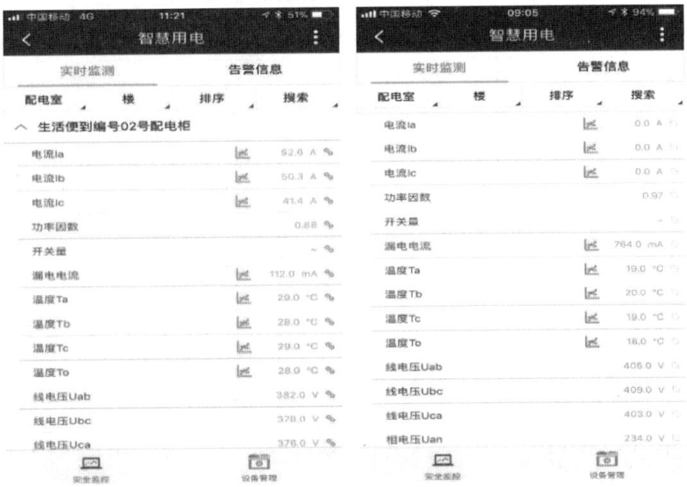

图 2-38　安全用电管理模式

5. 短信报警-防火于未然

用电方在其监管系统的“用户管理”设置界面中，可以很方便地设置好接收短信报警的手机号码。通过设置，可将警报信息发送至业主、分管安全的责任人手机上。

通过短信报警功能，相关负责人可以在第一时间获知用电异常的情况。

6. 历史趋势-报表分析

智慧用电监控系统可提供报警记录、历史趋势、报表分析等功能。

可以根据选择，查看单一回路某项参数的历史曲线（如线温、漏电流等）、对比分析哪几路重要负荷的运行状态、查看日、月、年的整体用电负荷、对日用电量及日功率的峰谷分析以及提供异常报警回路的报警原因分析。

通过该功能，按照生成的报表、报告、维护建议、设备保养记录等途径，完成日常的业务工作，且不用担心数据的丢失，如图 2-39 所示。

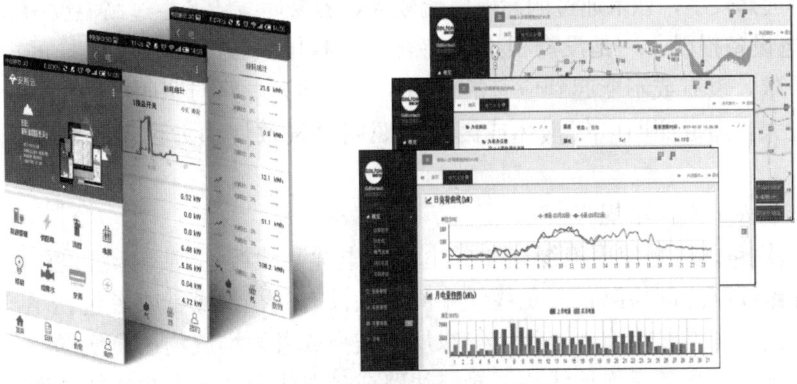

图 2-39　数据报表分析

当系统诊断出电气安全异常时，精确定位，及时以界面消息框、短信、电话等方式通知用户，用户迅速排查故障隐患，有效地防止电气火灾等安全事故的发生。

7. 系统组成

（1）探测器安装信息表（表 2-10）。

表 2-10　探测器安装信息表

序号	探测器安装位置	探测器型号	温度传感器型号	数量
1	工区空压机 1 号	LFT201-D（630A）	4 路	1
2	工区空压机 2 号	LFT201-D（630A）	4 路	1
3	工区空压机 3 号	LFT201-D（630A）	4 路	1
4	办公区 1 号	LFT201-D（100A）	4 路	1
5	办公区 2 号	LFT201-D（100A）	4 路	1
6	工人生活区	LFT201-D（300A）	4 路	1
7	门禁站	LFT201-D（300A）	4 路	1
8	养护站	LFT201-D（300A）	4 路	1

（2）设备清单（表 2-11）。

表 2-11　设备清单

序号	名称	型号	数量	备注
1	智能探测器	LFT201-W	8	含无线模块
2	温度传感器	LFT201-W	8	

8. 电气火灾原因分析

（1）用电系统缺陷。

① 线路过负荷。一是电线电缆接头压接处不牢固或虚接，导致出现过负荷产生高温发热引燃用电设备；二是施工人员为了方便或减少成本，人为地在压接线鼻子时采用大电缆小鼻子将部分线芯减掉压接，导致鼻子处过热产生火花；三是在选择导线截面时负荷计算过小，导致导线截面选择不当，可实际负荷超过导线的允许通过的载流量。

② 线路漏电。一是保护零线或地线的接线端子连接不实，导致电阻较大，一旦发生漏电，造成局部过热，连接端子处产生高温或电弧引燃周围易燃可燃物；二是保护零线或地线的截面选择较小，如果通过的漏电电流较大，容易使线缆产生过高温度引起火灾。

③ 用电设备损毁。一是没有根据负荷合理选择电气设备；二是选择的电气设备不符合规范要求，没有或不能起到应有的作用；三是动力电路与照明电路混用，动力设备启动电流过大，造成照明电气损坏或因使用照明电气致使动力设备长时间通电发热而损坏。

（2）作业人员操作不规程。

① 线路短路。一是使用绝缘老化的电线、电缆，线缆达到一定温度绝缘层极易破损，从而导致线路之间短路；二是线缆中间接头没有包扎绝缘带或者包扎不严密，导致线路之间短路；三是线缆拖地，线缆绝缘层被破损或者被堆放物压砸线缆，导致绝缘层破坏；四是施工人员随意连接线路、接错线路或带电作业造成人为碰线短路，尤其是低

压线路，线路低压侧没有漏电短路保护，而且施工人员采用行灯接拉较多，线头经常暴露在外极易产生短路着火。

② 生活区、宿舍私接乱拉。

一是工人不使用专用插座、插头，直接用线头对接且不缠扎绝缘胶带，甚至直接用线头对入插座内，容易产生高温发热引燃周边的易燃可燃物；二是采用破损插座插头，而且在地上乱拉乱放，其周边易燃可燃物极易掉入插座内引燃；三是施工人员私自接拉插座充电，线缆随意敷设且无人看管，充电器、线缆发热、发烫、烧坏，容易引燃其周边的易燃可燃物。

（3）安全管理缺陷。

① 现场无临时用电组织设计或者虽有设计但未按规定程序编制、审批，存在严重缺陷，致使电工和管理班组没有或不能依据用电组织设计和规范，而是凭经验随意配置和接线，埋下用电安全隐患。

② 现场用电安全管理职责不明确，用电安全技术档案不健全，造成用电系统敷设、使用、修改、维护脱节。

9. 智慧用电安全云管理系统

（1）系统配置。项目主要针对施工工地配电柜及宿舍配电箱进行监测。

监测回路：进线回路。

设备配置：监测回路配置 1 套“LFT201-D 智慧用电安全探测器＋LDU301 无线数据传输模块”。

功能实现：监测回路“三相电流＋三相电压＋ABCN 相线接头温度＋漏电电流”等信息的综合采集、无线上传、安全监测及电能管理。

（2）产品技术参数。LFT201-D 系列智慧用电安全探测器，属完全综合式监控装置，可实现三相电流、三相电压、1 路漏电电流及 4 路温度的综合采集及预处理。本系列探测器可通过有线方式与监控主机的通信及信息交互，也可经云网关或 DTU 经移动互联网直接实现与安易云的信息交互。

其主要适用于楼层配电箱或配电室低压柜线路电流、电压、电能及漏电电流、线缆接头温度的监测。

① 主要参数：

工作电源：AC220V±20％ 50Hz（引自不间断电源）；

漏电报警阈值 20～1000mA 连续可调，监测精度 0.5 级；

温度报警阈值 55～125℃连续可调，监测精度 0.5 级；

电气量监测精度：电压、电流 0.2 级，功率 0.5 级，电度 1 级；

额定输入：电流 CT 输出 0.333V，频率 50Hz；

1 路 RS485 通信接口自身功耗小于 0.3W。

② 标准式导轨式安装：

使用环境：温度－20～＋70℃相对湿度≤95％，不结露。

外接漏电电流互感器及电流互感器：完全开口式，属配套专供产品。

（3）主要功能。

实时监控：实时监测电气设备安全状态参数，客户可通过手机 APP 和 PC 客户端实现电气设备的透明化监测，可随时随地掌控电气设备的健康状况及能效情况。

故障报警：当系统诊断出电气安全异常时，精确定位，及时以界面消息框、短信、电话等方式通知用户，用户迅速排查故障隐患，有效防止电气火灾等安全事故的发生。

大数据分析：基于大数据的分析处理，多维度预测电气安全状态发展趋势，为用户进行电气安全评估、隐患分析、系统优化、能效管理及整体用能情况提供强大的数据支撑。

服务托管：基于本系统平台，支持第三方代维托管服务。

（4）现场安装概况。现场安装结合现场实际，一般按照工区、生活区、办公区 3 个区域进行安装。

工区主要以空压机为主，主要检测空压机配电柜下各回路用电情况。根据安易云监控平台，工区空压机监控数据均属正常。图 2-40～图 2-43 所示为现场电流、温度、剩余电流值实时数据图片。

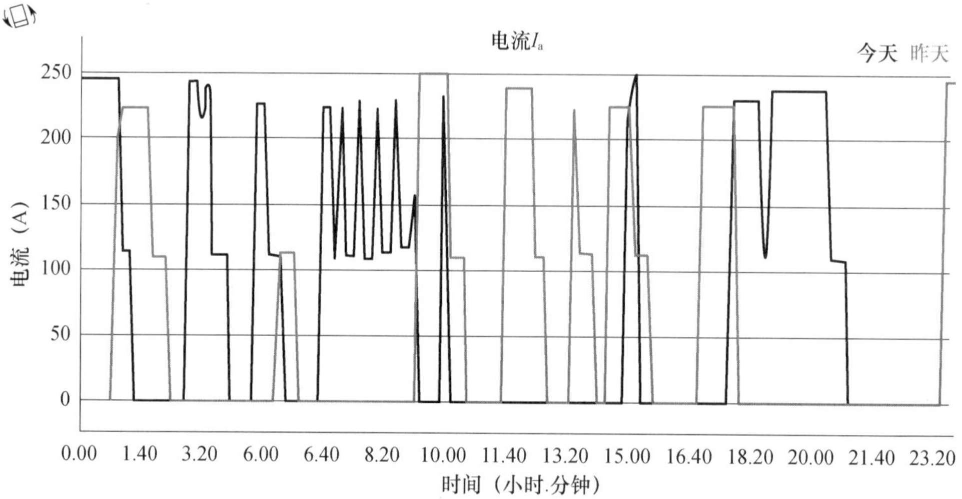

图 2-40　电流-时间

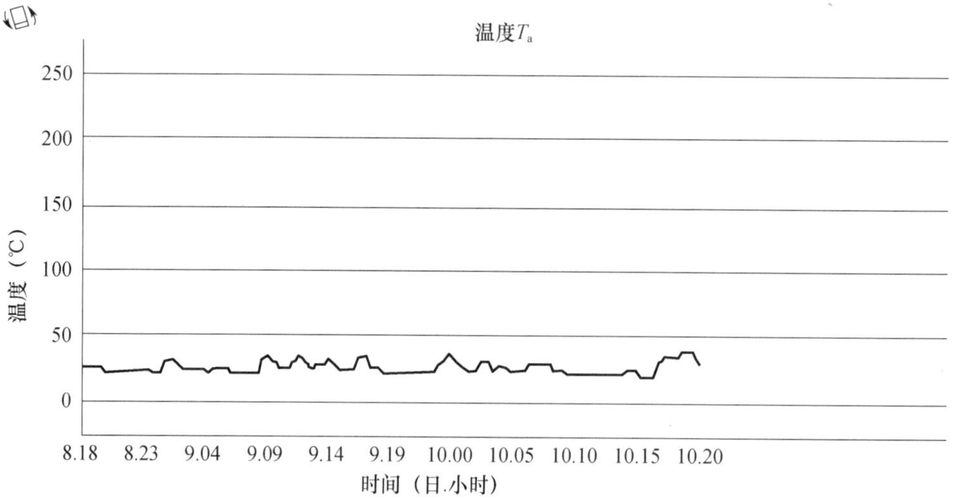

图 2-41　温度-时间

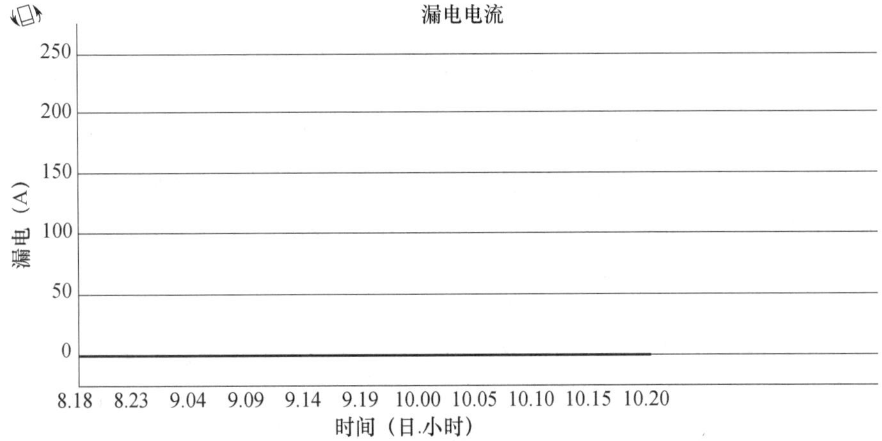

图 2-42　漏电电流-时间

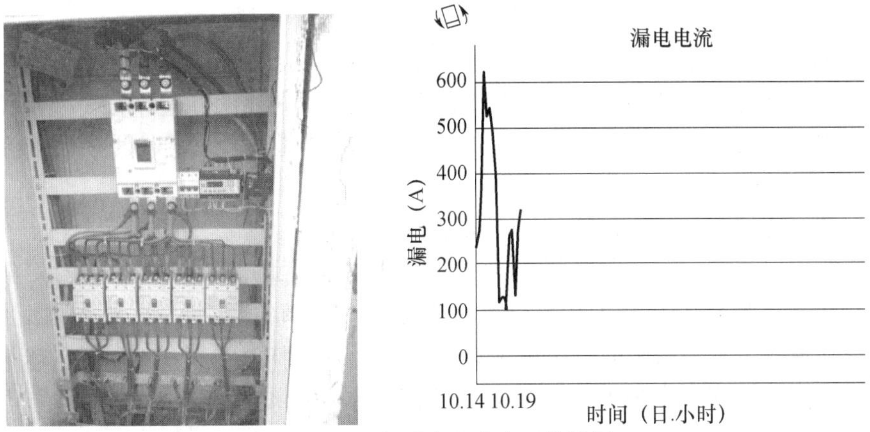

图 2-43　现场剩余电流实时数据图

工人生活区配电柜下各回路主要用于工人食堂及工人生活用电，用电情况基本正常。

办公区配电柜主要以办公照明用电为主。用电情况正常，未发现漏电情况。由于办公区配电柜安装在室外，因天气原因，防止雨水渗漏，加装防雨配电柜，既能实时监测，同时外表美观，如图 2-44 所示。

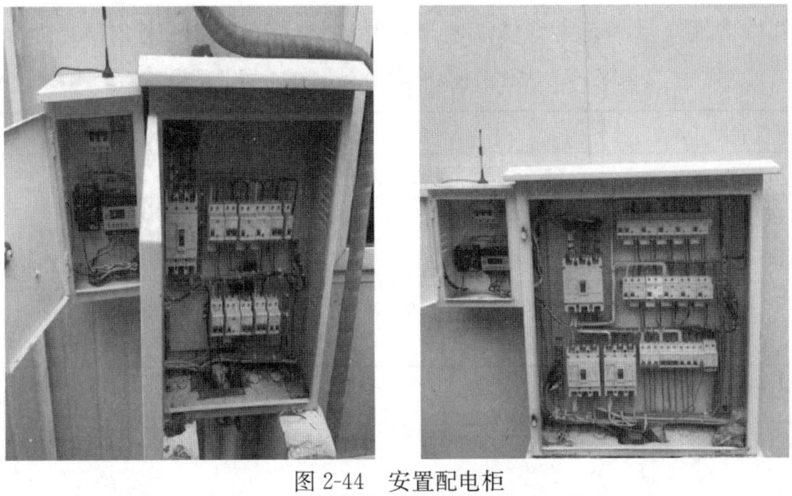

图 2-44　安置配电柜

2.4 瓦斯隧道通风技术

隧道施工作业人员需要一个良好的作业环境，作业环境关系隧道施工的质量、安全、效率和工人的身心健康，但是在瓦斯隧道施工期间，由于爆破作业、机车尾气、隧道内作业人员呼吸、物质氧化、瓦斯逸出等都会降低隧道内空气中氧气的浓度。隧道作业产生新的有毒有害气体，地层赋存着有毒有害气体、天然气及瓦斯逸出，都会污染隧道内空气。隧道作业产生的粉尘、岩尘等固体颗粒；空气的温度、湿度和压力等发生变化对人身安全和健康造成危害。所以隧道施工时加强通风是防止瓦斯聚集、避免瓦斯浓度超限、预防瓦斯事故发生、保证职工身心健康的主要技术措施。瓦斯工区必须实施连续通风，并将测风作为瓦斯防治的关键工序。

2.4.1 隧道施工空气卫生标准

1. 通风防尘卫生标准

隧道施工通风的目的是供给洞内足够的新鲜空气，并冲淡、排除有害气体和降低粉尘浓度，以改善劳动条件，保障作业人员身体健康。作业环境应符合下列职业健康及安全标准：

（1）空气中氧气含量：按体积计不得小于20%。

（2）粉尘容许浓度：每立方米空气中含有10%以上的游离二氧化硅的粉尘不得大于2mg；每立方米空气中含有10%以下的游离二氧化硅的矿物性粉尘不得大于4mg。

（3）瓦斯隧道装药爆破时，爆破地点20m内，风流中瓦斯浓度必须小于1.0%；总回风道风流中瓦斯浓度应小于0.75%；当开挖面瓦斯浓度大于1.5%时，所有人员必须撤至安全地点。

（4）有毒、有害气体最高容许浓度：一氧化碳最高容许浓度30mg/m^3，在特殊情况下施工人员必须进入作业面时，浓度可为100mg/m^3，但工作时间不得大于30min；二氧化碳按体积计不得大于0.5%；氮氧化合物（换算成NO_2）为5mg/m^{3}以下。

（5）隧道内气温不得高于28℃。

（6）隧道内噪声不得大于90dB。

2. 空气中含氧气量和有害气体浓度与中毒症状（表2-12～表2-14）

表2-12 空气中氧气（O_2）含量减少对人体影响

空气中氧气含量（%）	中毒症状	安全浓度
16以上	在正常状态无特别症状	不低于20%
16～12	呼吸及脉搏跳动急促、头痛、体温上升	
14～10	发肤发疳	
9～6	痉挛、失去劳动力、意识不清，时间稍长即有生命危险	

表 2-13 空气中二氧化碳（CO_2）含量增加对人体影响

空气中二氧化碳（CO_2）含量（%）	中毒症状	安全浓度
1	呼吸感到急促	不得超过 0.5%
3	呼吸量增加两倍，易发生疲劳现象	
5	呼吸感到困难、耳鸣、血压上升	
10	头昏，发生昏迷状态	
10～20	呼吸处于停顿状态，失去知觉	
20～25	中毒死亡	

表 2-14 空气中一氧化碳（CO）含量对人体影响

中毒浓度		呼吸时间	症状	最高容许浓度	
mg/m^3	%			mg/m^3	%
200	0.016	数小时	轻微症状	30	0.0024
600	0.048	1h 以内	轻微中毒、耳鸣、头痛、心跳		
1600	0.128	0.5～1.0h	严重中毒、四肢无力、呕吐		
5000	0.400	短时间内	致使中毒、死亡		

2.4.2 隧道施工通风方式

瓦斯隧道通风应采用机械通风，高瓦斯隧道宜采用巷道式通风。高瓦斯隧道施工通风方法也可根据瓦斯涌出量、通风长度及隧道断面等条件，灵活选择压入式、巷道式通风方式，并在两种通风方式中灵活运用竖（斜）井辅助通风。

1. 瓦斯隧道压入式通风

压入式通风是利用轴流通风机把新鲜空气经风筒送到工作面，污风由巷道排出（图 2-45）。其优点是：轴流通风机吸入新鲜空气，经风筒吹出的强有力的风流直接清洗工作面，安全性好，通风距离长，阻力小，可以采用柔性风筒，初期投入少。

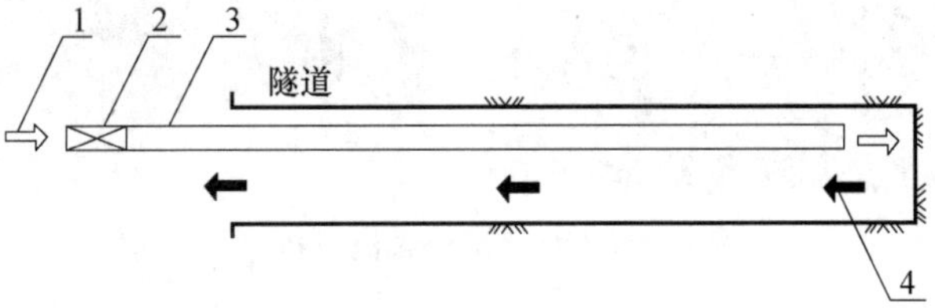

图 2-45 压入式通风方法示意图

1—新鲜风流；2—风机；3—双抗风管；4—污浊空气

2. 瓦斯隧道巷道式通风

巷道式通风是在射流风机的作用下，新风从一个隧道进入，污风从另一个隧道排出。新风由送风管路送到掌子面。其系统布置，如图 2-46 所示。其优点是通风能力强，通风效果佳，适用于双线特长瓦斯隧道。其缺点是通风设备多，通风施工时流程较复杂，通风管理难度较大。

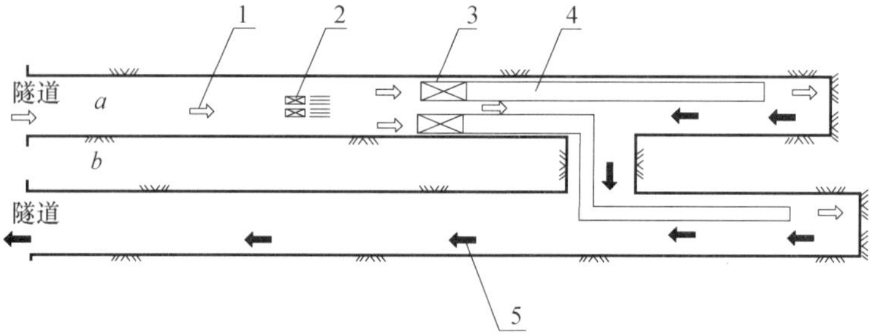

图 2-46　巷道式通风示意图

1—新鲜风流；2—射流风机；3—风机；4—风管；5—污浊空气

现在无论进口风机还是国产风机性能都大幅提高，因此高瓦斯隧道在 3000m 范围内采用压入式通风是可行的，其优点是轴流式风机位于洞外，对施工干扰小；供风线路简单，便于施工组织；风流稳定，压入洞内的始终是新鲜风流，不存在循环风的安全隐患。其缺点是通风管路长，管路维护工程量大，电费成本高（图 2-47）。

图 2-47　洞外轴流风机

2.4.3　施工通风设计

1. 隧道施工通风需风量计算

施工通风设计应进行风量计算。风量应分别按排除炮烟、洞内最大工作人数、最低风速要求、瓦斯涌出量、稀释和排除内燃机械废气等因素计算，取最大值，并按风筒漏风损失进行修正。

（1）洞内最多工作人数需风量按下式计算：

$$Q=q\cdot k\cdot m\ (\mathrm{m^3/min})$$

式中 Q——隧洞需风量，m^3/min；

q——每人需要的新鲜空气标准，m^3/min；

k——风量备用系数；

m——同一时间内洞内工作最多人数。

根据《现代隧道施工通风技术》，我国隧道施工中一般采用的每人需风量为 $3m^3/min$，即 $q=3m^3/min$；实际应用中考虑空气备用系数按 1.25 考虑，上述计算可调整为：

$$Q=4\cdot m\ (m^3/min)$$

（2）按隧道内爆破使用的最大炸药量计算风量。

$$Q=\frac{7.8}{t}\sqrt[3]{A\cdot(S\cdot L_0)^2}\ (m^3/min)$$

式中 t——爆破后通风时间，瓦斯隧道取 30min；

S——隧道最大开挖断面积，m^2；

A——一次爆破炸药用量，kg；

L_0——炮烟抛掷长度，m。

$$A=S\cdot l\cdot b$$

式中 l——循环进尺，m；

b——单位炸药用量，kg/m^3；

$$L_0=\left(15+\frac{A}{5}\right)\cdot k_0$$

式中 k_0——安全系数，取 1.5。

（3）按稀释、排出洞内内燃机废气计算：

$$Q=3\sum_{i=1}^{n}N_i\cdot\eta_i\ (m^3/min)$$

式中 Q——单位功率需风量，$m^3/(min\cdot kW)$；

N_i——第 i 台柴油机械设备功率，kW；

η_i——柴油机械设备综合效率系数。

（4）按瓦斯涌出量计算：

$$Q=\frac{q}{(C_a-C_0)}\cdot K\ (m^3/min)$$

式中 q——掌子面瓦斯涌出量，m^3/min，设计图纸及地勘资料提供；

C_a——掌子面允许瓦斯浓度，取 0.5%；

C_0——送入掌子面风流中的瓦斯浓度，%；

K——瓦斯涌出不均衡系数，取 1.5～2.0。

（5）按允许风速验算：

$$60v_{低}\cdot S\leqslant Q\leqslant 60v_{高}\cdot S$$

式中 v——允许风速，瓦斯工区最低取 0.5m/s，最高取 6m/s；

S——隧洞净断面积，m^2。

按上述计算方法中的最大者作为设计风量，然后通过漏风影响系数和通风阻力计算出通风量，作为选择风机性能的依据。漏风影响系数及通风阻力计算参照下式进行计算。

2. 漏风影响及通风阻力修正计算

(1) 风筒漏风损失风量修正：

$$Q_L = Q \cdot P_L$$

式中 Q_L——风筒漏风损失修正风量，m^3/min；

P_L——风筒漏风损失修正系数。

$$P_L = \frac{1}{1 - \frac{L}{100} \cdot P_{100}}$$

式中 L——风筒长度；

P_{100}——风筒平均百米漏风率，取1.5%。

(2) 通风阻力修正计算：

通风阻力计算是选择风机的主要依据，包括摩擦阻力与局部阻力，通风阻力按下式进行计算：

$$h = h_f + h_x$$

式中 h——风筒通风阻力，Pa；

h_f——风筒摩擦阻力，Pa；

h_x——风筒局部阻力，Pa。

风筒直径选择应根据现场施工条件以及洞径大小，不能一味强调通风阻力选用大直径风筒，否则影响现场施工。

① 摩擦阻力计算。

风筒摩擦阻力系数计算：

$$\alpha = \frac{\lambda \cdot \rho}{8}$$

式中 α——风筒摩擦阻力系数，$N \cdot s^2/m^4$；

λ——风筒摩擦系数，又称达西系数；

ρ——空气密度，取1.20kg/m³。

风筒风阻计算：

$$R_f = \frac{6.5\alpha \cdot L}{D^5}$$

式中 R_f——风筒风阻，$N \cdot s^2/m^8$；

D——风筒直径，m；

L——最大送风长度，m。

风筒摩擦阻力计算：

$$h_f = \frac{R_f \cdot Q_L{}^2}{P_L}$$

式中 Q_L——通风机吸入风量，m^3/s。

② 风筒局部阻力计算：

$$h_x = \frac{1}{2} \xi \cdot \rho \cdot \frac{Q_L{}^2}{A^2}$$

式中 ξ——风筒局部阻力系数，$N \cdot s^2/m^4$，如表2-15所示；

A——风筒断面面积，m^2。

表 2-15　局部阻力系数

<table>
<tr><th>项别</th><th>局阻发生的地点</th><th>图示</th><th>ξ值</th></tr>
<tr><td>1</td><td>风流由洞口进入成洞</td><td></td><td>0.6</td></tr>
<tr><td>2</td><td>由成洞进入扩大及下导坑由扩大至上导坑</td><td></td><td>0.46</td></tr>
<tr><td>3</td><td>风流由上导坑进入漏斗</td><td></td><td>0.70</td></tr>
<tr><td>4</td><td>风流由漏斗进入导坑</td><td></td><td>7.20</td></tr>
<tr><td>5</td><td>风流由导坑单道进入双道断面</td><td></td><td>1.70</td></tr>
<tr><td>6</td><td>风流由导坑双道进入单道断面</td><td></td><td>1.00</td></tr>
<tr><td>7</td><td>风流由平行导坑进入风道</td><td></td><td>0.5</td></tr>
<tr><td>8</td><td>下导坑转 135°进入通道</td><td>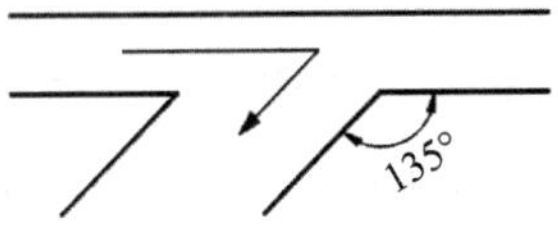
</td><td>0.28</td></tr>
<tr><td>9</td><td>通道转 45°～60°进入平行导坑</td><td>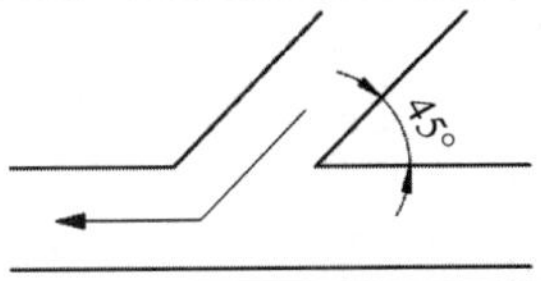
</td><td>0.04</td></tr>
<tr><td>10</td><td>圆转角 30°～120°</td><td>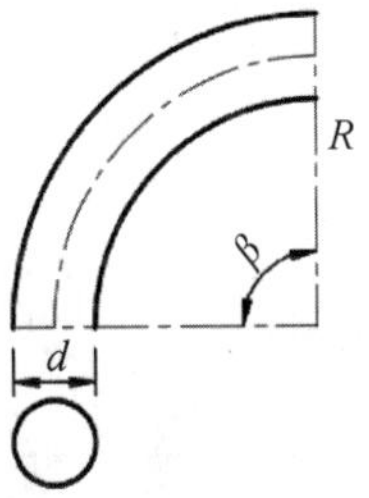
</td><td>
<table>
<tr><td>β / R/d</td><td>30°</td><td>45°</td><td>60°</td><td>90°</td><td>120°</td></tr>
<tr><td>1.5</td><td>0.08</td><td>0.11</td><td>0.14</td><td>0.175</td><td>0.20</td></tr>
<tr><td>2.0</td><td>0.07</td><td>0.10</td><td>0.12</td><td>0.15</td><td>0.17</td></tr>
</table>
</td></tr>
<tr><td>11</td><td>折拐 10°～170°</td><td>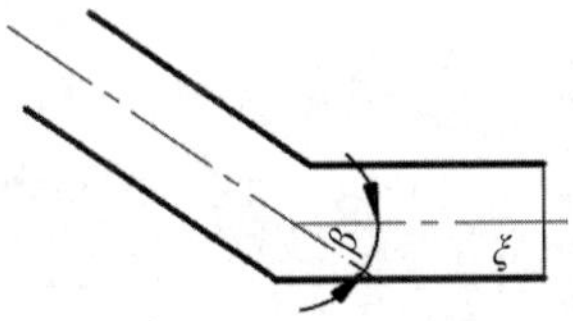
</td><td>
<table>
<tr><td>β</td><td>10°</td><td>30°</td><td>60°</td><td>90°</td><td>100°</td></tr>
<tr><td>ξ</td><td>0.018</td><td>0.164</td><td>0.654</td><td>1.471</td><td>1.8</td></tr>
<tr><td>β</td><td>110</td><td>120</td><td>130</td><td>150</td><td>170</td></tr>
<tr><td>ξ</td><td>2.13</td><td>2.62</td><td>2.845</td><td>3.6</td><td>5.07</td></tr>
</table>
</td></tr>
<tr><td>12</td><td>之字形拐弯 30°～60°</td><td>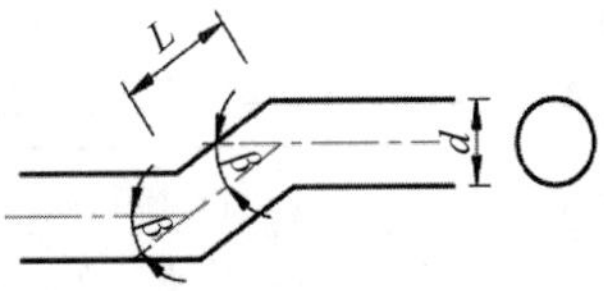
</td><td>
<table>
<tr><td>L/d / β</td><td>4</td><td>6</td><td>8</td><td>10</td></tr>
<tr><td>30°</td><td>0.2</td><td>0.2</td><td>0.2</td><td>0.2</td></tr>
<tr><td>45°</td><td>0.75</td><td>0.75</td><td>0.75</td><td>0.75</td></tr>
<tr><td>60°</td><td>1.6</td><td>1.63</td><td>1.64</td><td>1.64</td></tr>
</table>
</td></tr>
</table>

通风阻力计算与风筒直径选择有密切关系，直径大则阻力相对小，直径小则阻力相对大，但风筒直径的选择要结合现场实际情况，不能一味强调风量而选用大直径风筒，否则影响现场正常施工。

龙泉山隧道选用直径 2m 的风筒，在保证不影响正常施工的情况下，选用大直径风筒，减少风筒阻力，从而确保掌子面风量及风速要求，如图 2-48 所示。

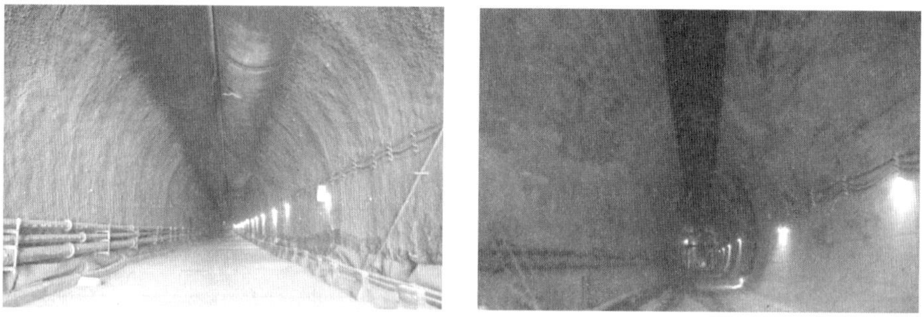

图 2-48　龙泉山隧道风筒吊挂效果

3. 隧道施工通风设备选型

根据所算得的风量和风压，查阅风机性能曲线，在合理范围内选取通风设备。要取得良好的通风效果，除选择好的通风设备外，还需合理布置通风系统和加强维修管理。风机选型在满足风量、风速的前提下，还要考虑风机性能、噪声影响、类似工程使用经验等因素，选择适合工程需要的机型。隧道施工通常选用轴流式通风机，它具有效率高，质量轻，压头较低，供风量大的特点。

通风机性能曲线是在通风机不同的转速下，用试验所得的数据来绘制的，每一种通风机都可以根据它的试验数字，绘成它的性能曲线。下面是龙泉山隧道选用的 1×AVH-R140.132.4.8 型多级变速隧道专用通风机（图 2-49）的主要参数及性能曲线，如表 2-16和图 2-50 所示。

图 2-49　1×AVH-R140.132.4.8 型通风机

表 2-16　1×AVH-R140.132.4.8 型通风机主要参数

通风机型号	通风机主要参数				数量（台）
	风量范围（m^3/s）	风压范围（Pa）	电动机功率（kW）	效率（%）	
1×AVH-R140.132.4.8	1200～2880	1200～2200	1×132	80	2

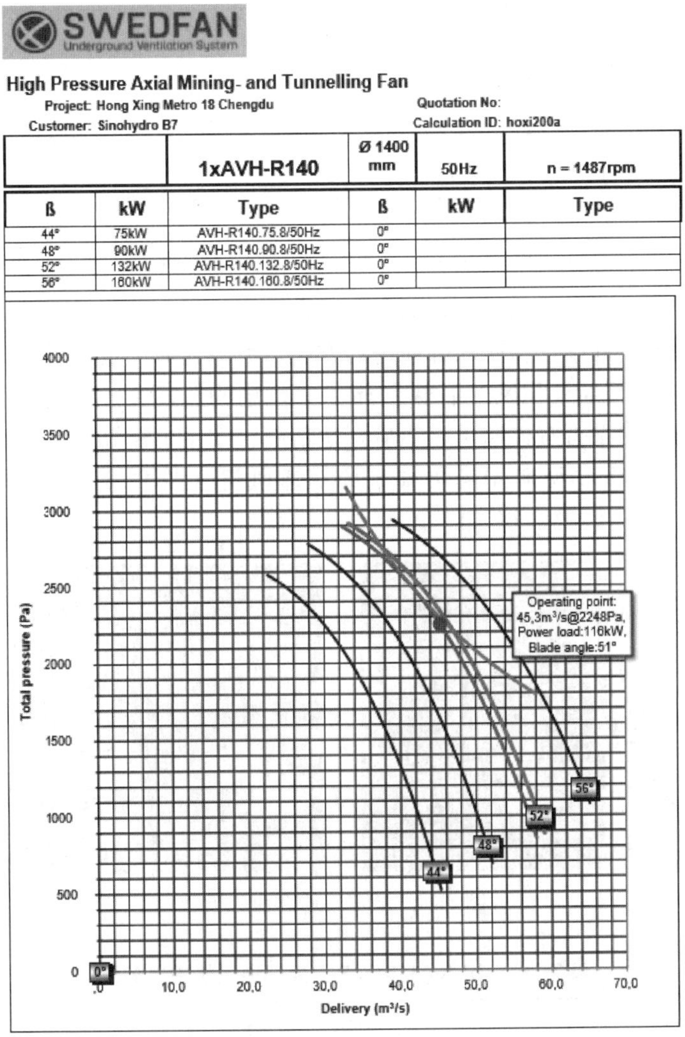

图 2-50　1×AVH-R140. 132. 4. 8 型通风机性能曲线

例如，龙泉山隧道进口工区需风量 2148m³/min（35.8m³/s），风筒通风阻力 1042Pa，1×AVH-R140. 132. 4. 8 型多级变速隧道专用通风机可以满足现场使用要求。

（1）风筒选用。根据瓦斯隧道风筒应选用阻燃、抗静电的柔性风筒的要求，同时考虑风筒接头处的接头方式，应保证足够的密封性、抗撕裂强度要求。龙泉山隧道工程在开工前，通过招标对比，选用一种高强度 PVC 型抗阻燃、抗静电柔性风筒，风筒接头采用拉链形式，内外层均有密封保护层，作用是筒内压力越高，接头处密封越紧密，确保不漏风。该风筒使用方便，质量轻，易安装，抗破损，径向变形小，能有效减少漏风和通风阻力。风筒直径 2.0～1.8m，如表 2-17 所示。

（2）备用通风机选型。根据《铁路瓦斯隧道技术规范》（TB 10120—2019）要求，瓦斯工区必须有一套同等性能的备用风机，并经常保持良好的使用状态。施工现场应根据实际情况，选用成本适宜、风压及风量满足要求的备用风机，建议主风机在性能满足要求的情况下，首选节能省电型，备用风机选用成本较低的风机，满足应急需要。

表 2-17　SWEDFAN 软风筒主要参数

风筒直径（mm）	是否阻燃	总质量（g/m²）	撕裂强度（N）		张紧强度（N/5cm）		可承受最大工作压力（kPa）
			经线	纬线	经线	纬线	
1800	是	600	550	750	2400	3000	21.8
2000	是	600	550	750	2400	3000	19.6

（3）局扇选型。隧洞内为避免瓦斯积聚，在隧洞掌子面、二衬台车、横通道等瓦斯容易积聚的空间布置局扇，实施局部通风的方法，消除瓦斯积聚。根据《铁路瓦斯隧道技术规范》，洞内防瓦斯聚积风速不小于 1m/s，局扇的选择要考虑使用的范围以及需风量的大小，如隧道内是否有横通道、隧道开挖断面、作用半径等因素，如龙泉山隧道局扇选用 FBYNo 4.0/5.5 型矿用隔爆轴流局部通风机（图 2-51），主要性能如表 2-18 所示。

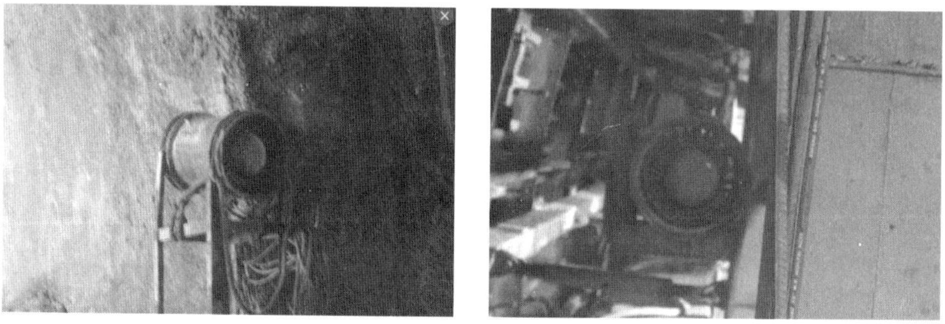

图 2-51　隧道内局部通风机

表 2-18　FBYNo 4.0/5.5 型局部通风机主要参数

通风机型号	通风机主要参数				数量（台）
	风量范围（m^3/min）	风压范围（Pa）	电动机功率（kW）	频率（Hz）	
FBYNo 4.0/5.5	90～180	700～1700	5.5	50	24

（4）射流风机选型。选用射流风机作为辅助调压设备。射流风机通风的基本机理：风机出口的高速气流与隧道内的空气具有很大的速度差，形成一股射流，该射流边界和低速气体形成的自由剪切层很快卷起形成旋涡，使两种流体迅速混合，将高速气流的动量传递给隧道内气体，带动隧道内气体流动。

射流风机的性能以其施加于气流的推力来衡量，风机产生的推力在理论上等于风机进出口气流的动量差。

因当结合通风数值模拟报告，进行射流风机的选型，如图 2-52 所示，表 2-19 是单向射流风机的性能参数表，根据隧道断面、射流风机的射流范围及作用半径进行综合考虑选择风机。

图 2-52　隧道内射流风机

表 2-19　SDS（K）型单向射流风机性能参数表

机号 No	转速（r/min）	叶片角度	流量（m^3/s）	出口风速（m/s）	轴向推力（N）	配用功率（kW）	噪声 dB（A）
6.3	2900	a_1	14	42	600	18.5	75
		a_2	13	40	520	15	74
		a_3	12	36	420	11	74
		a_4	10.5	31.5	320	7.5	72
		a_5	9.5	28.6	255	5.5	72

4. 隧道施工通风系统模拟计算分析

瓦斯隧道施工过程中，为避免瓦斯积聚对隧道施工安全造成影响，在通风理论计算满足通风要求的前提下，为更加准确地监控隧道内瓦斯积聚情况，验证瓦斯浓度在施工通风作用下的流动情况，运用 FLUENT 等数值模拟软件对瓦斯浓度随时间的变化情况进行数值模拟，分析在理论通风设计条件下，隧道施工过程中拱顶、三岔口等瓦斯易聚集部位的瓦斯等有毒有害气体的积聚情况，通过数值模拟分析该通风系统能满足隧道施工通风要求，如图 2-53 所示。

采用 FLUENT 软件进行通风模拟是一个复杂的施工建模、条件预设、模拟计算的过程，本书不做详细的说明，只以龙泉山隧道 2 号斜井工区模拟结果为例进行简要说明。

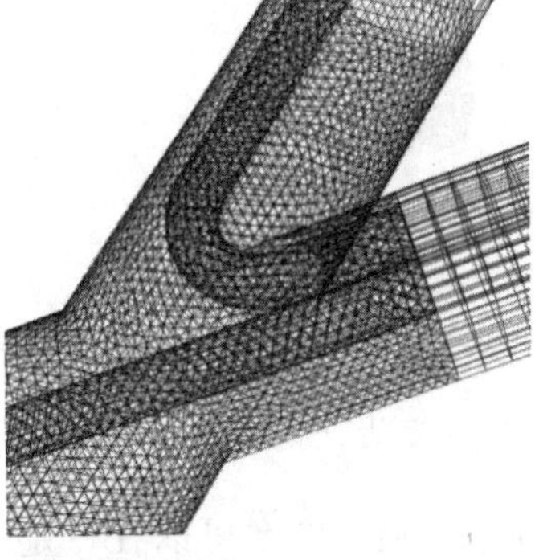

图 2-53　隧道压入式通风网格划分示意图

采用 FLUENT 数值模拟和通风网络分析方法，对龙泉山瓦斯隧道 2 号斜井工区设计通风方案的瓦斯浓度分布、风速分布、射流风机的设置进行了研究，分析了隧道内风流速度、不同爆破瓦斯涌出量对隧道内瓦斯浓度分布的影响（图 2-54～图 2-56）。通过研究得到以下建议和结论：

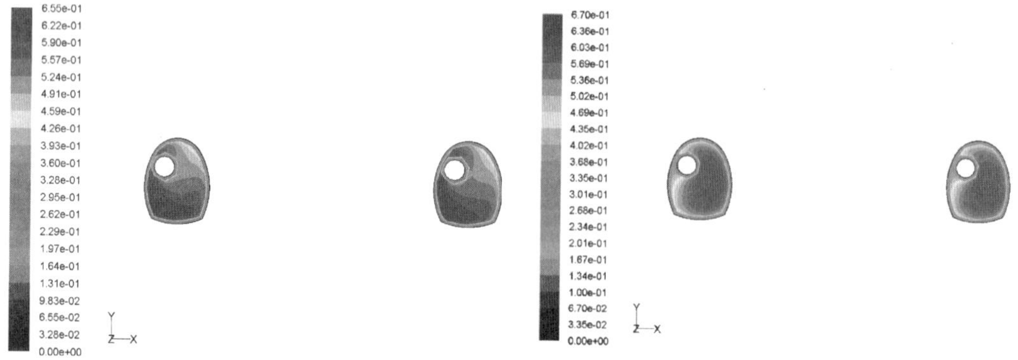

图 2-54　隧道压入式通风距离掌子面 60m、160m 断面风速情况

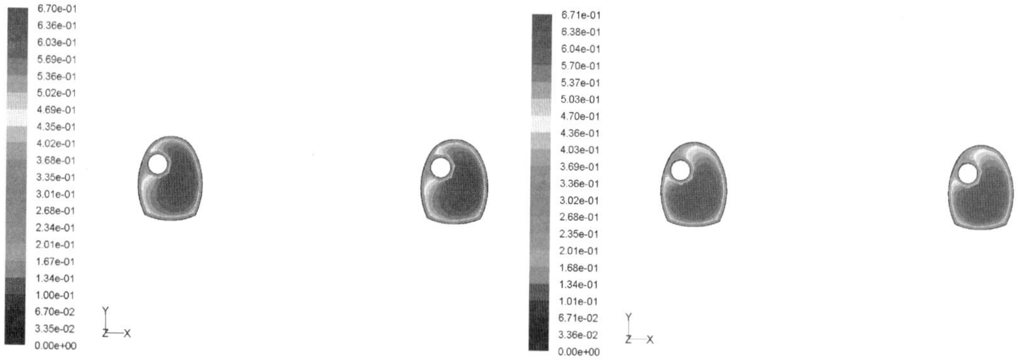

图 2-55　隧道压入式通风距离掌子面 360m、1360m 断面风速情况

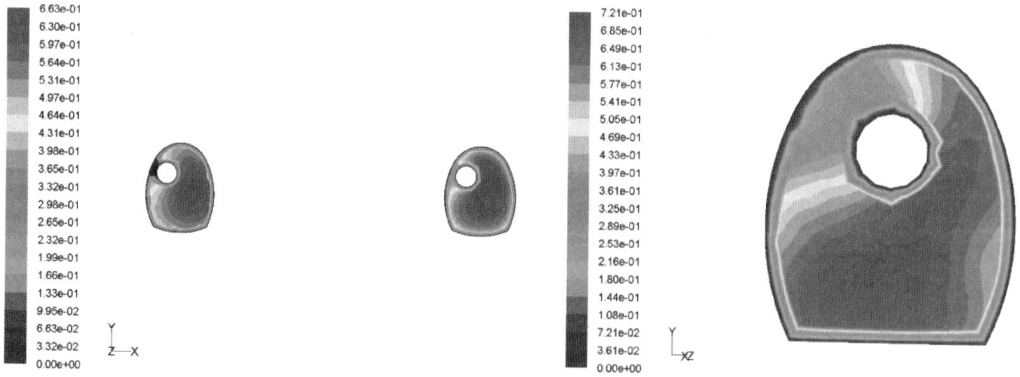

图 2-56　隧道压入式通风横通道附近、横通道断面风速情况

（1）压入式通风方案可以在一定时间内使隧道内瓦斯浓度降低到安全卫生标准以下，但是在主洞与横通道相连接的地方，由于断面尺寸差别较大，流场复杂，风流从大断面进入小断面造成瓦斯滞留，出现了瓦斯在主洞和横通道上部聚积的现象。建议在该

段隧道内靠近横通道位置各设置一处封堵墙。若设置封堵墙对施工运输产生影响，也可以在该段隧道中设置射流风机，同时设置瓦斯、一氧化碳、风流速度监测点。

（2）压入式通风方案建立全局模型，对不同通风速度和不同爆破瓦斯涌出量情况下，按设计工作面瓦斯涌出量 1.23m^3/s，工作面风量为 1718m^3/min，在隧道内形成连续稳定风流的情况下，压入式通风能达到预期的通风效果，隧道内瓦斯最高浓度低于 0.5%。且在横通道断面内，以及横通道与主洞连接处，未出现瓦斯聚积的现象。

（3）当瓦斯涌出量一定时，随着隧道内风流速度的增加，隧道内瓦斯浓度明显降低；当隧道内平均风速为 0.55m/s 时，瓦斯最高浓度为 0.09%；当隧道内平均风速为 0.45m/s 时，瓦斯最高浓度为 0.11%；当隧道内平均风速为 0.30m/s 时，瓦斯最高浓度为 0.81%；当隧道内平均风速为 0.15m/s 时，瓦斯最高浓度为 1.44%。因此，施工期间一定要加强施工管理，严格测风制度，保证隧道内各处的风速满足最小施工风速 0.5m/s 的规定。

（4）从全局建模的数值模拟来看，龙泉山隧道采用压入式通风，当左线隧道中不设置封堵墙，网络中仅有两条不稳定角联风路，即主副斜井间的右线隧道和左线隧道。当在主隧道各工区污风回风巷中设置 1 台 ϕ630mm（11kW）射流风机，在两横通道中各设置 1 台 ϕ630mm（11kW）射流风机，在主副斜井间的左线隧道设置 1 台 ϕ630mm（11kW）射流风机（工作方向：主斜井→副斜井），在主副斜井各设置 1 台 ϕ1000mm（22kW）射流风机后，能保证轴流风机风量压入后，污风能顺利流经隧道和横通道，从斜井顺利排出，各条边的风速基本达到要求。但是由于横通道与主副斜井间的主隧道风流状况互相影响，建议施工中在两条横通道和主副斜井间两段主隧道内设置瓦斯浓度、一氧化碳浓度、风流速度自动监测点，并加强人工检测。

龙泉山隧道在实际施工过程中，对通风模拟结论采取了有针对性的措施，取得了良好的效果。其具体措施如下：

（1）主洞与横通道相连接的地方，由于断面尺寸差别较大，流场复杂，风流从大断面进入小断面造成瓦斯滞留，主要集中体现在斜井与正洞交叉口处的横通道是主要的回风通道，因此，施工单位通过优化，将主、副斜井对应的横通道高度调整，使其与正洞高度一致，避免了该处瓦斯滞留造成积聚的风险，如图 2-57 所示。

图 2-57　2 号斜井主斜井上台阶与正洞贯通交叉口成形

(2) 龙泉山隧道在施工过程中，始终做到每天安排专业人员进行风速测量，并保证风速≥0.5m/s，未发生瓦斯积聚现象，如图 2-58 所示。

图 2-58　龙泉山隧道洞内测风

(3) 在斜井正对的横通道增加射流风机引流，保证左右线污风回风均从斜井排出洞外，射流风机选型应根据风机的射流范围及作用半径进行选择，如图 2-59 所示。

图 2-59　龙泉山隧道洞内射流风机布置

2.4.4　长大隧道分区段贯通后通风设计

1. 长大隧道分区段贯通后通风方案

长大隧道通常采用分区段施工，通过在隧道中部增加斜井或竖井，增加作业工作面，缩短工期提高工作效率。而往往由于各区段地质情况及其他外部环境的影响，各区段贯通时间不一致，这就意味着分区段贯通，其原来独立的通风系统被打破，贯通后洞内的风流会出现不稳定，为了防止瓦斯对全隧道的影响，必须做好贯通的通风管理工作，制订分区段贯通后通风调整方案，保证全隧道施工安全。现以龙泉山隧道为例进行说明。

(1) 通风系统调整的原则。

瓦斯隧道分区段贯通通风系统调整的原则：风流由贯通区段向未贯通区段流动，未贯通区段的污风严禁流向贯通区段。以龙泉山隧道施工为例，隧道未贯通前，各工作面均为独立的压入式通风系统，如图 2-60～图 2-62 所示，当出口工区与 2 号斜井工区贯通后，2 号斜井与 1 号斜井工区尚未贯通，仍处于开挖阶段，此时 2 号斜井与出口工区范围的整体风流应当是出口工区进风，从 2 号斜井回风，保证未贯通段的污风不能从贯通段回风。

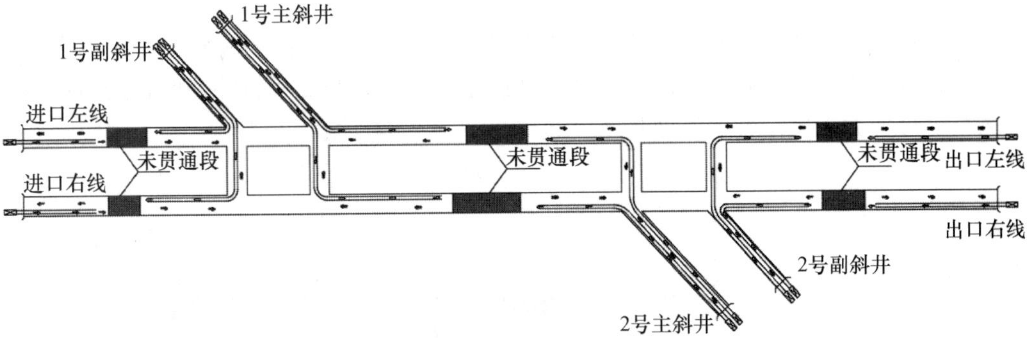

图 2-60　贯通前风流方向

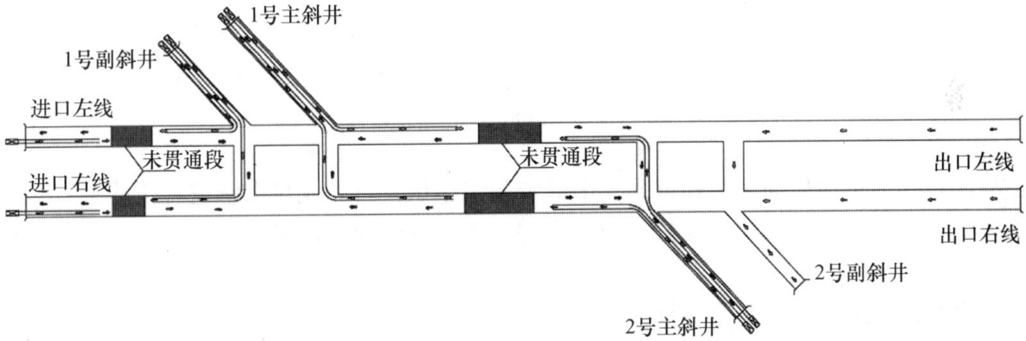

图 2-61　贯通时风流正确方向

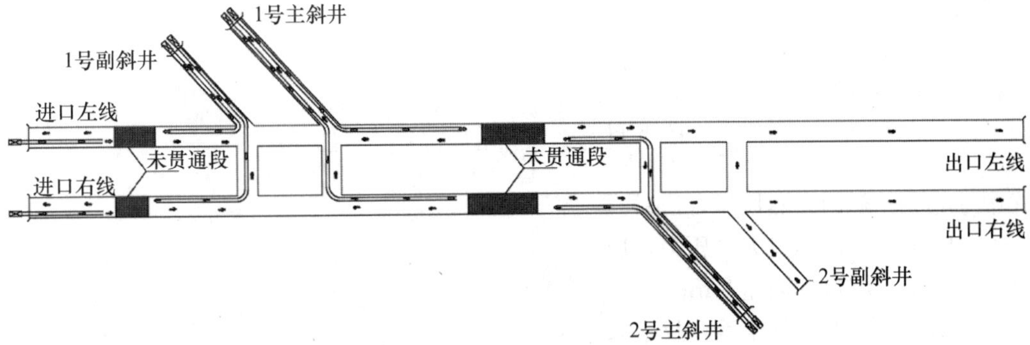

图 2-62　贯通时风流错误方向

（2）贯通通风系统调整。贯通通风系统调整要统一指挥，确保施工安全。

贯通前独头掘进的工作面向前开挖，停止开挖的工作面还要保持正常通风，并经常检查通风管是否严重漏风和停止工作面的瓦斯浓度是否超限，发生严重漏风或瓦斯超限必须立即处理。

贯通后立即组织通风系统调整，并检查风速和瓦斯浓度，防止瓦斯超限，待通风系统风流稳定后，才能恢复正常施工。

2. 长大隧道分区段贯通后通风实例

龙泉山隧道在分阶段贯通过程中，采用以下措施进行通风系统调整，实施过程取得良好效果，具体措施如下：

（1）隧道贯通顺序。龙泉山隧道开挖阶段共有 12 个工作面同时施工，根据实际施工情况，首先贯通 2 号斜井与出口工区，其次是 1 号斜井与 2 号斜井工区，最后是进口工区与 1 号斜井工区。各工作面具体贯通顺序如图 2-63 所示。

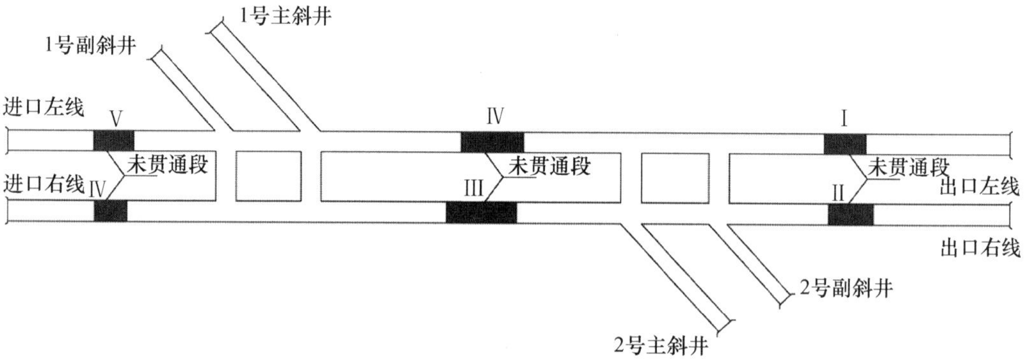

图 2-63　龙泉山隧道贯通面顺序示意图

（2）隧道贯通后通风。根据龙泉山隧道施工组织安排，龙泉山隧道各工作面均采用压入式通风方式，在各工作面贯通前，先按照要求安装射流风机，做好通风系统调整的准备。

贯通情况下的通风阻力计算：

隧道贯通后，压入式轴流风机停用，采用自然通风，考虑隧道贯通两端温度、气压、高差等因素，应进行通风阻力计算，并根据计算结果采用射流风机辅助通风，满足通风需求。

① 通风阻力计算。

自然风压计算：

$$h_z=\frac{P_0\cdot H\cdot g}{R}\left(\frac{1}{T_1}-\frac{1}{T_2}\right)\left(1+\frac{H}{10000}\right)$$

式中　h_z——隧洞自然风压，Pa；

P_0——地面洞口大气压力，Pa；

H——洞口标高差，m；

R——隧洞空气常数，J/（kg·K）；

T_1——进风侧平均温度，K；

T_2——回风侧平均温度，K。

隧洞通风阻力计算：

$$h_d=\frac{\alpha\cdot L\cdot U\cdot Q^2}{S^3}$$

式中　h_d——隧洞通风阻力，Pa；

α——隧洞摩擦阻力系数，$N\cdot s^2/m^4$；

L——隧洞通风长度，m；

U——隧洞净断面周长，m；

Q——隧洞内风量，m^3/s；

S——隧洞净断面面积，m^2。

贯通后主洞段风速取0.25m/s，斜井段风量为主洞段风量与2号斜井小里程回风量之和。

经计算，隧道贯通第一阶段自然风压－2Pa，隧洞通风阻力29Pa，自然风压不利于隧道通风，无法克服隧洞通风阻力，考虑采用射流风机机械通风。

② 射流风机选型。

射流通风升压力计算：

$$h_j=\rho\cdot v_j{}^2\cdot\phi\cdot(1-\varphi)\cdot k$$

式中 h_j——射流通风升压力，Pa；

v_j——射流风机出口风速，m/s；

ϕ——面积比；

φ——流速比；

k——喷流系数。

面积比计算：

$$\phi=\frac{A}{S}$$

式中 A——射流风机出口断面积，m^2。

流速比计算：

$$\varphi=\frac{v_r}{v_j}$$

式中 v_r——隧洞内风速，m/s。

拟按15kW射流风机计算，出口直径0.63m，出口断面积0.31m^2，出口风速40.0m/s。

③ 射流风机台数计算：

$$n=\frac{h_d-h_z}{h_j}$$

式中 n——射流风机台数，台。

射流风机选型：

经计算，设计选用SDS-K0-630-2P-D4（15kW）型射流风机，左线、右线共计8台，其主要参数如表2-20所示。

表2-20 SDS-K0-630-2P-D4（15kW）型射流风机主要参数表

通风机型号	通风机主要参数					数量（台）
	转速（r/min）	流量（m^3/s）	出口风速（m/s）	轴向推力（N）	配用功率（kW）	
SDS（K）№6.3	2900	10.8	34.7	425	15	8

④ 分阶段贯通通风路线。隧道出口与2号斜井工区左线贯通：隧道贯通第一阶段首先贯通出口工区左线与2号斜井左线大里程，在2号斜井左、右线大里程方向距横通

道交叉 100m 处布置射流风机 2 台，在斜井与正洞交叉口处布置 2 台射流风机，并在横通道处布置局扇，形成风墙，避免未贯通的右线污风回流至左线，同时关闭贯通面的轴流风机，如图 2-64 所示。

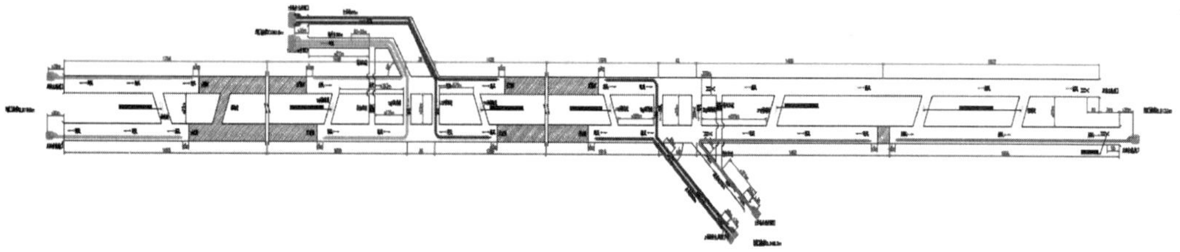

图 2-64　隧道 2 号斜井至出口工区左线贯通

隧道出口与 2 号斜井工区右线贯通：第二阶段是出口右线与 2 号斜井右线贯通，调试射流风机的位置最佳后，关闭轴流风机，采用自然通风，由于隧道出口与 2 号斜井洞口高差为 52m，两洞口之间会形成自然通风条件，在洞内布置射流风机引流，引导风流方向，满足通风要求，如图 2-65 所示。

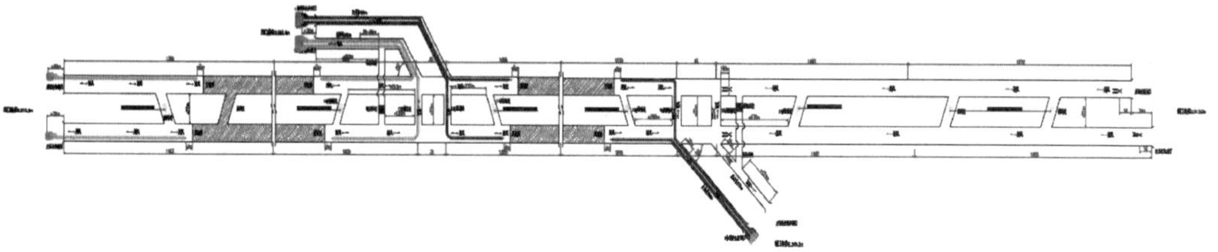

图 2-65　隧道 2 号斜井至出口工区右线贯通

1 号斜井与 2 号斜井右线贯通：第三阶段是 1 号斜井右线与 2 号斜井右线贯通，在 1 号斜井左、右线大里程方向距横通道交叉 100m 处布置射流风机 2 台，在斜井与正洞交叉口处布置 5 台射流风机，并在横通道处布置局扇，形成风墙，避免未贯通的左线污风回流至右线，同时关闭贯通面的轴流风机，如图 2-66 所示。

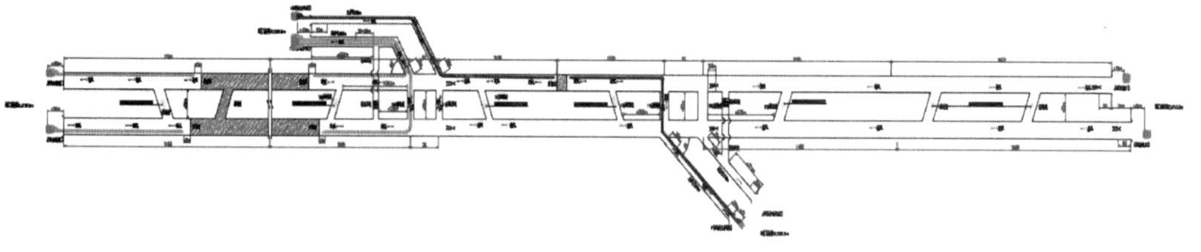

图 2-66　隧道 1 号斜井至 2 号斜井工区右线贯通

1 号斜井与 2 号斜井左线贯通：第四阶段是 1 号斜井左线与 2 号斜井左线贯通，调试射流风机的位置最佳后，关闭轴流风机，采用自然通风，由 2 号斜井主井进风，1 号斜井回风，由于 1 号斜井洞口与 2 号斜井洞口高差为 27m，两洞口之间会形成自然通风条件，在洞内布置射流风机引流，引导风流方向，满足通风要求，如图 2-67 所示。

进口工区与 1 号斜井左线贯通：第五阶段是进口工区左线与 1 号斜井左线贯通，在 1 号斜井左、右线小里程方向距横通道交叉 100m 处布置射流风机 2 台，在斜井与正洞交叉口处 5 台射流风机继续使用，在横通道处布置局扇，形成风墙，避免未贯通的右线污风回流至左线，同时关闭贯通面的轴流风机，如图 2-68 所示。

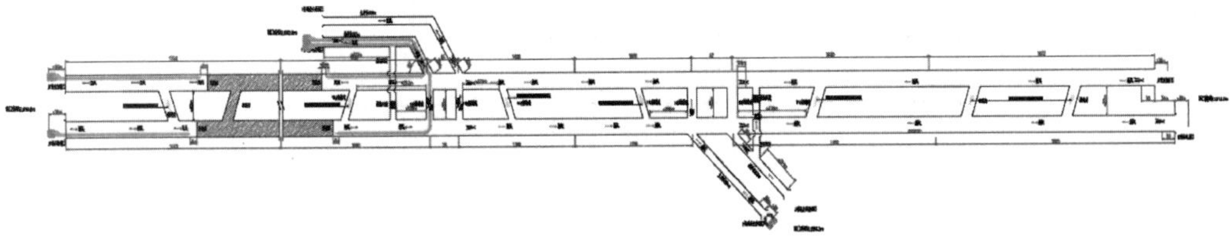

图 2-67　隧道 1 号斜井至 2 号斜井工区左线贯通

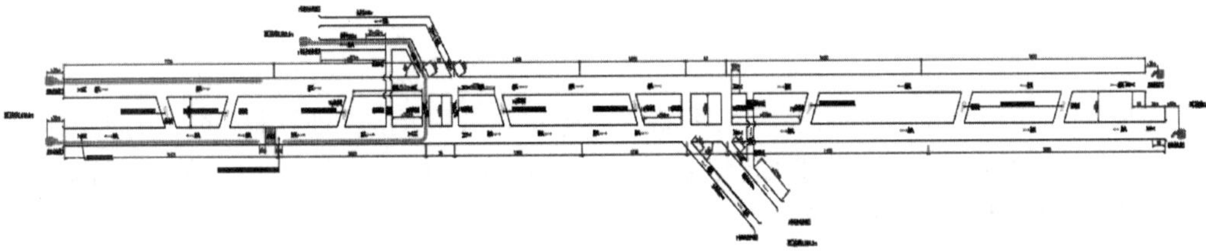

图 2-68　隧道进口工区至 1 号斜井工区左线贯通

进口工区与 1 号斜井右线贯通：第六阶段是进口工区右线与 1 号斜井右线贯通，调试射流风机的位置最佳后，关闭轴流风机，采用自然通风，由进口左右线进风，1 号斜井回风，由于进口工区洞口与 1 号斜井洞口高差为 73m，两洞口之间会形成自然通风条件，在洞内布置射流风机引流，引导风流方向，满足通风要求，如图 2-69 所示。

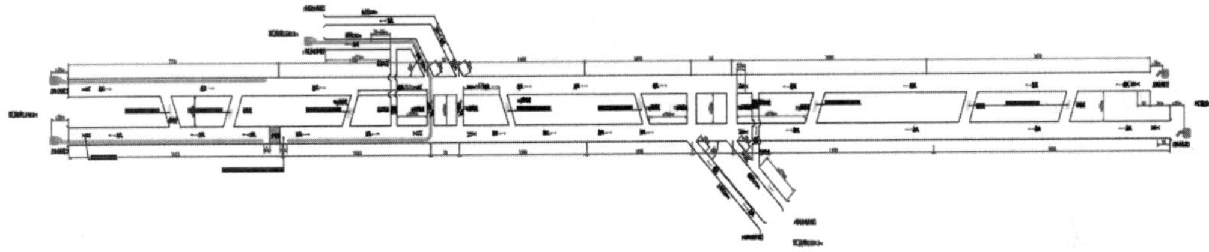

图 2-69　隧道进口工区至 1 号斜井工区右线贯通

长大隧道在分阶段贯通过程中，对于射流风机的性能要进行必要的测试，同时对于洞内的引流效果也要进行调试，贯通面的风流流向及风速都满足通风要求后，可关闭轴流式通风机。

最终龙泉山隧道全隧贯通后，在外部气温低于洞内气温时，形成隧道出口进风，2 号斜井副井回风，2 号斜井主井与隧道进口进风，1 号斜井主、副井回风；当洞外温度高于洞内温度时，风流反向，因此洞内的射流风机要根据外部温度的变化调整引流方向，以满足温度、气压变化造成的风流反向。

2.4.5　日常测风

1. 风筒测定

为加强掘进局部通风管理，合理使用风筒，需对风筒进行测定。风筒测定的主要任务是测定风筒的阻力系数、漏风率、接头风阻和百米风阻率。风筒测定设备布置如图 2-70所示。

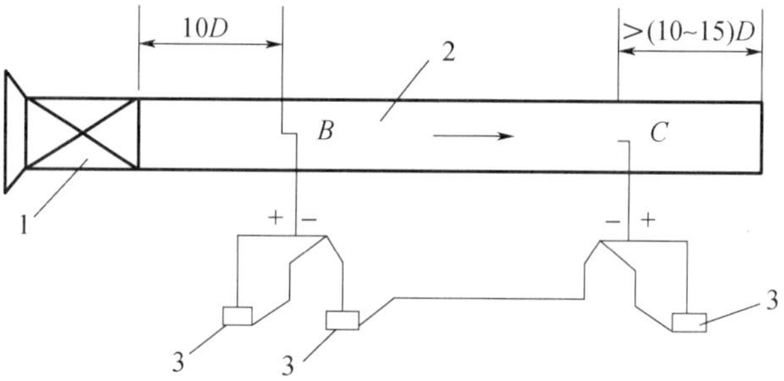

图 2-70 风筒测定设备布置图

1—局部通风机；2—风筒；3—倾斜压差计

因风流经通风机出口后需经较长距离才能稳定，故取测点与通风机的距离为风筒直径的 10 倍；为避免风筒出口对风流的影响，测点与风筒出口的距离取风筒直径的 10～15 倍，根据测点数据即可进行参数计算。

（1）计算风筒风阻。

① B、C 断面间的通风阻力 h_{LBC}：

$$h_{LBC}=h_{SBC}+h_{vB}-h_{vC}$$

式中 h_{SBC}——B、C 断面间的静压差，Pa；

h_{vB}、h_{vC}——B、C 断面的平均动压，Pa。

② B、C 断面间的风阻 R_{BC}：

$$R_{BC}=\frac{h_{LBC}}{Q_B \cdot Q_C}$$

式中 Q_B、Q_C——B、C 断面的风量，用等面积环法测算，m^3/min。

③ 百米风阻 R_{100}：

$$R_{100}=\frac{100R_{BC}}{L_{BC}}$$

式中 L_{BC}——B、C 段风筒长度，m；

R_{BC}——B、C 段风阻（该段风筒内应无局部风阻），Ns^2/m^8。

（2）计算摩擦阻力系数 α（包括接头）：

$$\alpha=\frac{R_{BC} \cdot D^5}{6.5L_{BC}}$$

式中 D——风筒直径，m。

（3）计算百米漏风率 P_{100}：

$$P_{100}=\frac{Q_B-Q_C}{Q_B \cdot \frac{L_{BC}}{100}}$$

2. 风量测算

建立测风制度，每天进行 1 次隧道内平均风速测定。对掌子面和其他用风地点，应根据实际需要随时测风，每次测风结果应记录并写在测风地点的记录牌上。应根据测风结果采取措施，进行风量调节。必须有足够数量的通风安全检测仪表。仪表必须由国家授权的安全仪表计量检验单位进行检验。

（1）测风仪器。对于隧道中的风速，一般应选用电子风表进行测定。

（2）风速测定要求。隧道内风速测定：用风表测定隧道断面平均风速时，测风员应该使风表正对风流，在所测隧道断面上按一定的线路均匀移动风表，移动线路如图 2-71 所示。

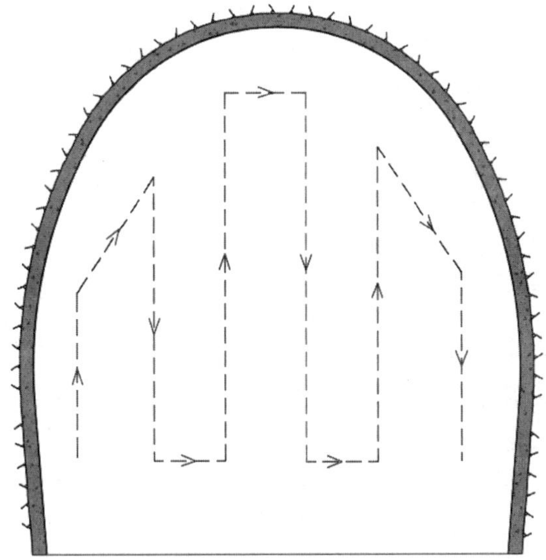

图 2-71　隧道断面平均风速测定线路

根据测风员与风流方向的相对位置，分迎面和侧面两种测风方法。

迎面法：测风员面向风流方向，手持风表，手臂向正前方伸直，然后按照一定的线路使风表做均匀移动。由于人体位于风表的正后方，人体的正面阻力将降低流经风表的风速，因此用该法测得的风速 V_s 需经过校正后才是真实的风速 V，$V=1.14\cdot V_s$。

侧面法：测风员背向隧道壁站立，手持风表，将手臂向垂直方向伸直，再按一定线路做均匀移动。使用此法时人体与风表在同一断面内，造成流经风表的风速增加。如果测得风速为 V_s，人体占据巷道断面的面积按 0.4m² 考虑，那么实际风速则为

$$V=(S-0.4)/S\cdot V_s$$

式中　S——所测隧道断面面积，m²。

为保证测风的精度，应做到：测风断面前后 10m 风无分支风流、无拐弯、无障碍、断面无变化，并选择相应量程的风表；风表距人体 0.6～0.8m；风表在断面上移动时必须与风流方向垂直且移动速度要均匀；时间记录与转数测量必须同步。此外，同一断面风速测定次数不得少于 3 次，每次测定误差应在±5%以内。

3. 测风员安全管理标准与措施

（1）测风员管理标准。

① 在测风前，测风员必须检查并确认测风地点断面规整、无片帮空顶、无障碍物、无淋水且测风地点前后 10m 内巷道无拐弯后，方可进行测风。

② 测风时，测风员根据测风地点风速的大小选择相应量程的风表进行测量。

③ 测风员要对同一地点的风速测量 3 次，保证每次测量结果误差不超过 5%，当误差大于 5%时必须加测 1 次，结果取平均值。

④ 每次测风结束，测风员必须将测量数据及时填写在测风记录手册和记录牌板上。

（2）测风员管理措施。

① 项目部采用定期或不定期形式对测风员进行专业知识培训，原则上每年不少于2次。

② 工区负责人对测风员检查通风系统的情况进行监督，每发现一次通风系统检查不到位或未对通风系统进行检查，则对测风员进行相应处罚。

③ 项目安全部每月对测风员的测风作业进行详细检查，每发现一次测风作业不符合规定，则对测风员进行相应处罚。

④ 测风员应及时调整通风系统，每发现一次未及时按需调节风量，则对测风员进行相应处罚。

2.4.6 通风维护要求

（1）施工期间应连续通风，避免无计划停风。因检修、停电等原因停风时，必须撤出人员，切断电源，并制订措施，安全恢复通风。

（2）隧道施工设置专门通风机构，按照经批准的通风方案，进行通风系统的安装、使用、维修、检测等工作。洞口设置通风风量记录牌板，每班每次通风情况由当班通风工及时记录于牌板上，记录牌板要根据通风情况随时更新。

（3）认真执行通风安全管理制度，通风工随身携带通风记录本，并详细记录，遇有重大问题时要立即请示上报。

（4）建立通风系统运行管理制度，包括各种测风记录、维护记录、运行记录等，并加强巡视及维护工作，保证通风系统各项性能、技术指标达到设计要求。

（5）掌子面至模板台车地段安设移动式辅助局部通风机配合软风筒供风，并将风流引至死角、塌腔等部位，提高局部风速，防止有毒、有害气体积聚。

（6）配备测风仪，定期测定风流速度，当风速变化较大时，应及时查找原因并采取措施处理。

（7）爆破时洞内人员全部撤离，洞外起爆。通风排烟后，检测人员携带自救器、防毒面具、便携式瓦检仪、光干涉瓦检仪等检测仪器进入掌子面，经检查无燃烧、无有毒、无有害气体涌出后再供电；待检测各种有毒、有害气体浓度降至安全标准以下后，才允许作业人员进入作业。

（8）隧道施工过程中应尽量避免形成死头盲巷，因施工需要无法避免时，应设置栅栏，安设警示标志，禁止人员入内。长期停工的地点，若停风，必须在24h内封闭完毕。

（9）隧道的通风系统是动态变化的，应根据各用风地点需风量的变化及监控系统监测结果，制订隧道配风计划，并及时调整隧道风量分配和通风设备、设施的安设，保证隧道通风安全。

（10）通风机应设专职人员管理，通风机专职管理人员必须严格遵守操作规程，熟悉通风系统性能，严禁其他人员随意操作通风机。通风机管理人员将当班通风机运转情况记入运转记录簿内，发现异常，立即报告；通风记录簿应有当班通风人员签字，工区主任或工区技术负责人进行检查并签字确认。

（11）通风机应保持连续运转，避免无计划停风，需停机或开启时，应根据调度通知进行。为减少通风机启动时的气锤效应对风筒的冲击破坏，应采用分级启动，分级间隔时间为 3min。

（12）随着隧道施工作业的推进，通风距离将增加，通风阻力随之增大。应根据隧道实际情况，及时调整通风机运行速级，保证隧道风量足够。

（13）设置专职风筒维修工，每班对全部风筒进行检查，发现破损等情况及时处理、及时更换。

（14）因洞内渗水和温度变化的影响，风筒内可能会积水，应定期排水，以减少风筒承重和阻力。排水方法采用人工相互配合，将积水引导至风筒接头位置排出，排水过程无须停风。

（15）因通风系统检修及其他原因需要通风机停止运转时，必须提前提出申请并逐级上报，根据停风时间长短，由相关负责人审批后方可实施。

（16）有计划停风时，停风时间在 30min 以内的，由当班人员报通风机构负责人审核后，由工区负责人批准实施；停风时间超过 30min 的，由当班人员报工区负责人审核后，再由总工程师批准实施。

（17）停风前必须确保洞内所有人员已经撤离，并切断电源。恢复通风前，必须检测有毒、有害气体浓度；开机时，应控制风量，使风流中的有毒、有害气体浓度不超过相关规定。

（18）施工过程中严格执行测风管理制度，确保百米漏风率在允许范围内。工区应急仓库内储备满足施工需要的通风所需备品、备件、移动式通风设备。

（19）瓦斯隧道施工通风机必须设两路供电系统，并装设风电闭锁装置。当一路电源停止供电时，另一路电源（300kW 发电机）应在 15min 内启动，保证风机的运转。注意保证施工通风供电线路的维护、管理和检修，必须配置自发电设备，避免因停电或供电线路故障时造成洞内瓦斯积聚或超限。

（20）因停电、通风机械设备故障等因素造成的通风系统停止运行，在恢复正常通风后，对隧道上部、坍塌洞穴、台车顶部等通风不良、瓦斯易积聚的地点，瓦斯不得超过 2%，当检查超过此浓度时，应停止施工，撤出人员，切断电流，停止电动机运转或开启电器开关，待进行局部充分通风处理后，由瓦斯检测员进行再次专项检测，证实瓦斯浓度低于规定允许浓度，确认安全后方可恢复施工。

（21）横通道施工作业面若采用局扇通风，由于局扇或供电故障造成局扇停风时，在恢复局扇通风前，必须检查瓦斯浓度，证实爆破工作面附近 20m 范围内的 CH_4 浓度不超过 1%，且局扇及其开关附近 10m 风流中，CH_4 浓度不超过 0.5%时，方可启动局扇通风。否则，必须先采取相应排除瓦斯的安全措施。

（22）因工序衔接、施工组织等临时停工的施工地点不得停风。

（23）当施工通风系统或通过设施等出现异常时，如通风风筒脱节或破坏等，必须及时组织修复，尽快恢复正常通风。

（24）发生瓦斯涌出、喷出的异常状况时，必须及时采取措施，首先考虑杜绝产生火源的一切可能、断电、加强通风，同时尽快撤出施工人员，对隧道进行警戒，进一步研究考虑采取抽排瓦斯的具体安全措施。

（25）瓦斯积聚是瓦斯事故发生的物质基础，要杜绝瓦斯事故的发生，最根本的办法是加强通风和瓦斯监测，当检查到隧道开挖面局部瓦斯积聚超限时，要制订专门的通风处理措施消除超限区的瓦斯，严格按要求排放，处理步骤如下：

① 停止瓦斯超限区的作业，切断超限区和回风区域的电源；

② 加强瓦斯检测，控制瓦斯超限范围；

③ 查明瓦斯超限原因，制订通风处理方案；

④ 采取排除瓦斯的措施，降低瓦斯浓度；

⑤ 加强通风措施，恢复正常施工。

（26）通风管距离不够造成瓦斯积聚的处理方案：及时接长通风管，通过加强风流流动消除瓦斯积聚，降低局部瓦斯浓度。

（27）通风管漏风造成瓦斯积聚的处理方案：及时修补或更换破损的通风管，通过减少漏风增加出风口的风量，满足稀释瓦斯的要求，降低局部积聚的瓦斯浓度。

（28）异常涌出造成瓦斯积聚的处理方案：瓦斯隧道超前地质预报预测显示瓦斯具有突出危险时，施工中会涌出大量瓦斯，可能出现通风方案设计的稀释瓦斯通风量不足，可能造成开挖面局部瓦斯积聚超限，应当重新进行通风方案设计，增加供风能力，通过加大通风量，降低局部瓦斯浓度。

（29）局部超挖处瓦斯积聚的处理方案：隧道的局部超挖，会在顶部形成空洞，由于瓦斯集中涌出，风流流动速度低，会造成局部瓦斯积聚超限。采用在顶部铺设一定厚度的木板，在木板上面喷满或灌满混凝土，将可能积聚瓦斯的地方充填，从而消除超挖处的瓦斯积聚。

2.5 瓦斯隧道设备防爆改装

近年来，我国公路、铁路、地铁等建筑业高速发展，随着地铁、公路等线路技术标准的提高，高瓦斯、瓦斯突出隧道的数量和比重明显增多，快速完善瓦斯隧道机械设备防爆改装技术、进而出台瓦斯隧道技术规范已成当务之急。

在目前的地铁隧道行业中，关于瓦斯隧道内机械设备的使用，高瓦斯隧道设计、施工管理尚无专门的技术规范，隧道施工机械防爆改装也未形成专门标准，参考《铁路瓦斯隧道技术规范》（TB 10120—2019）（以下简称“铁规”）和《煤矿安全规程》（以下简称“煤规”）的相关规定。铁规 11.1.2 虽规定“隧道内高瓦斯工区和瓦斯突出工区的电气设备与作业机械必须使用防爆型”，但未明确为本安型防爆型或改装防爆型，未明确具体的改装细目、标准和技术要求，可操作性不够，难以对高瓦斯隧道建设管理起到有效的指导作用。

2.5.1 设备防爆改装的目的

瓦斯浓度在5%～16%的范围遇到火源和温度达到一定指标时会发生爆炸，普通机械设备无法在瓦斯隧道内作业，必须采用防爆型机械设备进行施工，其防爆性能直接决定瓦斯隧道施工的成败。采用有轨运输和购买整套本质安全型防爆施工机械设备成本投入巨大，一般均采用对普通设备进行防爆改装来进行瓦斯隧道施工。

油气田区地铁瓦斯隧道一般采用无轨运输方式出渣，施工过程中采取加强通风、瓦斯监测等手段将瓦斯浓度控制在规定的安全范围以内。

由于高瓦斯隧道施工的高风险性，普通机械设备无法在高瓦斯隧道内施工作业，因此，机械设备防爆改装是高瓦斯隧道施工中重要的内容之一，机械设备的防爆性能直接决定高瓦斯隧道施工的成败。

结合油气田瓦斯隧道的特性及施工的实际情况分析，采用一定的措施手段，实时监测周围环境空气中的瓦斯浓度，当环境瓦斯浓度超过报警限值时设备自动熄火断电，瓦斯浓度在正常范围内时设备方可重新启动作业，从根本上切断瓦斯爆炸的风险源，实现安全施工。

2.5.2 设备防爆改装的现状

目前，我国并没有专门一套针对瓦斯隧道施工机械的技术标准和性能要求，因此，对于瓦斯隧道的施工机械，工程上一般按照煤炭行业标准的《矿用防爆柴油机无轨胶轮车通用技术条件》（MT/T 989—2006）和《矿用防爆柴油机通用技术条件》（MT 990—2006）来实施。

《矿用防爆柴油机无轨胶轮车通用技术条件》（MT/T 989—2006）中规定，无轨胶轮车应能在爆炸性气体环境中正常使用；无轨胶轮车应配套防爆柴油机，并且取得防爆合格证和煤矿矿用产品安全标志证书。无轨胶车应设置自动保护装置，在监控参数出现异常的情况时能及时发出报警信号并能使无轨胶轮车动力系统停止运转。

《矿用防爆柴油机通用技术条件》（MT 990—2006）中规定，防爆柴油机应配置车载式瓦斯监测报警仪和便携式瓦斯检测报警仪，当巷道风流中瓦斯浓度达到1.0%［有煤（岩）与瓦斯突出矿井和瓦斯喷出区域中瓦斯浓度达到0.5%］时应能准确发出声光报警信号，其声光报警信号应使驾驶员能够清晰辨别，报警后1min内应自动停止防爆柴油机工作。

防爆改装的原理是利用隔离保温、降温、绝缘封装的手段，对柴油机械可能出现明火、电火花、高温气体的部位进行隔绝或降温处理，防止与外界的瓦斯气体接触，降低发生瓦斯爆炸的风险。防爆机械应具备满足施工所需的动力要求、具备瓦斯报警能力和自动闭锁能力的特点。

2.5.3 设备防爆改装的方法

施工中常用的设备防爆改装方法有两种，一是被动防御防爆改装，二是主动防御防爆改装。

1. 被动防御防爆改装

传统的被动防御防爆改装设备主要是对设备的电路、发动机排气、电瓶、油路等系统进行特殊设计，实现设备在瓦斯超限等危险条件下具备继续作业的能力。但是，由于传统设备防爆改装对瓦斯没有识别系统，施工机械，如挖掘机和装载机等移动机械设备在进行作业时会不可避免地产生摩擦或碰撞火花，在瓦斯浓度超限的情况下施工非常危险，存在极大的安全隐患。而且工程车辆发动机几乎都是增压车型，进行防爆处理后造成对车辆动力损耗较大，影响施工工效。

2. 主动防御防爆改装

成都轨道交通 18 号线龙泉山高瓦斯地铁隧道工程主要是将传统的设备被动防御防爆改装（对设备进行特殊的设计实现设备在瓦斯超限等危险条件下具备继续作业的能力）变为主动防御防爆改装（在行走机械设备上安装车载瓦斯自动监控报警与断电系统，瓦斯超限时自动断油断电进而停止作业，瓦斯浓度降低到正常范围后机械设备自动解锁，可重新启动机械设备作业）。这种方法从根本上消除了瓦斯爆炸的必要因素——高温热源，对发动机动力零损耗，对瓦斯隧道内施工进行多点移动监测监控。在实际施工中运用更加广泛，更具可操作性。

本书主要介绍龙泉山隧道采用的主动防御防爆改装一车载瓦斯自动监控报警与断电系统。

2.5.4 车载瓦斯自动监控报警与断电系统

通过在施工车辆上加装通过煤安认证的防爆监控设备，实时监测车辆工作环境的瓦斯浓度，当工作环境的瓦斯浓度达到报警限值时，监控设备发出声光报警，提示车辆驾驶人员及时停止作业，待查明环境实际情况，工作环境不在危险范围内时，再启动设备恢复工作。若环境危险气体浓度快速上升，达到断电限值时，监控系统会在首次检测到报警时刻开始延迟一定时间（10～30s）后自动输出控制信号，断开车辆的熄火装置，强制停止车辆工作，车辆将无法启动工作，监控系统使用自带本安电源持续工作。当环境危险气体参数浓度降至安全限制后，监控系统自动解锁，车辆供电，车辆可重新启动作业。

车载瓦斯自动监控报警与断电系统的主要功能和特点：

（1）安装后不改变机械设备动力特性。

（2）装置安装快捷，维护简便，具有良好抗振和防水性能，运行稳定可靠。

（3）装置先报警后熄火，具有安全处理时间间隙。

（4）可根据使用环境动态设定瓦斯超限报警和断电阈值。

（5）当瓦斯参数超过报警限值时可自动发出声、光报警。

（6）当瓦斯参数超过断电限值时可自动输出断电和熄火控制信号。

1. 改装设备组成

车载瓦斯自动监控报警与断电系统主要包括车载式甲烷断电仪主机和低浓度甲烷传感器。该系统主要由三部分组成：系统维护与配置管理中心、控制分站、检测控制器。

（1）系统维护与配置管理中心（瓦斯断电仪主机）。系统维护与配置管理中心主要用于设置、调试系统配置参数和控制逻辑。其主要由车载瓦斯断电仪、系统软件、数据传输线组成。该功能主要由设备防爆改造厂家使用，用于设备初始值的设置与调试。在使用过程中，由厂家安排专人进行检查、调试。

（2）控制分站。控制分站是系统的数据采集处理和逻辑控制中心，负责从传感器采集环境参数，并将结果按照管理中心软件所设计的控制逻辑进行判断处理，根据配置方案在检测到异常时输出报警和断电等控制信号。

（3）检测控制器。检测控制器包括传感器和报警器。传感器主要是采集机械设备作业环境中瓦斯参数。报警器接收控制分站发来的报警信号，发出声光报警提示，提前发出预警。

改装选用KDG18车载式甲烷断电仪，该仪器具有体积小巧、安装方便、运行稳定、价格便宜等特点，而且KDG18车载式甲烷断电仪是我国迄今为止唯一能实施柴油车拉线熄火的甲烷断电仪。

KDG18车载式甲烷断电仪主要由三部分组成：车载式甲烷断电仪主机、KGJ28A煤矿用低浓度甲烷传感器和遥控器。

KGJ28A煤矿用低浓度甲烷传感器用于检测煤矿井下空气中的甲烷含量。其主要由黑白元件、检测电桥、运算放大器、A/D转换、单片机以及显示、输出等部分组成，是一种智能型检测仪表，具有自动调零、自动调灵敏度、非线性补偿等功能（所有功能可通过遥控器来实现），具有精度高、使用方便、稳定可靠等优点，能与国内外各种煤矿监测系统及甲烷断电仪等配套使用。

遥控器作为车载式甲烷断电仪主机和低浓度甲烷传感器配套产品之一，主要用于设置断电仪和传感器的工作状态、工作方式等。

车载式甲烷断电仪主要由低浓度甲烷传感器采集施工机械工作区域的环境瓦斯气体浓度参数，然后根据采集的浓度值和控制逻辑进行分析处理。

车载式甲烷断电仪安装位置可根据内燃施工机械、设备本身的结构特点进行选择，可安装于驾驶室、内燃机械设备底部或侧面以及驾驶室与车厢连接处等。传感器安装于工程车辆和施工机械顶部最高处。由于内燃施工机械、设备在运行中是一个振动剧烈的载体，因此相关设备需要做加固与防振设计。

对车辆尾气进行改装，通过在车辆排气管出口外安装尾气防火罩，以消除可能排出的火花，尾气防火罩是在罩内排气出口处设置了阻火栅栏，消除了排气中危险的排气火花。尾气防火罩安装后不改变机车的动力特性。尾气改装如图2-72所示。

图2-72 车辆尾气改装图

2. 改装工作原理

该系统主要采集施工机械设备工作区域的环境瓦斯气体浓度参数，控制分站根据采集瓦斯浓度值和控制逻辑进行分析处理。龙泉山隧道针对瓦斯隧道内燃施工机械、设备选配了一套适合于车载式甲烷断电（熄火）控制装置，装于内燃施工机械、设备上，实时监测其周围环境空气中的瓦斯浓度，机车作业环境瓦斯浓度报警值宜设定为0.3%，断油断电瓦斯浓度值宜设定为0.5%，恢复值为0.3%。即当环境瓦斯浓度超过报警限值（0.3%CH_4），分站向报警器发出报警信号，报警器发出声光报警，驾驶员听到或看到报警信号后，立即停止作业，通知跟班作业瓦检员核查瓦斯浓度，查明原因并采取措施解除危险后再行作业；当瓦斯浓度上升较快，超过断油断电阈值（0.5%CH_4）后，控制分站向安装在机械设备上的断油熄火控制器和电源控制器发出控制信号，使机械设备自动停止工作并关闭总电源，实现闭锁，防止机械设备因火花造成瓦斯燃烧或爆炸事故。当环境瓦斯浓度降到设定安全阈值（0.3%CH_4）以下时，系统自动解除锁定，即解除报警和断电熄火后，该内燃施工机械、设备方可再次启动。

当车载式甲烷断电仪或低浓度甲烷传感器处于非正常工作状态（仪器故障、连接电缆被损坏、传感器或断电仪丢失等）时，车载式甲烷断电仪能对工程车辆和机械实施闭锁控制，即当设备处于非正常状态时，不仅可以对工程车辆和施工机械实施报警、断电和熄火控制功能，还对工程车辆和施工机械有闭锁功能，防止因监控设备故障时在环境瓦斯超限情况下实现误操作而发生瓦斯燃烧或爆炸事故，确保瓦斯环境中的工程车辆和施工机械处于万无一失的状态，保证瓦斯隧道施工安全。

3. 改装设备安装

防爆改装设备安装工艺流程图如图 2-73 所示。

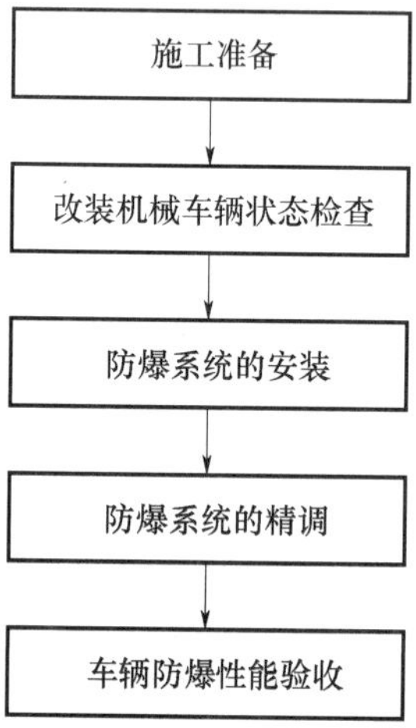

图 2-73　防爆改装设备安装工艺流程图

高瓦斯、瓦斯突出工区的挖掘机、装载机、运渣车、运输车、混凝土罐车等行走式作业机械设备，均应安装瓦电闭锁预警装置，如图 2-74 所示。

4. 设备验收

施工使用过程中应加强改装设备的系统调试、验收与维护。

（1）系统调试。车载瓦斯自动监控报警与断电系统安装完毕，应通过系统维护与配置管理中心并用标准甲烷气体对改装设备进行调试和校验，校验精度控制在±0.1%以内。同时采用标准甲烷气体对设定的报警和断电甲烷浓度进行检验，实现报警、瓦电闭锁和解锁功能。车载瓦斯自动监控报警与断电系统应符合国家标准《爆炸性能环境用防爆电气设备》（GB 3836—2017）的要求。

（2）性能检测。车载瓦斯自动监控报警与断电系统安装完成后，应首先进行加装性能检测，检测项目如下：

图 2-74　龙泉山隧道装载机瓦电闭锁预警装置效果图

① 试运行：车辆加装完毕后交由施工方在现场试用至少 5d，运行期间故障率不得大于 5%。

② 通信及配置功能：监控分站可通过配置主机进行参数修改设置，并保存在分站内，重启电后能自动恢复设置。

③ 检测功能：监控系统可以检测车辆工作周边环境的气体参数，必须包括甲烷气体浓度。

④ 显示功能：监控系统控制分站能实时显示所检测到的气体浓度参数，并通过发光指示灯指示出系统的工作状态及故障提示。

⑤ 报警功能：当检测参数超过设定的报警限值时，系统能发出声光报警提示，报警提示在施工环境噪声下应清晰可辨。

⑥ 熄火控制功能：当检测参数超过设定的熄火限值时，系统能通过执行器控制车辆熄火并闭锁，车辆不能重启动。当检测参数低于熄火恢复值时，车辆方可再次启动。

⑦ 断电功能：当检测参数超过设定的断电限值时，系统能通过执行器断开车辆的供电电源，并闭锁。当检测参数低于断电恢复值时，系统自动解锁，车辆恢复供电。

(3) 设备整机验收。车载瓦斯自动监控报警与断电系统改装性能检测完成后，可组织整车动力性能验收。施工单位向监理单位提请整机验收申请后，应由监理单位组织建设单位、总承包单位、施工单位参与验收，如图 2-75 所示。设备加装单位应出具整机改装自检合格报告。整机验收主要检查主动防爆系统对瓦斯浓度的灵敏度。

图 2-75　龙泉山隧道设备防爆改装验收

(4) 车载瓦斯监控加装系统维护和维修。由加装厂家指定专业维护人员对系统的性能进行定期维护。配接的低浓度甲烷传感器应每 15d 至少进行 1 次调校，误差在规定的要求之内。瓦斯断电仪每月至少调校 1 次。

系统的日常维护工作由设备驾驶员配合瓦检员每天对防爆系统分站、传感器和熄火装置进行检验，及时清理系统表面的尘埃、烟气、尾气等污染物，发现问题及时处理。

传感器发生故障后，联系生产厂家专业人员进行维修，严禁非专业人员擅自维修和拆卸。

严禁在隧道内对设备加装瓦斯报警断电系统进行检查，有故障时检查维修必须在洞外进行。

2.6　隧道施工瓦斯防控标准

做好油气田隧道瓦斯管理工作的同时，施工过程中的瓦斯防控工作仍然是确保瓦斯隧道安全的重中之重。安全高效地做好隧道开挖、支护、衬砌施工过程中的瓦斯防控工作是提高施工效率的关键。

2.6.1　油气田隧道施工方法介绍

油气田瓦斯隧道因隧道内瓦斯无处不在，暂无法使用盾构法施工，施工多采用新奥法。新奥法施工是在传统的矿山法施工的基础上发展起来的，新奥法的精髓在于充分利用围岩的自承能力和开挖面的空间约束作用，以锚杆和喷射混凝土为主要支护手段，及时对围岩进行加固，以约束围岩的松弛和变形，并通过监控量测来指导设计与施工。

隧道施工应根据隧道进口、出口、洞身所处的工程地质情况和地理位置以及工期要求，合理规划隧道洞口的平面布置、作业区段的划分、洞口施工的处理，确定切实可行的施工方法，合理、科学调配资源。其主要施工顺序为洞口平面布局→超前支护→开挖→初期支护→防水层施作→衬砌施作→其他附属工程施工。

根据围岩的不同，隧道施工大体可分为全断面法（图 2-76）、台阶法（图 2-77）和分部开挖法。

对于Ⅰ、Ⅱ、Ⅲ级围岩隧道，为提高工作效率，常采用全断面法施工。开挖方式为爆破法。

对于Ⅳ级围岩隧道可采用上、下台阶法施工。上台阶法采用人工手持式风钻造孔，下台阶法采用钻爆台车造孔，电雷管光面爆破，每循环开挖进尺控制在 2.0～2.5m。

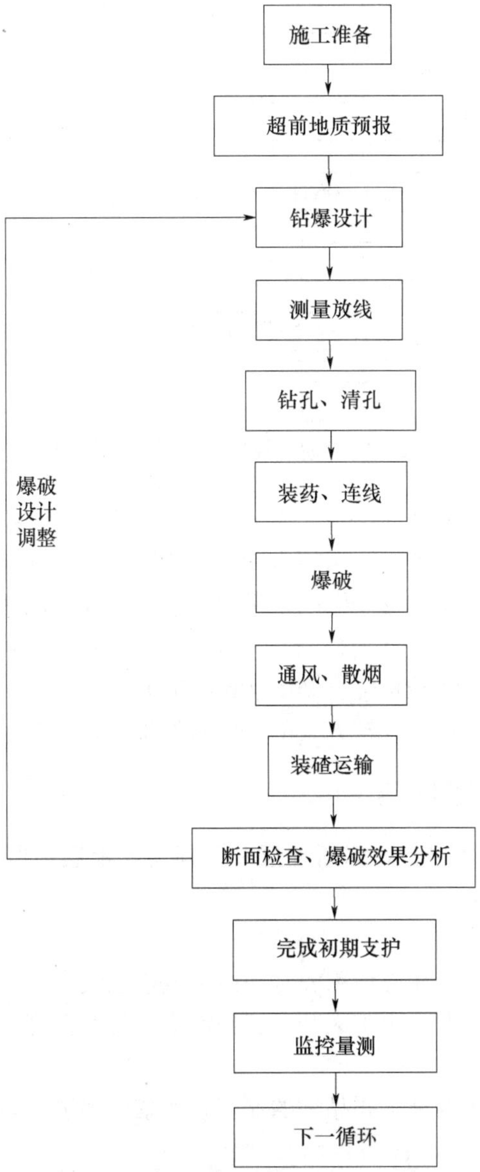

图 2-76　全断面法开挖施工工艺流程图

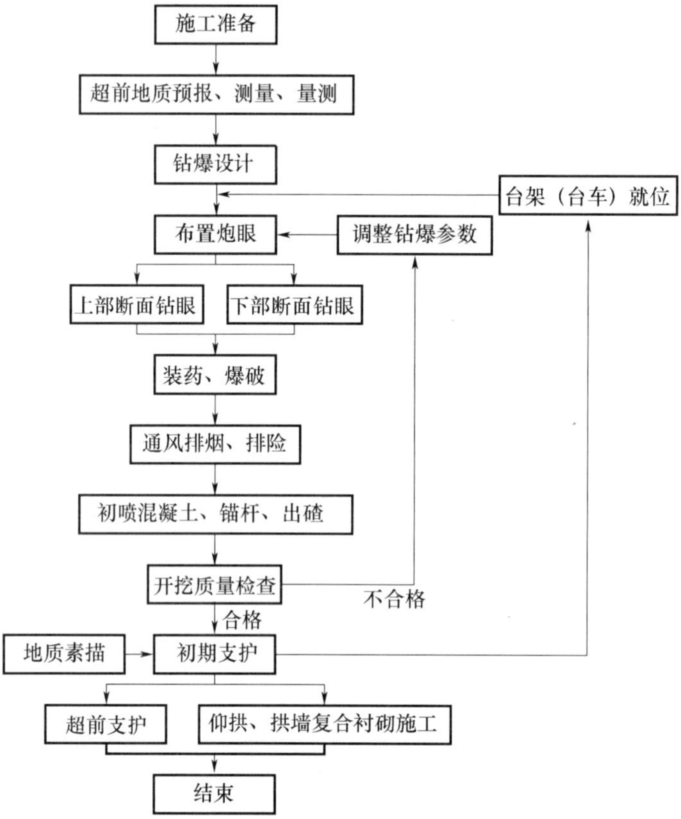

图 2-77　台阶法爆破开挖施工工艺流程

对于Ⅴ级围岩隧道遵循“先预报、管超前、严注浆、短开挖、强支护、快封闭、勤量测、控变形”的组织原则施工；采用合适的台阶法开挖，确保掌子面稳定，后部闭合支护体系尽早形成，以控制变形。钻眼采用多功能台架配合风钻人工施工，遵循进尺控制在 0.6～1.8m，月开挖进度计划控制在 70m；结合现场实际可采用机械开挖和电雷管光面爆破，出碴采用侧卸装载机配合 25t 自卸汽车出碴。

本书重点讲述爆破法这一开挖方式的瓦斯防控工作。

2.6.2　瓦斯隧道爆破作业

1. 隧道穿越低瓦斯地层、高瓦斯地层及瓦斯突出地层地段使用的爆破器材应符合的规定

（1）炸药（表 2-21）

低瓦斯工区内开挖工作面应使用安全等级不低于二级煤矿许用乳化炸药。

高瓦斯工区、煤与瓦斯突出工区开挖工作面应使用安全等级不低于三级煤矿许用乳化炸药。

同一工作面不得使用两种不同品种的炸药，严禁使用黑火药和冻结或半冻结的硝酸甘油类炸药。

表 2-21 煤矿许用乳化炸药性能指标

炸药名称 \ 性能指标	药卷密度 (g/cm³)	殉爆距离 (cm)	猛度 (mm)	爆速 (×10³m/s)	做功能力 (mL)	炸药爆炸后的有毒气体含量 (L/kg)	可燃气安全度 (g)	抗爆燃性	撞击感度 (%)	摩擦感度 (%)
一级煤矿许用粉状乳化炸药	0.85～1.05	5	10.0	3.2	240	80	100	合格	15	8
二级煤矿许用粉状乳化炸药	0.85～1.05	5	10.0	3.0	230	80	180	合格	15	8
三级煤矿许用粉状乳化炸药	0.85～1.05	5	10.0	2.8	220	80	400	合格	15	8

（2）雷管

瓦斯工区必须采用电力起爆，并使用煤矿许用瞬发电雷管或煤矿许用毫秒延期电雷管。严禁使用秒或半秒级电雷管和火雷管。电雷管爆区与高压线间的安全允许距离应符合表 2-22 规定。

表 2-22 爆区与高压线的安全距离

电压（kV）		3～6	10	20～50	50	110	220	400
安全允许距离（m）	普通电雷管	20	50	100	100	—	—	—
	抗杂电雷管	—	—	—	—	10	10	16

不得将手持式或其他移动式通信设备带入普通电雷管爆区。与调频发射机的安全允许距离应符合表 2-23 规定。

表 2-23 爆区与调频（FM）发射机的安全允许距离

发射功率（W）	1～10	10～30	30～60	60～250	250～600
安全允许距离（m）	1.5	3.0	4.5	9.0	13.0

使用煤矿许用毫秒延期电雷管时，最后一段的延期时间不得大于 130ms，不可跳段使用。

瓦斯工区采用电雷管起爆时，严禁反向装药。采用正向连续装药结构时，雷管以外不得装药卷。

电雷管发出库前，应用电雷管检测仪逐个测定其电阻，排除断电、电阻过大或过小的电雷管，电阻差应不大于 0.25Ω，并将脚线扭结成短路。严禁发放电阻不合格的电雷管。

不同厂家生产的或不同品种的电雷管，不得混合使用。

（3）起爆器

应采用电力起爆。

应选用防爆型起爆器作为起爆电源。

一个开挖面不得同时使用两台以上起爆器起爆。

（4）起爆母线

采用具有良好绝缘和柔顺性的铜芯电缆，严禁用裸线或铝线芯代替。

母线应采用单回路。

（5）安全导爆索

在有瓦斯或矿尘爆炸危险的地下爆破作业需使用安全导爆索。安全导爆索与普通导爆索结构上相似，不同的是在药芯中或缠包层中多加了适量的消焰剂（通常是氯化钠），使安全导爆索爆轰过程中产生的火焰小，温度较低，不会引爆瓦斯或矿尘。

2. 瓦斯工区钻孔作业应遵守的规定

开挖工作面附近 20m 风流中瓦斯浓度应小于 1%。

应采用湿式钻孔。

炮眼深度应不小于 0.6m，如深度小于 0.6m 炮眼爆破需采取以下安全措施：

① 每孔装药量不得超过 150g。

② 炮眼必须封满炮泥。

③ 爆破前必须在爆破地点附近洒水降尘，并检查瓦斯浓度，超过 1%时，不准爆破。

④ 检查并加强爆破地点附近的支护。

⑤ 爆破时，必须做好警戒，并有工班长现场指挥。

在岩层内爆破，当炮眼深度不足 0.9m 时，装药长度不得大于炮眼深度的 1/2；当炮眼深度为 0.9m 以上时，装药长度不得大于炮眼深度的 2/3。在煤层中爆破，装药长度不得大于炮眼深度的 1/2。

3. 瓦斯工区装药和爆破作业应严格遵守的规定

爆破地点 20m 内，各类施工机具、碎石、材料等堵塞开挖断面不得大于 1/3；

开挖工作面风量足、风向稳定，局部通风机无循环风。

炮孔内无异状、无明显瓦斯逸出、岩体松动等现象。

装药前，应首先清除炮眼内的煤粉或岩粉，再用木质或竹炮棍将药卷轻轻推入，不得冲撞或捣实。炮眼内的各药卷应彼此密接。有水的炮眼，应使用抗水型炸药。

装药后，应把电雷管脚线悬空，严禁电雷管脚线、爆破母线与运输设备、电气设备等导电体接触。

装配起爆药卷，电雷管应由药卷顶部装入，严禁用电雷管代替竹、木棍扎眼。电雷管应全部插入药卷后，应用脚线将药卷缠住，并将电雷管脚线扭结成短路。

只准采用绝缘母线单回路放炮，严禁用轨道、金属管、水或大地当成回路。

严禁裸露爆破，炮眼应采用规定长度的炮泥封严，无封泥、封泥不足或不实的炮眼严禁爆破。

所有炮眼的剩余部分应用炮泥封堵。炮泥应用水炮泥和黏土炮泥（图 2-78）。水炮泥外剩余的炮眼部分应用黏土炮泥填满封实。严禁用煤粉、块状材料或其他可燃性材料做炮泥。炮眼深度和炮眼的封泥长度应符合下列要求：

① 当炮眼深度为 0.6～1.0m 时，封泥长度不得小于炮眼深度的 1/2。

② 当炮眼深度在 1.0m 时，封泥长度不得小于 0.5m。

③ 当炮孔深度超过 2.5m 时，封泥长度应不小于 1.0m。

④ 当光面爆破周边眼采用空气柱装药结构时，应用炮泥封实，且封泥长度不得小于 0.3m。

图 2-78　黏土炮泥和水炮泥

爆破网络和连线，必须符合下列要求：

必须采用串联连接方式。线路所有连接接头应相互扭紧，明线部分应包裹绝缘层并悬空。母线与电缆、电线、信号线应分别挂在巷道的两侧，若必须在同一侧时，母线必须挂在电缆下方，并应保持 0.3m 以上间距。

母线应采用具有良好绝缘性和柔软性的通信电缆，并随用随挂，严禁将其固定。母线的长度必须大于规定的爆破安全距离。

必须采用绝缘母线单回路爆破。

严禁将瞬发电雷管与毫秒电雷管在同一串联网路中使用。

爆破地点 20m 内，风流中瓦斯浓度必须小于 1%；爆破作业点有毒有害气体浓度不应超过表 2-24 的标准。

表 2-24　地下爆破作业点有害气体允许浓度

有害气体名称		CO	N_nO_m	SO_2	H_2S	NH_3	R_n
允许浓度	按体积（%）	0.0024	0.00025	0.0005	0.00066	0.004	3700Bq/m^3
	按质量（mg/m^3）	30	5	15	10	30	

瓦斯工区钻爆作业必须执行“一炮三检制”和“三人连锁放炮制”。在装药前、放炮前、放炮后，放炮员、专职瓦检员、安全员应同时检查开挖工作面附近 20m 范围内的瓦斯浓度，并填写“一炮三检”记录表，如表 2-25 所示。

表 2-25　瓦斯隧道“一炮三检”记录表

隧道名称：　　　　　　　　　　　工区：　　　　　　　　　资料名称：

日期	班次	放炮地点	装药前			放炮前			放炮后			瓦检员签字	爆破员签字	安全员签字
			时间	CH_4	CO_2	时间	CH_4	CO_2	时间	CH_4	CO_2			

电力起爆必须使用防爆型起爆器作为起爆电源，一个开挖工作面不得同时使用两台以上起爆器起爆。起爆电源能量应能保证全部电雷管准爆；用变压器、发电机作起爆电源时，流经每个普通电雷管的电流应满足：一般爆破，交流电不小于 2.5A，直流电不小于 2A；硐室爆破，交流电不小于 4A，直流电不小于 2.5A。

在低瓦斯工区和高瓦斯工区进行爆破作业时，爆破 15min 后应巡视爆破地点，检查通风、瓦斯、煤尘、瞎炮、残炮等情况，遇到危险必须立即处理。在瓦斯浓度小于 1%，二氧化碳浓度小于 1.5%，解除警戒后，工作人员方可进入开挖工作面工作。

4. 工程案例

龙泉山隧道位于成都轨道交通 18 号线工程天府新站至三岔湖站区间，为油气田高瓦斯穿山越岭隧道，岩石类别主要为Ⅲ级、Ⅳ级和Ⅴ级围岩，其中Ⅳ级围岩占比 60%（图 2-79），围岩完整性较差。龙泉山隧道采用双洞分修方案，线间距 30m，矿山法施

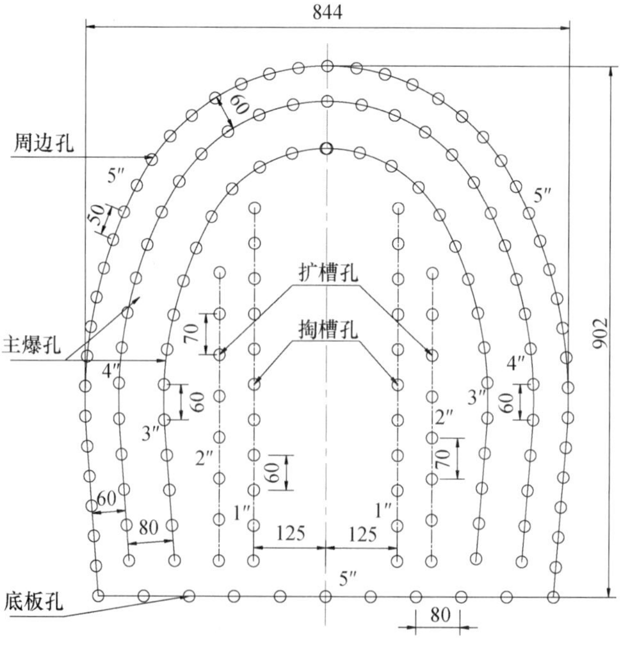

图 2-79　Ⅳ级围岩钻孔布置示意图

工，隧道全长 9.7km，最大埋设 285m。龙泉山隧道全隧道地层岩性为泥岩夹砂岩，中薄层产状，缓倾岩层，倾角在 10°左右。龙泉山隧道主要穿越龙泉驿背斜构造，受三大湾气田影响最大。根据地勘资料推断：天然气总逸出量为 $700.23\times10^4m^3$，隧道开挖时掌子面单位时间最大天然气涌出量为 $1.23m^3/min$。龙泉山隧道为油气田高瓦斯隧道。其爆破参数如表 2-26 所示。

表 2-26　龙泉山隧道爆破参数表

炮孔	孔数（个）	孔深（m）	单孔药量（kg）	总药量（kg）	爆破方量（m^3）	单耗（kg/m^3）	备注
一级掏槽孔	22	1.79	1.0	22	157.56	1.08	
二级掏槽孔	16	3.13	1.2	19.2			
第一层主爆孔	29	2.4	1.2	34.8			
第二层主爆孔	33	2.4	1.2	39.6			
周边孔	54	2.4	1.0	54.0			
合计	154		—	169.6			

根据爆破设计，爆破开挖每循环进尺长度为 2.4m，每循环药量为 169.6kg，每循环爆破方量为 $157.56m^3$，爆破单耗为 $1.08kg/m^3$。

2.6.3　瓦斯隧道爆破作业管理

1. 爆破器材选用

隧道穿越非瓦斯地层、微瓦斯地层地段的爆破器材可采用常规爆破器材。

隧道穿越低瓦斯地层、高瓦斯地层及瓦斯突出地层地段使用的爆破器材应符合 2.6.2 节中相关规定。

2. “一炮三检”

“一炮三检”是指在瓦斯隧道爆破施工中，装药前、放炮前、放炮后检查放炮地点 20m 范围内的瓦斯浓度，只有当瓦斯浓度低于 0.5%时，才准许下道工序施工。施工过程中应遵守以下管理制度：

（1）爆破作业必须编制爆破作业说明书，爆破工作必须依照说明书进行爆破作业。

（2）瓦斯检测必须由专职瓦检员测量，并告知工班长，填写检查记录。

（3）只有当瓦斯浓度检测结果小于 0.5%，方可进行下道工序的施工；否则，必须加大通风量，尽快降低洞内瓦斯浓度。

（4）放炮前检查瓦斯的地点：为开挖工作面放炮地点的瓦斯检查在该点向外 20m 范围内的巷道风流中及本范围内局部瓦斯易积聚处进行。

（5）装药前和爆破前有下列情况之一的，严禁装药、爆破：

① 爆破地点附近 20m 以内风流中瓦斯浓度达到 0.5%。

② 在爆破地点 20m 内，机械设备、碴土等其他物体堵塞隧道断面 1/3 以上。

③ 炮眼内发现异状、温度骤高骤低、有显著瓦斯涌出等情况。

④ 开挖工作面风量不足。

（6）掘进工作面爆破前后，附近 20m 的隧道内，必须洒水降尘。

（7）爆破员在装药前，要详细检查工作面的放炮喷雾、瓦斯传感器、便携仪及局部通风安全设施是否齐全完好，是否符合要求。认真检查放炮地点前后 20m 范围内的瓦斯情况，严禁有瓦斯积聚及超限现象，否则不得装药放炮。

（8）在连线放炮前，必须在放炮点 20m 范围内进行第二次瓦斯检查。在瓦斯浓度符合规定时，才准连线放炮，否则采取处理措施。

（9）爆破后，瓦检员应佩戴好自救器、应急照明设施和防尘口罩，携带便携式甲烷报警仪、光干涉甲烷检测仪先进洞，应两人以上进洞检测，前后保持 3～5m，后者负责监护，前者将便携式甲烷报警仪举过头顶，如果发出报警，应立即停止前进，撤出洞外。

（10）爆破后 30min，炮烟被吹散后，瓦检员方可进洞进行瓦斯检测，工作面及回风流中瓦斯浓度降到 0.5％以下时，方可由爆破员、安全员、班组长一同进入工作面验炮；验炮后，爆破员必须将验炮情况向工区负责人汇报，未经同意不得恢复送电，其他人员不得进入警戒线以内。

3.“三人连锁”制

“三人连锁放炮”是指爆破前，放炮员将警戒牌交给班组长，由班组长派人警戒，并检查安全岗及人员撤离情况，合格后，将自己携带的放炮命令牌交给瓦斯检查员，瓦斯检查员经检查瓦斯浓度合格后，将自己携带的放炮牌交给放炮员，放炮员发出爆破口哨进行爆破，爆破后三牌各归原主。施工过程，应遵守以下管理制度：

（1）爆破员、班组长、瓦斯检查员，必须熟悉“三人连锁”放炮程序，严格按要求执行，对工作认真负责，圆满完成各自的任务。

（2）放炮前，爆破员将警戒牌交给班组长，由班组长安排人员警戒，在重要洞口、路口设置安全警戒岗，检查人员撤离情况，只有当爆破影响范围内所有人员、设备全部撤出后，方可下达放炮命令。

（3）班组长将自己携带的放炮命令牌交给瓦检员，瓦检员经检查瓦斯浓度低于 0.5％，将自己携带的放炮牌交给爆破员，爆破员接到放炮牌后，可发出放炮信号进行爆破，爆破后手牌各归原主。

（4）放炮前，瓦检员、班组长、爆破员，必须同时在场，缺一不可；否则，不准放炮，如图 2-80 所示。

图 2-80 “三人连锁”放炮

（5）放炮地点附近20m以内风流中瓦斯浓度达到0.5%时；开挖工作面拱顶距离超过作业规程规定或支护有损坏，留有伞檐时，隧道断面堵塞1/3的，严禁放炮。

4.爆破作业安全注意事项

（1）进入爆破作业区域，工区的所有人员必须服从工区和承担爆破作业队派出的安全警戒人员统一指挥，在警戒人员要求的时间内到达指定安全地点，确保爆破作业不发生爆破安全事故。

（2）作业队主要负责人对自己所属的全部作业人员负有安全责任，必须全力督促和劝说所属人员尽快撤离至警戒安全区域，全力配合警戒人员做好人员疏散工作。

（3）必须疏散的人员在听到预警信号后，应立即无条件地到指定地点躲避爆破作业飞石，不得谩骂、顶撞警戒人员，不得躲藏在自己认为很安全的地方。

（4）爆破信号。

① 预警信号：该信号发出后爆破警戒范围内开始清场工作。（装药完准备挪动钻爆台车时发出预警信号，起爆工作面负责人通过对讲机通知其他作业面负责人）

② 准备信号：全部人员必须已经撤离至安全警戒位置。（起爆工作面负责人询问其他工作面人员是否已撤离至安全警戒区）

③ 起爆信号：起爆信号应在确认人员、设备等全部撤离爆破警戒区，所有警戒人员到位，具备安全起爆条件时发出。起爆信号发出后，准许爆破员起爆。（起爆信号由起爆工作面负责人发出）

④ 解除信号：检查人员进入爆破警戒范围内检查、确认安全后，方可发出解除爆破警戒信号。在此之前，不允许非检查人员进入爆破警戒范围。（检查人员包括爆破员、爆破安全员、瓦检员，解除信号由瓦检员负责发出）

（5）爆破员、爆破安全员严格按照工区的领用单领取爆破器材，上车的爆破器材必须堆码整齐，轻拿轻放。雷管箱必须上锁。

（6）爆炸物品进入工作面时，无关人员必须撤离警戒区，在工作面30m的地方设置栏杆及警戒带，把警示牌摆放好，由爆破安全员负责安全警戒工作。

（7）工作面100m内不得使用电焊机和对讲机，必须切断单向工作面所有电源，以防杂散电流的产生，引起电雷管的早爆发生安全事故。

（8）装药时炸药、雷管轻拿轻放，严禁抛掷，装完药后必须核对爆炸物品的数量，如有不符立即进行清理查找，确保爆炸物品不丢失、不被盗。

（9）瓦斯隧道爆破严格执行“一炮三检”制度，相关人员并在《钻爆作业安全检查记录表》上进行签字。

（10）采用电力起爆时，爆破主线、区域线、连接线，应不与金属物接触，应不靠近电缆、电线、信号线、铁轨等。

（11）若左线爆破时在右线的安全地点进行，直线距离不得小于300m，转弯隧道不得小于150m。

2.6.4 隧道支护与衬砌

1.设计

瓦斯隧道设防等级较高地段的衬砌结构应向等级较低地段延伸，延伸长度不宜小于 20m。

瓦斯隧道应根据设防等级采用不同的瓦斯措施，结构防身措施宜按表 2-27 选用。

表 2-27　隧道支护防瓦斯措施

防瓦斯渗透措施		设防等级		
		Ⅲ	Ⅱ	Ⅰ
系统锚杆类型		—	宜采用注浆型	采用注浆型
初期支护最低要求	厚度	15cm		
	强度等级	C20	C25	
防水板（作为瓦斯隔离层）		—	宜全封闭	全封闭
二次衬砌最低要求	厚度	40cm		
	强度等级	C30	C35	
施工缝防气处理		1～2 道	2 道及以上	

注：

① Ⅱ级设防段宜根据穿越含瓦斯地层段隧道长度、瓦斯压力以及地质构造复杂程度等选用注浆型系统锚杆以及瓦斯隔离层全封闭。

② Ⅰ级设防段宜采取“以排为主，排堵结合”的原则实施排气卸压，并采取超前支护措施以及瓦斯隔离层全封闭。

③ 混凝土中可掺入硅灰、减水剂、气密剂等外加剂以提高抗渗性。

④ 施工缝防气处理是指设置中埋式止水带、背贴式止水带等措施。

模筑混凝土中掺加气密剂后，透气系数应小于 10^{-11}cm/s。模筑混凝土衬砌施工缝应进行气密性处理，其封闭瓦斯性能应不小于衬砌本体。

2. 支护与衬砌

掺气密剂的混凝土可按下列指标进行设计和配备，配备后的混凝土应满足气密性要求：

① 气密性混凝土水灰比不宜大于 0.55，砂率宜控制在 37%～43%。

② 水泥选用强度等级为 32.5 以上的硅酸盐和普通硅酸盐水泥。

③ 为了满足二次衬砌混凝土的可泵性，机制砂混凝土的胶凝材料总量应不小于 330kg/m^3。

④ 天然砂的细度模数 $M_x \geqslant 2.7$，含泥量不大于 3%，不得使用细砂。

⑤ 机制砂的细度模数 $M_x \geqslant 2.8$；石粉含量不宜过高或过低，宜选用 3%～10%。

⑥ 石子的最大粒径 $D_{max} \leqslant 40$mm，级配宜为 2～3 级，含泥量不大于 1%，不得有泥土块，或泥土包裹石子表面，针片状颗粒含量不大于 15%。

瓦斯工区应加强超前支护和超前预加固，防止塌方引发瓦斯事故；锚喷支护应紧跟开挖及时施作，尽快封闭围岩，减少瓦斯逸出。

超挖部分必须回填密实；严重超挖部位应在初期支护上预留注浆管，初期支护封闭后及时注浆回填。

喷射混凝土的厚度和表面平整度应满足设计和施工规范要求，应符合 $D/L \leqslant 1/10$ 的要求（D 为初期支护基面相邻两凸面凹进去的深度；L 为基层相邻两凸面间的距离，且 $L \leqslant 1$m），表面应密实、平整，无凹陷、空鼓、脱落、裂缝、漏喷和露筋等现象，避免瓦斯逸出和局部积聚。

环向钢架节段之间应采用螺栓连接，相邻两榀钢架之间纵向连接筋宜用螺栓或预焊在钢架上的套管连接。当采用焊接作业时，应符合动火作业要求。

隧道衬砌环向受力钢筋接头宜采用冷挤压套筒机械连接方式，接头性能应符合强度和变形要求，其他钢筋可采用绑扎搭接。当采用焊接作业时，应符合动火作业要求。

瓦斯工区应严格采用无钉铺设工艺，其纵向和横向搭接尺寸均不小于150mm。当采用热熔焊接工艺时，应符合动火作业要求。防水板焊接完成后，应进行充气检查、目测及尺量检查、负压检查。充气检查主要检查防水板的搭接缝密封性能，方式是将5号注射针与压力表相接，用打气筒进行充气，当压力表达到0.25MPa时停止充气，保持15min，压力下降在10%以内，说明焊缝合格；如压力下降过快，说明焊缝不严。用肥皂水涂在焊缝上，有气泡的地方重新补焊，直到不漏气为止。

瓦斯工区应严格控制防水板铺设长度，并及时施作二次衬砌，避免瓦斯积聚在防水板背后。

瓦斯工区二次衬砌距工作面的距离应根据监控量测反馈信息确定。

二次衬砌施工在拱顶部位应预留注浆孔，衬砌完成后及时压浆回填拱部空洞，封闭瓦斯。

二次衬砌的施工缝和变形缝应按设计要求做好防瓦斯渗透处理。

3. 防气与排气

瓦斯隧道可采取注浆封堵瓦斯气体。瓦斯地层宜根据现场瓦斯含量及其压力状况，结合衬砌设防等级确定，综合选用超前帷幕注浆，超前周边注浆、围岩径向注浆等堵气方式及其组合。

当隧道瓦斯含量高且压力超过0.5MPa时，除采用封闭式衬砌结构外，还宜向衬砌背后压注水泥浆或化学浆液，封闭瓦斯通路。

瓦斯工区卷材作为瓦斯隔离层时，其厚度不宜小于1.2mm；防水卷材搭接宜采用冷粘法，其搭接长度不小于100mm。

当瓦斯隧道设置隔离层垫层时，可采用闭孔型泡沫塑料，厚度应不小于4mm。

全封闭防瓦斯地段有地下水时，宜采取在左右边墙下部外侧铺设纵向透水管将地下水引离含瓦斯地段的排水措施。透水管终点宜设置水气分离装置，分离出的瓦斯气体可用管道引出洞外在高处放散，如图2-81所示。

在穿越含瓦斯地层两端的边墙纵向泄排水管设置水气分离装置，该段落不设置横向泄水管，隧道拱顶设置纵向排气管，瓦斯气体由拱顶排气管排出洞外，该段落地下水通过边墙墙背泄水管排泄在设置水气分离装置后的非瓦斯地层泄入排水管沟内。

隧道内设置两根中央排水管沟，一根在穿越含瓦斯地层段时排泄地下水及瓦斯，为水气混流管沟，在隧道出口附近设置水气分离装置高处排放瓦斯低处排放地下水，另一根为穿越非瓦斯地段的排水管，管内无瓦斯。

按常规设置中央排水管沟，边墙泄水管同时排泄瓦斯及地下水进入中央排水管沟，中央排水管为水气混流管，在隧道出口附近设置水气分离装置，高处排放瓦斯低处排放地下水。

衬砌设防等级为Ⅰ级且设防长度较长时，宜在衬砌背后预埋通向大气的降压管；有平行导坑时，可从平行导坑向正洞施钻降压孔，防止隧道建成后压力回升。

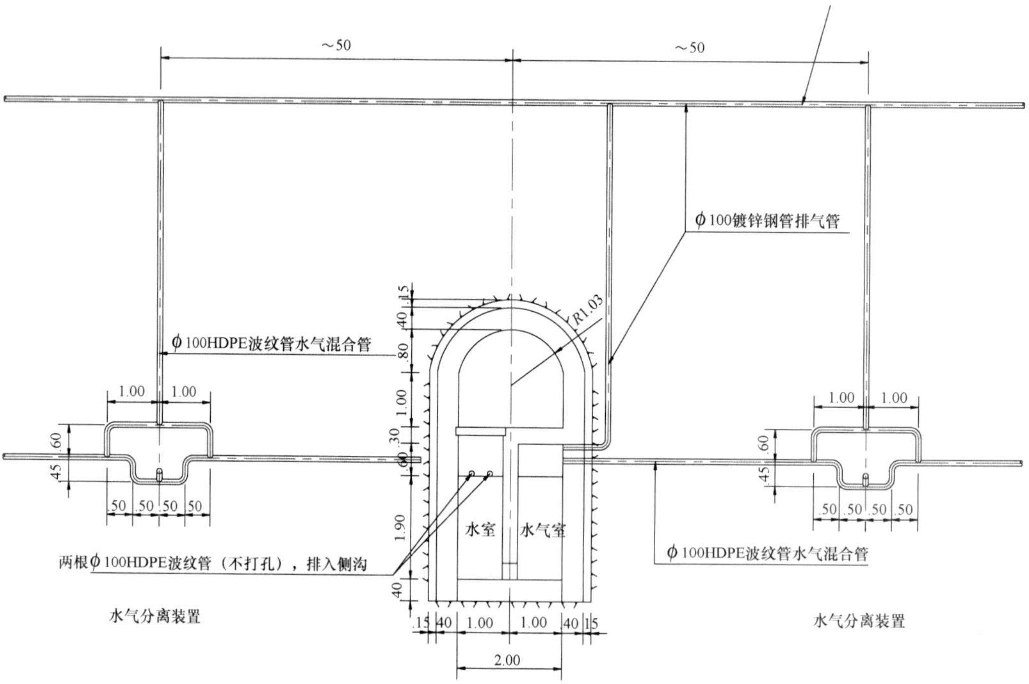

图 2-81　水气分离装置示意图

3 瓦斯隧道安全管理

3.1 瓦斯隧道安全管理体系

地铁瓦斯隧道施工具有现场环境条件复杂、施工难度大、技术要求高、工期长、对环境影响控制要求高等特点，是一项相当复杂的高风险系统工程，一旦发生瓦斯隧道事故，将造成较大的人员伤亡和财产损失，影响工程进度，并给社会造成不良的影响，所以，在地铁瓦斯隧道施工过程中，需要加强施工安全管理。

施工项目部安全生产管理分3个层次、4个体系。3个层次：决策层（项目部安全生产委员会）、监督管理层（各职能部门）、操作层（作业队、班组）；4个体系：安全行政管理体系、安全生产实施体系、安全技术支撑体系、安全监督管理体系。

3.1.1 安全生产管理层

1. 施工安全工作最高决策机构（决策层）

施工安全工作最高决策机构，对于施工单位，为单位主要负责人或安全生产委员会；对于工程项目，为项目负责人或安全生产领导小组。

项目安全生产委员会（以下简称安委会）是安全生产管理的最高决策机构，负责审定安全机构设置、安全措施和经费计划，对安全生产进行宏观调控。

安委会由项目经理、副经理、总工程师、安全总监、经理助理及各职能部门负责人组成，由项目经理任安委会主任；安全总监任常务副主任，另设副主任若干人（由项目副经理担任），委员若干人（由各职能部门负责人担任）。

安委会下设办公室（简称安委会办公室），负责安委会的日常性工作。安委会办公室设在安全环保部，由安全总监任安委会办公室主任，安全环保部主任任办公室副主任。

2. 安全生产管理机构和安全管理人员（监督管理层）

施工单位应当设立安全生产管理机构，配备专职安全管理人员，并按照规定向项目部委派足够数量的专职安全管理人员。安全生产管理机构是负责安全生产监督、指导、协调工作的综合部门，专职安全管理人员负责对安全生产进行现场监督检查。项目部安全总监和其他专职安全管理人员应由施工单位任命。

施工单位和项目部的职能机构应该在各自业务范围内，对实现施工安全的要求负责。

3. 班组长和班组安全员（操作层）

班组安全建设是搞好项目安全生产的基础和关键。各施工班组应设兼职安全员，协助班组长搞好班组安全管理。

项目经理、副经理、总工程师、安全总监、各职能部门、工程技术人员、作业队、班组组成安全生产保证体系，在各自业务范围内对安全工作负责。

3.1.2 安全生产4个责任体系

安全生产“4个责任体系”是指要建立以项目经理为主要责任人的安全行政管理体系、以生产经理为主要责任人的安全生产实施体系、以总工程师为主要责任人的安全技术支撑体系、以安全总监为主要责任人的安全生产监督管理体系，各体系在安全生产过程中要自觉发挥本体系作用，确保安全生产工作在项目实施过程中做到“责任到人、实施到底、监督到位、保障有力”。

1. 安全行政管理体系（图3-1）

项目经理、常务副经理是项目部安全行政管理体系的主要责任人，对本单位安全生产负总责，要保证安全生产资源配置，正确处理安全生产和经营规模、质量、成本、效益的关系，检查督促班子成员、职能部门、工区、作业队正确履行安全责任，建立健全其他3个责任体系。施工项目经理是工程施工项目安全生产第一责任人，负责工程项目施工安全，接受监理单位的监督管理，承担施工合同规定的安全责任。分管安全工作的副经理是具体安全责任人；各部门正职在各自业务范围内对安全工作负责；各作业队负责人是本单位的安全第一责任人；每个职工、作业人员对各自岗位的安全工作负责。

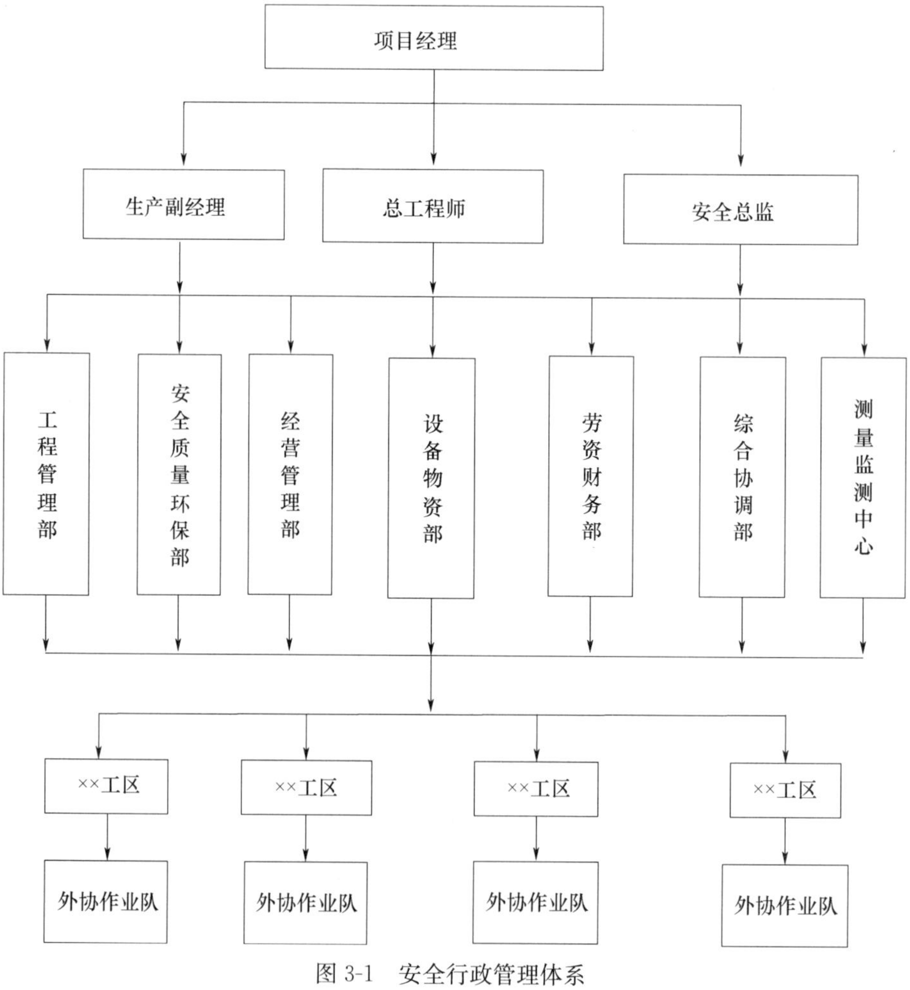

图3-1 安全行政管理体系

2. 安全生产实施体系（图 3-2）

生产副经理是项目部安全生产实施体系的主要责任人。要按法律法规、企业规章制度、技术规程规范组织生产。

建立健全以分管生产副经理为主要责任人的安全生产实施体系，具体组织实施各项安全生产规章制度、施工技术措施和安全技术措施，组织各作业队落实安全生产隐患项目的整改。安全生产实施体系主要由生产副经理、工程管理部负责人、作业队负责人、作业人员组成。

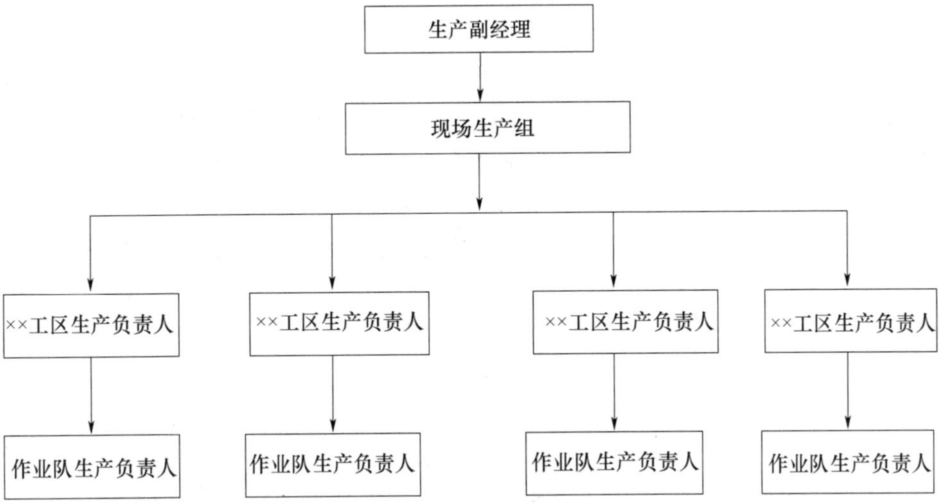

图 3-2　安全生产实施体系

3. 安全技术支撑体系（图 3-3）

总工程师是项目部安全技术支撑体系的主要责任人，对项目施工策划、技术方法、工作流程、资源组织负责，在指导安全生产、发挥技术指导、技术研发上起安全生产的支撑作用。

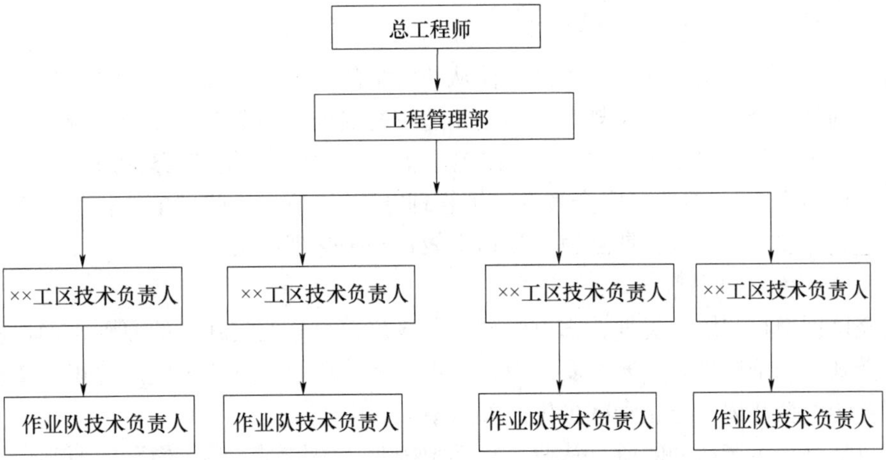

图 3-3　安全技术支撑体系

建立健全以项目部总工程师为主要责任人的安全技术管理体系。其主要由项目部总工程师、工程管理部门负责人、作业队技术人员组成。其主要负责施工技术措施和安全技术措施的编制审核，并对措施的可行性及实施性进行检查、指导，在实施过程中对部分措施进行补充、修订；技术人员编制的措施方案等要有针对性、操作性、可行性，以技术保证安全，达到本质安全。

4. 安全监督管理体系（图 3-4）

安全总监是安全监督管理体系的责任人，对安全生产负监管责任，负责研究安全生产工作方法、制订安全工作计划、组织安全检查监督。

建立健全以项目部分管安全负责人为主要责任人的安全监督管理体系，具体负责安全生产的监督管理。安全监督管理体系主要由分管安全生产领导、项目部专职安全员、作业队专职安全员、班组兼职安全员等组成。项目部安全生产管理机构及专职安全生产管理人员按照分级管理的办法设置，即项目部、作业队、作业班组三级。

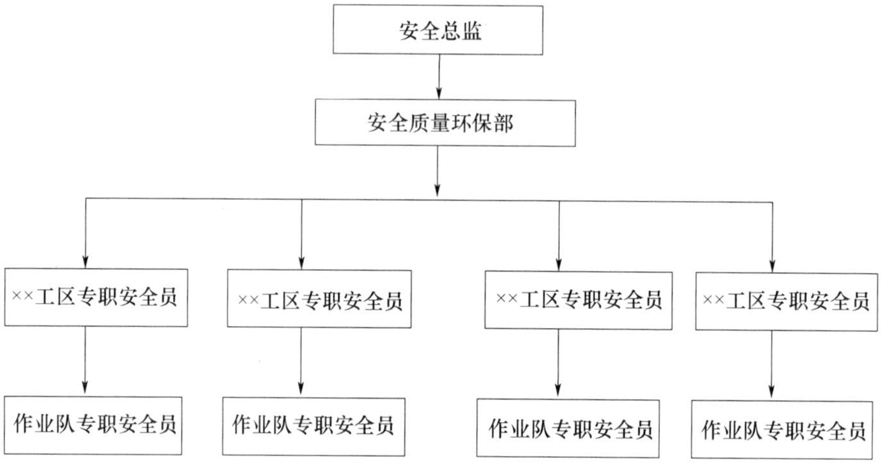

图 3-4　安全监督管理体系

3.1.3　瓦斯隧道人员培训教育

为加强企业安全文化建设，提高全体从业人员的安全意识和安全技能，保证全体从业人员受到与安全工作规程、规定、制度相适应的安全、职业健康知识的教育培训，根据《中华人民共和国安全生产法》、国家安监总局《安全生产培训管理办法》《生产经营单位安全培训规定》、企业《安全教育培训管理办法》、业主、监理单位相关安全教育培训管理办法等要求，明确瓦斯隧道人员培训教育相关管理办法。

1. 安全教育培训总则

安全培训遵行“统一规划、归口管理、分级负责、分类实施”的原则，确保所有从业人员受到安全培训教育。通过安全教育，不断增强从业人员安全生产意识，掌握本职工作所需的安全知识，防止和减少生产安全事故。

项目部进行生产活动的所有从业人员必须按照“先培训、后上岗”的原则，接受安全培训教育，并经考试合格后方可准许进入操作岗位。

各级安全生产第一责任人，在保证自身培训到位的同时，应积极支持对从业人员的安全教育培训工作，保证本单位参加教育培训的人员、资金到位。

安全教育实行逐级负责制，应确保从业人员受到应有的安全生产法律、法规、规定、安全操作规程知识和相应的安全与健康知识、安全素质的教育培训。

2. 安全教育培训的组织管理

项目经理对项目部的安全教育培训工作全面负责，明确项目部安全培训教育的归口管理部门，负责制订安全教育培训计划，负责“三类”人员和特种作业人员证书的有效性和其他安全培训教育具体工作。各职能部门负责对其职责范围内的安全培训教育工作，如图 3-5 所示。

图 3-5　培训考核

各作业队和班组的安全教育培训工作，由作业队负责人、班组长、专（兼）职安全员负责组织实施，逐级上报并建档备查。

各级领导应把安全教育工作纳入本部门的年度工作安排计划中，所需人员、资金和物资应予充分保证，确保安全教育培训计划的顺利完成。

项目部安全部负责对各作业队和班组的安全教育制度实施情况等进行监督检查。

3. 安全管理人员安全教育

安全管理人员包括各级安全生产第一责任人、主管安全生产的负责人（主管安全的副职、总工程师、项目安全总监）和专兼职安全员等。

安全管理人员的安全培训必须经过相关部门的安全专业培训教育、考核，合格后方能上岗任职。

首次参与安全岗位工作的管理人员，必须参加企业安全监督管理部门组织的安全员培训，经培训教育、考核，合格后方能上岗。图 3-6 所示为项目部安全警示教育会现场。

安全培训应当包括下列内容：

（1）国家安全生产方针、政策和有关安全生产的法律、法规、规章及标准。

（2）工程施工安全管理与技术。

（3）工程施工安全技术规范、规程要点。

（4）企业的安全生产管理与技术、工伤保险。

（5）重大危险源管理、重大事故预防以及伤亡事故统计、报告、职业危害的调查处理方法。

（6）行业安全生产形势及历史上发生的重大事故，应吸取的教训及应急救援案例分析等。

图 3-6　项目部安全警示教育会现场

4. 生产岗位职工安全教育

生产岗位职工安全教育包括：入场三级安全教育、转场安全教育、复工安全教育、变换工种安全教育、特种作业人员安全教育、经常性安全教育、现场安全活动、班前安全活动交底等。各项安全教育由项目部安全部统一组织、指导，各作业队和班组有关人员配合完成，并留存教育记录。

1）入场三级安全教育

项目部对新进入的各类人员（包括合同工、临时工、代训工、实习人员和外协队伍民工等）在上岗前必须进行项目部、作业队、班组三级安全教育并做好记录，经项目安全部考试合格、登记备案后，方准上岗作业。

教育时间：项目部教育为 15 学时，作业队教育为 15 学时，班组教育为 20 学时。工程项目可根据工程规模及特点对各级安全教育的时间做适当延长。

（1）项目部安全教育内容。

① 国家、行业、地方及当前的安全生产形势。

② 根据本项目现场施工特点，介绍瓦斯隧道施工安全技术基础知识，安全生产制度、规定。

③ 高处作业、机械设备、电气安全基本知识。

④ 防火、消毒、防尘、防爆知识及紧急情况安全处置和安全疏散知识。

⑤ 防护用品发放标准及使用基本知识。

⑥ 安全生产和文明生产制度。

⑦ 行业发生的事故及应吸取的教训和安全防范要求案例分析。

⑧ 本项目发生事故时一般救护知识及事故报告和处理程序。

（2）作业队教育内容。

① 介绍本单位作业特点（生产范围、作业、设备状况、消防设施）及安全操作规程，如重点介绍可能发生伤害事故的各种危险因素和危险部位，可用一些典型事故实例来剖析讲解，讲解本工种安全操作规程和岗位责任及有关安全注意事项，实际安全操作示范，重点讲解安全操作要领，说明注意事项。

② 作业队安全活动制度及纪律，如介绍安全活动内容及作业场所的安全检查和交接班制度，教育作业人员发现了事故隐患或发生了事故时，应及时报告领导或有关人员，并学会一般救护知识和如何紧急处理险情。

③ 发生事故后如何抢救伤员、排险、保护现场和及时进行报告。

（3）班组安全教育内容（图 3-7）。

① 爱护和正确使用安全防护装置（设施）及个人劳动防护用品，如讲解正确使用劳动防护用品及其保管方法和文明生产的要求。

② 本岗位易发生事故的不安全因素及防范对策，如讲述哪些操作是危险的、是违反操作规程的，使作业人员懂得违章将会造成的严重后果。

③ 本岗位作业及使用的机械设备、工具的安全要求，如讲解本岗位使用的机械设备、工器具的性能，防护装置的作用和使用方法。

④ 防护用品发放标准及使用基本知识。三级安全教育培训结束后，受教育者本人应在三级安全教育卡上签字，做到一人一卡，并将三级安全教育卡交安全部存档。

图 3-7　隧道洞内安全备品站交底

2）转场安全教育

从其他工程项目转入新工程项目进行施工作业时，必须接受新项目部组织的至少 8 学时的转场安全教育，并做好记录，经新项目部考核合格、登记备案后上岗。

教育内容：新工程项目安全生产状况及施工条件；施工现场中危险部位的防护措施及典型事故案例；新工程项目的安全管理体系、规定及制度。

3）复工安全教育

对于因各种原因离岗 90d 以上（伤愈复工、休假复工、待岗复工）的职工，重新上岗时必须进行相应的安全教育，如图 3-8 所示。

图 3-8　复工安全教育

教育内容：

（1）工伤后的复工安全教育。首先要针对已发生的事故做全面分析，找出发生事故的主要原因，并指出预防对策，进而对复工者进行安全意识教育，岗位安全操作技能教育及预防措施和安全对策教育等，引导其端正思想认识，正确吸取教训，提高操作技能，克服操作上的失误，增强预防事故的信心。

（2）休假后的复工安全教育。职工因休假（节、婚、丧或产、病假等）而造成情绪波动，身体疲乏，精神分散，思想麻痹，复工后容易因意志失控或心境不定而产生不安全行为，导致事故发生。因此，要针对休假的类别，进行复工“收心”教育，即针对不同的心理特点，结合复工者的具体情况消除其思想上的余波，有的放矢地进行教育，如重温本工种安全操作规程，熟悉机器设备的性能，进行实际操作练习等。

对休假不足3个月的复工者，一般由班组长或班组安全员对其进行复工教育。

4）变换工种安全教育

凡改变工种或调换工作岗位的工人必须接受项目部组织的变换工种安全教育，并做好记录。变换工种安全教育时间不得少于4h，经项目部考核合格、登记备案后方准上岗。

教育内容：新工作岗位或生产班组安全生产概况、工作性质和职责；新工作岗位必要的安全知识，各种机具设备及安全防护设施的性能和作用；新工作岗位个人防护用品的使用和保管。

5）特种作业人员安全教育

从事特种作业人员除进行三级安全教育外，还必须按国家颁发的有关规定进行专门的安全技术培训，经考核合格取得操作证后方可独立作业，并按特种作业人员有关管理办法按要求进行年审，同时进入现场作业时应将有效的操作证复印件交项目部劳资财务部登记备案。凡特种作业人员无证上岗，将追究安排者的责任。

项目部对从事特种作业的人员要进行经常性的安全教育，并做好记录。

教育内容：特种作业人员所在岗位的工作特点，可能存在的危险、隐患和安全注意事项；特种作业岗位的安全技术要领及个人防护用品的正确使用方法；本岗位曾经发生的事故案例及经验教训；在进行大件拼装、吊运、加工和进行其他有危险性作业前，应对操作人员和有关人员进行安全操作技术的培训教育及安全操作技术的交底，要有明确具体的要求和规定。

6）经常性安全教育

工程项目出现以下几种情况时：因故无法完全执行安全操作规程；实施重大和季节性安全技术措施；更新仪器、设备和工具，推广新工艺、新技术；发生因工伤亡事故、机械损坏事故及重大未遂事故；节前假后及执行特殊施工任务；出现其他不安全因素，安全生产发生了变化。应对施工人员进行适时的安全生产教育，并做好记录，时间不少于2h，如图3-9所示。

7）现场安全活动

各作业队和班组应定期对全体施工人员采取适当形式开展安全生产及法制教育活动，并做好记录。图3-10所示为春节返乡前开展安全教育培训现场。

现场安全活动的内容：上一周安全生产形势、存在的问题及对策；最新安全生产信息；重大和季节性安全技术措施；本周安全生产工作的重点、难点和危险点；本周安全生产的工作目标和要求等。图 3-11 所示为现场安全交底。

图 3-9　定期开展安全教育培训

图 3-10　春节返乡前开展安全教育培训

图 3-11　现场安全交底

8）班前安全活动交底

班组应坚持在生产过程中的“班前布置、班中检查、班后总结安全”的教育制度，积极参加各类安全教育活动，各作业班组长坚持每班工作开始前（包括夜间作业）开展对本组全体人员进行不少于 5min 的班前安全活动交底，并做好记录，如图 3-12所示。

班前安全活动交底内容包括：本班组安全生产须知；本班组工作中的危险点和应采取的对策；本班组工作中的安全技术措施内容；上一班组工作中存在的安全问题和应采取的对策。

图 3-12　班前 5min 安全活动

3.2　瓦斯隧道管理制度

为了加强安全管理工作，规范安全管理和安全工作行为，保证建设施工及日常管理工作等生产过程中的生命及财产安全，防止和减少事故，确保各项工作安全有序，保障员工职业健康安全，除建立一般建筑施工项目应健全的通用制度外，还须重点建立瓦斯隧道安全管理制度。

3.2.1　隧道安全管理通用制度

通用制度一般包括安全生产管理办法、安全生产责任制度、安全目标管理制度、安全生产投入管理办法、安全生产会议管理制度、安全生产考核管理办法、安全生产事故（事件）调查处理办法、重大危险源管理办法、安全施工专项技术措施管理办法、工程项目分包以及临时用工安全管理办法、地质灾害防治管理办法、安全事故和自然灾害应急预案管理办法、防汛安全管理办法、消防安全管理办法、特种作业和特种设备人员管理办法、危险物品管理办法、设备安全管理办法、职业病防治管理办法、劳动防护用品管理办法、安全资料管理办法等。

施工安全教育培训制度是指对从业人员进行安全教育和培训，并将这种教育和培训制度化、规范化。安全教育培训是培育员工安全意识和安全技能，防止产生不安全行为，减少人为失误，提高人的本职安全化水平，实现安全生产、文明施工的重要且有效途径。目前地铁瓦斯隧道施工人员的大多数是农民工，其安全知识多少、技能和安全意识高低，决定了地铁瓦斯隧道施工的安全生产水平高低。为贯彻落实《国务院关于解决农民问题的若干意见》精神，加强对建筑业农民工的组织管理和教育培训，提高农民工政治和业务素质，维护农民工权益，丰富农民工文化生活，保证工程质量和安全生产，促进社会和谐稳定，2007 年 3 月，住房和城乡建设部等五部门联合发出《关于在建筑工地创建民工业余学校的通知》，要求建筑面积或工程造价达到一定规模的工程项目，工程开工后要依托施工现场设立农民工业余学校，负责本企业农民工培训工作。建设行政主管部门将农民工业余学校的创建情况作为企业安全质量标准化工作、优质工程评选的重要指标。

安全教育培训制度应明确安全教育培训的对象、内容和时间等。针对决策层、管理层、安全管理人员和作业人员，其安全教育培训的内容、时间和方法、手段等应有所不同。

安全检查制度：安全检查（又称安全施工隐患排查）是针对施工过程及安全管理中可能存在的生产安全事故隐患（违反安全生产法律、法规、规章、标准、规程和安全生产管理制度的规定，或者因其他因素在生产经营活动中存在可能导致事故发生的人的不安全行为、物的不安全状态和管理上的缺陷等）进行查证，确定它们的存在状态，以及隐患转化为事故的条件，并制定、落实整改措施，消除隐患和减少危险有害因素，确保施工安全。对安全检查的对象和内容，按一定的方式、方法和技术实施检查、整改，并将其规范化、制度化，就形成了安全检查制度，安全检查制度是重要的安全规章制度之一。国家安全生产监督管理总局 2007 年 12 月 28 日颁发的第 16 号令《安全生产事故隐患排查治理暂行规定》，要求生产经营单位应当建立健全事故隐患排查治理和建档监控制度，逐级建立并落实从主要负责人到每个从业人员的隐患排查治理和监控责任制，建立事故隐患报告和举报奖励制度。

项目施工安全检查制度应明确安全检查达到如下要求：明确检查主体、内容、标准、方法和要求；对重点项目、关键部位进行重点检查；对检测结果要有详细记录；检查后要进行认真、全面、系统地分析，进行定性定量的安全评价；在检查中，对违反施工安全技术标准和操作规程的行为要及时制止和纠正，并举一反三；对检查出的隐患要定人、定时间、定措施进行整改、验收，对重点隐患和主要隐患应实行项目部安全部门挂牌督办和领导带班监督等；检查后应按项目部有关规定，及时兑现奖罚措施。

3.2.2 瓦斯隧道施工专用管理制度

1. 火工用品管理制度

火工用品是指在瓦斯隧道施工过程中使用的各类炸药、雷管、导火索、导爆索、非电导爆系统、起爆药、爆破剂等爆破物品和公安机关认定的其他爆破物品。火工用品属危险物品，其管理制度应符合《危险物品管理办法》相关规定。火工用品管理制度主要规范火工用品管理，遏制火工用品在储存、运输、使用过程中火灾、保管、被盗、被抢、丢失等事故的发生。

运输、储存、保管、使用、报废危险物品的单位，必须严格遵守国家有关法律法规，建立健全规章制度、安全技术操作规程、安全岗位责任制。

施工项目部应根据实际施工情况，制定火工用品管理实施细则和管理规定，达到重大危险因素的要分类向所在地安全生产监督管理、公安机关、质量技术监督、环境保护等政府职能部门备案。

涉及火工用品的运输、押运、保管、警卫、使用的人员必须经由相应资质机构专门的培训，持证上岗。

2. 瓦斯隧道通风管理制度

瓦斯隧道必须保证24h不间断通风，通风是瓦斯隧道施工的保命线。做好瓦斯隧道的通风及瓦斯防治工作是确保隧道安全施工的保障。

瓦斯隧道施工前必须编制切实可行的通风专项方案，并经过评审。高瓦斯隧道作为特别重大危险源，必须编制通风专项方案，并组织专家评审通过后方可按照方案实施。

隧道施工通风设备管理要求：

通风设备必须严格按照批准的专项通风方案进行配置和安装，通风机必须设置两路电源并装设风电闭锁装置。停电后，必须在15min内启动备用电源，实行24h不间断通风。必须采用抗静电、阻燃且百米漏风率不大于2%的风管。风管必须按照设备进行管理，定期进行检查维护。局扇和射流风机的安装方法和位置应在通风方案中明确。瓦斯隧道采用的通风机、风管必须符合《煤矿安全规程》（2016版）等规范的相关要求。

3. 瓦斯隧道临时用电管理制度

高瓦斯隧道临时供电系统管理要求高瓦斯隧道供电应配置两路电源，隧道内采用双电源线路。

隧道内高压电网的单相接地电容电流不得大于20A。隧道内禁止高压馈电线路单相接地运行。

4. 瓦斯隧道进洞管理制度

1）洞口值班制度

在洞口建立值班室（监控室、门卫室、安检室、瓦检值班室、技术质量值班室）。瓦斯监控员、瓦检员、门卫实行24h值班制度。瓦斯监控室必须安设直通洞内工作面及调度、领导、医院的电话。

任何人进洞前必须经过安检，将随身携带的手机、香烟、打火机等火种和电子设备、物品等保存到专用物品柜，严禁穿着化纤类衣服进入隧道。

洞口实行封闭式管理，无机械、车辆进出隧道时，必须关闭洞口伸缩门。

门岗对进入隧道的人员有安全告知义务，任何拒绝履行防火、防爆检查的人员，门岗有权拒绝其进入隧道。人员进出隧道必须走专用安全通道，经过登记、安检才能进入隧道。

严禁无关人员进入隧道。

在每个隧道洞口都要设专人检查，凡进洞的任何人都要接受洞口检查人员的检查。对于拒绝接受检查，或有意隐瞒而将严禁物品带入洞内，情节严重者，以违反安全纪律论处。

登记挂牌的范围：在岗的隧道作业队全体干部职工及参观检查人员。

登记挂牌的具体要求：

（1）洞口设置进洞作业人员牌板，进洞施工作业人员必须先登记，然后挂牌，所有进洞施工人员应分工序挂牌上岗，下班或出洞后要销号。值班员认真做好出入隧道人员的统计。凡需进入隧道的人员，特别是零星进出隧道作业人员，必须在进入隧道前在值班室登记，并说明去向及工作内容，并且出隧道后及时向值班登记室汇报。

(2) 上级领导及其他非施工作业人员进洞除实行安全检查外，还应在《检查人员登记表》上进行登记，并应注明进洞原因、进出洞时间。

(3) 作业人员进洞必须进行刷卡考勤，出洞后，进行销号，严禁他人代刷或不刷卡，如图 3-13 所示。

(4) 车辆驾驶员及其他操作人员必须履行进洞登记手续，如图 3-14 所示。

(5) 车辆驾驶员进洞必须戴安全帽，其他施工人员如需搭车进洞必须先接受门岗检查登记。

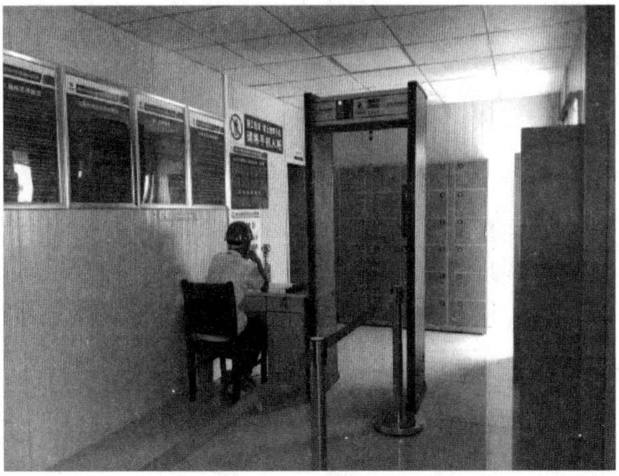

图 3-13　瓦斯隧道门禁

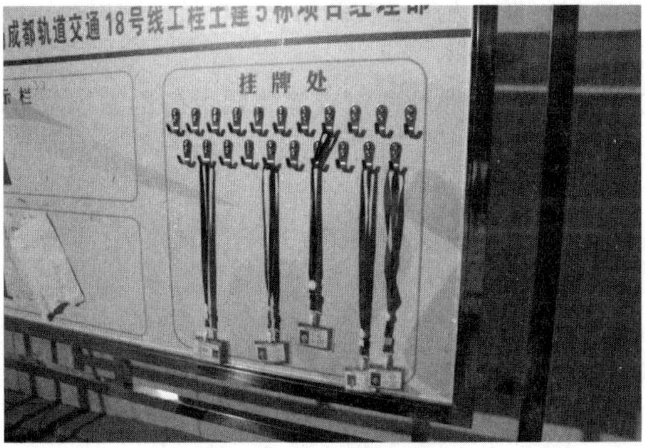

图 3-14　隧道洞口挂牌处

2) 进洞作业人员携带物品要求

(1) 进洞作业人员不得将火柴、打火机、普通手电筒及其他能自燃的物品带入洞内。

(2) 进洞作业人员不得穿戴易产生静电的服装 (化纤衣服等)。

(3) 进洞作业人员进洞前需触摸人体静电消除装置以消除静电带来的危害。

(4) 进洞作业人员穿棉质工作服，配置防爆型矿灯。使用的矿灯不得有漏液、电线破损、封密不严、灯头松动、外壳破损，并统一编号，定人使用。

（5）进入瓦斯突出作业面的作业人员必须携带个人自救器。

3）机械设备进洞检查制度

进入瓦斯隧道施工区域的机械设备必须是经防爆改装合格，有明显的防爆改装标识及统一的编号，其他机械设备严禁进入瓦斯隧道施工区域。

所有机械设备进入隧道之前必须经过门岗的安全检查，拒不接受安全检查的机械设备严禁进入瓦斯隧道施工区域。机械设备进出隧道必须进行登记。安全检查包括防爆装置是否正常开启，机械设备瓦斯校验记录是否合格有效，操作人员是否与工作证信息一致，机械设备操作人员是否穿项目部统一配发的工作服、戴安全帽。机械设备操作人员严禁携带瓦斯隧道违禁物品（如香烟、打火机、火柴、手机等可能产生火种的物品）进入隧道。机械设备是否携带有打火机、火柴、香烟、手机等瓦斯隧道违禁物品。严禁非操作人员搭乘机械设备进入隧道。

5. 瓦斯隧道超前地质预报管理

超前地质预报工作人员必须服从现场管理人员的指挥，超前地质预报钻孔过程中，现场必须有瓦检员、安全员现场跟班作业，瓦检员做好现场瓦斯浓度的检测和预警工作。

超前钻孔施工过程中，遇有毒有害气体涌出、突水突泥等异常情况，或作业面中瓦斯浓度达到0.5%，必须立即停止施钻，不得退出钻杆，并按程序通知相关单位研究处理。

超前钻孔必须采用湿式钻孔，严禁干钻，施工过程中专职瓦检员必须随时检查孔内瓦斯情况，发现异常及时记录、汇报、处理。

超前钻孔时必须有相关专业人员进行旁站，瓦检员进行探孔瓦斯监测，必须详细记录钻孔深度、瓦斯浓度等。

凡未按批准的方案实施超前地质预报或地质预报揭示的风险处理措施未实施到位前，掌子面不得掘进。

瓦斯隧道采用TSP对全隧道进行超前预测，主要实现对可能富集瓦斯的岩层转折带、裂隙密集带、断层破碎带和岩层产状突变进行宏观预报。每150m预报一次，每次搭接10m。

为充分验证超前物探工作的准确性，采用超前钻探检测隧道瓦斯赋存情况。根据钻进速度的变化、钻孔冲洗液颜色、气味、岩粉及遇到的其他情况来预报前方地质情况。超前水平钻探每次施作35m，每次搭接5m。

6. 瓦斯隧道检测、监测、监控管理制度

瓦斯检测是为了通过检测瓦斯浓度、瓦斯压力、瓦斯含量、空气中氧气的含量、洞内温度、风速和各种有害气体CH_4、CO_2、CO、H_2S等指标，了解瓦斯涌出、积聚情况，掌握其变化规律，进而制订瓦斯治理措施对瓦斯进行治理，预防瓦斯事故的发生。瓦斯隧道重点检测及监测项目为CH_4浓度、CO浓度、CO_2浓度、H_2S浓度、进风流风速、回风流风速等。

项目部应建立瓦斯隧道自动监控系统总站，同时监控隧道各工区自动监控系统分站，并将实时监控数据汇集，通过互联网上传至总承包单位及成都轨道交通集团监控中心，与成都轨道交通集团安全风险监控系统联控。上传数据应至少包含 CH_4 浓度、CO 浓度、CO_2 浓度、H_2S 浓度、进风流风速、回风流风速等实时数据。

瓦斯工区应采用瓦斯浓度、风速风量双指标进行安全施工组织管理，采用人工检测与自动监测相结合的方式。瓦检员应严格遵守瓦斯检测仪器仪表操作规程，熟悉仪器仪表，加强日常管理和维护，按规定校正。当不具备条件时，应送有资质的相关单位进行校正。按检定计划定期检验，做好送检记录。瓦检员发现事故隐患，有权指挥当班班长组织人员及时进行整改处理，瓦斯超限时有权责令现场人员停止作业，组织人员撤离到安全地点。

工区按程序要求对瓦斯检测工作自查，并报驻地监理备案和检查。每班自查内容如下：

（1）瓦检员上岗资格、到岗及交接班情况。

（2）瓦斯检测仪器是否在检定期内、是否定期校正、使用前是否校对。

（3）瓦斯检测记录牌信息是否及时更新。

（4）人工或自动监控瓦斯日报表和瓦斯台账是否准确、完整、连续。

（5）自动监控报警系统安装是否符合要求，传感器是否悬挂在规定位置。

瓦斯人工检测与自动监控系统内容见 2.2.1 节。

7. 瓦斯隧道钻爆作业安全管理制度

瓦斯工区钻爆作业必须执行“一炮三检制”和“三人连锁放炮制”。在装药前、放炮前、放炮后，放炮员、专职瓦检员、安全员应同时检查开挖工作面附近 20m 范围内的瓦斯浓度，并填写一炮三检记录表。

隧道穿越非瓦斯地层、微瓦斯地层地段的爆破器材可采用常规爆破器材。

双线隧道贯通面的爆破安全警戒，若左线爆破时在右线的安全地点进行，直线距离不得小于 300m，转弯隧道不得小于 150m。

8. 瓦斯隧道动火作业管理制度

瓦斯隧道内动火作业属于有一定风险的特殊工序，应严格执行“隧道特殊工序审批制度”。动火操作相关人员必须持证上岗。隧道内动火作业包括电焊、气焊、喷灯焊接、切割、防水板焊接、止水带接头焊接、热熔垫片焊接等作业内容。

动火作业实行：“六专”制度：专人申请、专人批示、专人动火、专人监火、专人跟踪监测瓦斯、专人销令。

严格对动火作业进行分级管理，动火作业按风险等级分为三种，即一、二、三级动火，一级最高。

（1）三级动火：在非固定的无明显危险因素的场所进行动火作业均属三级动火。如在施工现场临时进行焊接、切割等动火作业。

（2）二级动火：在具有一定危险因素的非禁火区域内进行临时焊、割等作业。如在比较密封的室内，容器内，地下室等场所动火作业。

（3）一级动火：瓦斯隧道内动火、油罐、油箱、油槽车和储存过可燃气体、易燃液体的容器以及连接在一起的辅助设备、各种受压设备动火均属一级动火。

动火作业申请及审批流程：动火作业工区在动火作业前，应填写施工现场动火作业证，经相关人员审核签字。动火签字流程：动火作业人员→作业队技术负责人→工区专职安全员→工区负责人→监理工程师→工区存档。

动火作业工区在动火作业完成后，应由作业队负责人填写施工现场动火作业消除令，经现场安全监护员、瓦检员复核后完善各项签字内容。

动火作业证的使用：动火作业证有规定的使用范围和有效使用时间。

每次动火作业前需提出申请，动火作业必须在批准时间范围内有效，期满需重新登记，否则视作无证动火。

动火作业证必须说明动火详细地点及作业内容、动火方式。

动火作业完成后 4h 内必须严格执行动火作业消除验证流程，签字完善动火作业消除令。

在洞外实施动火作业工作地点前后各 20m 范围内不得有可燃物，至少配置两具灭火器，并有相应的挡风措施，施工区范围内有相应的消防设施。

电焊机必须由专业电工接线、拆线；线路不能有任何裸露、明接头等现象。

在瓦斯隧道内气焊气割时，氧气、乙炔必须满足 5m 以上的施工安全距离，且与动火作业点火源距离不小于 10m，气瓶应立放，氧气、乙炔瓶必须有防振圈、压力表，乙炔瓶防回火装置安全可靠，氧气、乙炔瓶不得高温暴晒。

在瓦斯隧道内焊接、切割等动火作业工作地点前后各 20m 范围内，风流中瓦斯浓度必须小于 0.3%，并不得有可燃物，作业点应至少有两具灭火器、1 台局扇，并在作业完成前必须由专职安全员检查，确认无残火后方可离开，结束作业。动火作业完成后 4h 内必须严格执行动火作业消除验证流程，签字完善动火作业消除单。

瓦斯隧道动火作业地段，必须有 1 名专职监火员和 1 名瓦检员跟踪检查瓦斯浓度并全程监督指导动火工作，当瓦斯浓度大于等于 0.3%时，立即停止电焊作业；超过 0.5%时，立即切断电源，撤离人员，加强通风，瓦斯密布检测，找出瓦斯源头，直至达到安全浓度再进行动火作业。

在瓦斯隧道内动火均得按一级标准执行；严格听从安全员、瓦检员、监火员的现场安全指示；未经瓦检员同意不得起火或者施焊。动火完毕，及时将电焊机、氧气、乙炔撤离至安全区域。

瓦斯浓度在小于 0.3%时可正常动火，严格执行安全措施；瓦斯浓度大于等于 0.3%小于 0.5%时必须有专门风源对准动火作业区，便于稀释隧道瓦斯浓度直至 0.3%以下方可正常动火，并严格执行安全措施；瓦斯浓度大于等于 0.5%时停止动火作业，立即撤离人员，立即加强通风，并撤出电源线路，切断电源。

9. 机械设备防爆改装、检查、维护制度

1）一般规定

瓦斯工区内使用的各种电气设备、电力和通信系统应专门设计、安装、试运行、验收，合格后投入使用。

瓦斯工区的电气设备和作业机械应按以下规定配置和使用：

非瓦斯工区和微瓦斯工区可按普通隧道组织施工，可采用非防爆型的电气设备和作业机械，但应加强通风和瓦斯检测等日常安全管理工作。

低瓦斯工区的电气设备应使用矿用防爆型，作业机械可使用非防爆型。高瓦斯工区的电气设备和非行走式作业机械应使用矿用防爆型，行走式作业机械应进行主动防爆改装。

瓦斯工区的非防爆型行走式作业机械必须在瓦斯浓度低于0.5%时方可使用。

瓦斯工区内的照明和固定电气设备应根据全隧道瓦斯工区等级提前统筹安排、合理配置，从一开始就应考虑采用矿用防爆型。

瓦斯工区普通型电气测量仪器仪表，应在瓦斯浓度0.5%以下的地点使用，瓦检员应跟班作业，随时检测瓦斯浓度。

瓦斯工区供电应配置两路电源或备用发电机组，且任一路电源线上均不得分接隧道以外的任何负荷。应配备发电机组，设计容量应满足通风机正常运转、照明和自动监控系统等一级负荷供电。

瓦斯工区内各级配电电压和各种机电设备额定电压等级，应符合下列要求：高压，不超过10000V；低压，不超过1140V；照明、信号、电话和手持式电气设备的供电额定电压，在微瓦斯工区、低瓦斯工区应不大于220V，在高瓦斯工区、瓦斯突出工区不超过127V；远距离控制线路的额定电压不超过36V。

严禁瓦斯工区内的配电变压器中性点直接接地。严禁由洞外中性点直接接地的变压器或发电机直接向瓦斯工区内设备供电。

凡容易碰到的、裸露的电气设备及其带动机械外露的转动和传动部分，都必须加装护罩或遮拦。

防爆或改装电气设备和作业机械进入瓦斯工区安装或使用前，监理单位应检查其产品合格证、煤矿矿用产品安全标志或改装合格证明，确认证件齐全后方可允许进洞使用。监理员应定期检查电气设备的安全性能。

2）电缆要求

隧道内电缆的选用应符合下列规定：

（1）电缆应根据作业环境条件严格选用。

（2）严禁采用铝包电缆。

（3）电缆应带有保护接地专用的足够截面的导体。

（4）电缆主线芯的截面应满足供电线路负荷的要求。

（5）应选用取得矿用产品安全标志的阻燃电缆。

（6）电缆应采用铜芯。

隧道内高压电缆的选用应符合下列规定：

（1）对固定敷设的高压电缆：

在竖井或倾角为45°及其以上斜井内，应采用聚氯乙烯绝缘粗钢丝铠装聚氯乙烯护套电力电缆、交联聚乙烯绝缘粗钢丝铠装聚氯乙烯护套电力电缆。

在平行导坑或倾角为45°以下的斜井内，应采用聚氯乙烯绝缘钢带或细钢丝铠装聚氯乙烯护套电力电缆、交联聚乙烯钢带或细钢丝铠装聚氯乙烯护套电力电缆。

（2）非固定敷设的高压电缆，应采用符合MT818标准的橡套软电缆。

隧道内低压动力电缆的选用应符合下列规定：

（1）固定敷设的低压电缆，应采用MVV（矿用聚氯乙烯绝缘聚氯乙烯护套）铠装、非铠电缆或对应电压等级的移动橡套软电缆。

（2）非固定敷设的低压电缆，应采用符合MT818标准的橡套软电缆。移动式和手持式电气设备应使用专用阻燃橡套电缆。

（3）开挖面的电缆严禁采用铝芯，应采用铜芯橡套软电缆。

（4）固定敷设的照明、通信、信号和控制用的电缆，应采用铠装或非铠装通信电缆、橡套电缆或MVV型塑力缆（塑料绝缘电力电缆）。

电缆的固定敷设应符合下列规定：

（1）电缆应悬挂。电缆悬挂点间的距离，在竖井内不得大于6m，在正洞、平行导坑或斜井内不得大于3m。

（2）电缆应不与风、水管敷设在同一侧，当受条件限制需敷设在同一侧时，应敷设在管子的上方，其间距应大于0.3m。

（3）通信和信号电缆应与电力电缆分挂在隧道两侧，如果受条件所限，竖井内，应敷设在距电力电缆0.3m以外的地方；在正洞或平行导坑内，应敷设在电力电缆上方0.1m以上的地方。

（4）高、低压电力电缆敷设在同一侧时，其间距应大于0.1m。高压与高压、低压与低压电缆间的距离不得小于0.05m。

电缆的连接应符合下列要求：

（1）电缆连接使用的接线器和接线盒必须采用防爆型。

（2）电缆同电气设备的连接，必须用同电气设备性能相符的接线盒；电缆芯线必须使用齿形压线板或线鼻子与电气设备连接。

（3）不同型电缆之间严禁直接连接，必须经过符合要求的接线盒、连接器或母线盒进行连接。

（4）同型电缆之间直接连接时应遵守下列规定：

橡套电缆的修补连接（包括绝缘、护套已损坏的橡套电缆的修补）必须采用阻燃材料进行硫化热补或与热补有同等效能的冷补。热补或冷补后的橡套电缆，必须经浸水耐压试验，合格后方可进洞使用。

塑料电缆连接处的机械强度以及电气、防潮密封、老化等性能，应符合该型电缆的技术标准要求。

3）电气设备防爆

电气设备均应不大于额定值运行。

隧道内严禁使用油浸式低压电气设备（油断路器、带油的启动器和一次线圈为低压的油浸变压器）。

隧道内高压电网应采取措施限制单相接地电容电流不超过20A。

洞外地面变电所高压馈电线上，应装设有选择性的单相接地保护装置；供洞内移动变电站的高压馈电线严禁单相接地运行，应装设有选择性的动作于跳闸的单相接地保护装置。当发生单向接地时，应立即切断电源。洞内低压馈电线上，应装设能自动切断漏电线路的检漏保护装置或有选择性漏电保护装置。

向隧道内供电的高、低压馈电线上严禁装设自动重合闸装置。手动合闸时，必须事先同工区内联系，在接到送电指令后方可人工合闸供电。

隧道内低压馈电线路上装设的漏电保护装置应符合下列规定：

（1）配电系统应按三级配电两级保护的原则，总配电箱至开关箱设置两级检漏继电器，两级检漏继电器的额定漏电动作电流和额定漏电动作时间应做合理配合，使其具有分级保护的功能。

（2）检漏继电器应分别装设在总电源断路器和分路开关的负荷侧。

（3）洞内所有电气设备控制应装设漏电保护开关，其动作特性应根据电气设备的不同使用环境，选用适当的漏电动作电流。

（4）检漏电继电器和漏电保护开关安装完毕后，应按规定做人工漏电跳闸试验，如不跳闸，应切断电源做全面检查，合格后方可投入使用。

（5）洞内使用的检漏电继电器和漏电保护开关应采用防爆型。

隧道内电压在36V以上和由于绝缘损坏可能带有危险电压的电气设备的金属外壳、构架，铠装电缆的钢带（或钢丝）、屏蔽护套等必须进行保护接地。洞内电气设备等的保护接地应符合以下规定：

（1）隧道内电气设备严禁接零，保护接地装置应与主接地极连接成1个独立的接地网。

（2）接地网上任一保护接地点的接地电阻值不得超过2Ω。每一移动式和手持式电气设备与接地网间的保护接地，所用的电缆芯线和接地连接导线的电阻值不得超过1Ω。

（3）主接地极应在洞口或洞内集水沟处专门埋设。主接地极应用耐腐蚀的镀锌钢板制成，其面积不得小于0.75m^2，厚度不得小于5mm。

（4）各保护接地装置与主接地极之间的接地母线，应采用截面面积不小于50mm^2的专用黄/绿双色PE铜芯接地线。

（5）电气设备的外壳等与接地母线的连接，应采用截面面积不小于25mm^2的PE铜芯接地线。

（6）专用保护接地线不允许断线，且不允许安装任何开关或熔断器。

为防止雷电引起隧道内瓦斯爆炸，应遵守下列规定：

（1）由地面架空线路引入隧道内的供电线路（动力电缆、照明电缆、瓦斯监控信号电缆、通信电缆等），应在隧道洞口处装设避雷装置。

（2）由地面直接进入隧道内的轨道和露天架空引入（出）的风、水等管路，应在隧道洞口处将金属体进行不少于两处的集中接地。

（3）通信线路应在隧道洞口处装设熔断器和避雷装置。

洞内照明供电与照明灯具的选用，应符合下列规定：

（1）供电应采用洞照分供法，照明供电应从洞外或洞内低压变压器专用电缆单独引出。

（2）分路动力开关与照明开关应分别设置，照明线路接线应接在动力开关的上侧。

（3）照明电压：工作面、防水板铺设和二次衬砌施工等作业平台处及未施作二次衬砌地段的移动照明，均应采用具有短路、过载和漏电保护的照明信号综合保护装置，将380V/220V电压降为127V（潮湿等特定条件36V），用分支专用电缆、防爆接线盒接入防爆照明灯具。

（4）固定照明灯具的选用，应符合下列规定：采用压入式通风时，已衬砌地段的固定照明灯具，可采用Exd Ⅱ型防爆照明灯；开挖工作面附近、未衬砌地段的移动照明灯具，应采用Exd Ⅰ型矿用防爆照明灯。

（5）移动照明灯具的选用，应符合下列规定：

移动照明使用矿灯，应配置专用矿灯充电装置。

对洞内工作面开挖支护、仰拱施作、防水板铺设及二次衬砌浇筑等工序作业照明亮度要求较高处，配置移动隔爆型投光灯。

容易碰到的、裸露的电气设备及机械外露的转动和传动部分，应加装护罩或遮拦等防护设施。

4）作业机械防爆

隧道内作业机械应使用蓄电池电机车或柴油机车，严禁使用汽油机车。

瓦斯工区作业机械严禁在停风或瓦斯超限的作业区段进行作业。

低瓦斯工区的作业机械可使用非防爆型，同时应加强通风、瓦斯检测及施工安全管理，当瓦斯浓度超过 0.5%时，应停止机车运行。

高瓦斯工区的行走式作业机械，应安装车载瓦斯自动监控报警与断电系统等主动防爆装置，适时监测机车作业环境中瓦斯浓度。当瓦斯浓度超过 0.3%时，装置可及时发出声光报警；当瓦斯浓度超过 0.5%时，切断电源，控制机车熄火。作业环境中瓦斯浓度降至 0.5%以下，装置解除锁定，可重新启动机车。

经过防爆改装作业机械定期对甲烷传感器进行调校。

5）防爆电气设备的运行与维护

防爆电气设备应由经过培训考核合格人员操作、使用和维护保养。

防爆电气设备应按制造厂规定的使用技术条件运行。

设备上的保护、闭锁、监视、指示装置等不得任意拆除，应保持其完整、灵敏和可靠性。

在隧道内维护检查设备时，严禁解除保护、连锁和信号装置；故障停电后未查清原因前禁止强送电；严禁带电对接电线（明火对接）和使用能产生冲击火花的工、器具。

清理具有易燃易爆物质的设备内部必须切断电源，并挂警告牌；向具有易燃易爆物质的设备内部送电前，必须检测内部及环境的瓦斯浓度，确认安全后方准送电。

防爆电气设备的运行维护检查，分日常运行维护检查、专业维护检查和安全技术检查三种。

10. 瓦斯隧道消防管理制度

1）隧道施工现场防火安全规定

隧道施工现场必须配备消防器材（干粉灭火器），洞口配备两具，每台台车处配备不少于两具，防水板铺设台架配备不少于两具，大型机械设备、配电柜、其他重点部位和作业工序等需配备 1 套，隧道未成洞地段每隔 50m 设置两具（2kg）灭火器，成洞地段每隔 100m 设置。成洞地段每 100m 设置一处消火栓。项目部不定期对隧道防火情况进行专项检查，每月不少于 1 次。隧道内的电气线路应悬挂设置，接头应牢固可靠，线路设计符合规范要求和现场实际需要，严禁超负荷运行。

隧道内的值班电工应经常检查隧道施工用电情况，发现问题及时处理并报告，做好维修和检查记录。

隧道施工用电线缆、通风管必须使用防爆阻燃材料，减少火灾发生的概率。

隧道内照明必须使用防爆灯具，灯具照明距离应在 3m 以上。

隧道内严禁带电维修电气设备。

不断完善应急救援预案，经常对作业人员进行培训，提高火灾预防和自救能力。

瓦斯隧道施工严格按照有关规定进行，洞口必须设置值班人员，严格进洞管理，严禁非生产火源进洞。

瓦斯隧道严禁携带火种进入；特殊情况必须动火时必须进行书面审批，且有专职瓦检员在场，确保作业区前后各 20m 范围内瓦斯浓度在 0.5%以下，且没有易燃易爆物品，由专职瓦检员和工区负责人进行审批后才可以进行动火作业；若作业区前后各 20m 范围内瓦斯浓度在 0.5%以上时，必须及时报告工区负责人，立即采取措施进行处理，并不得进行动火作业；作业完毕后，必须经专人检查无残火后才可以离开作业区。

若隧道内发生火灾必须及时采取措施进行处理并报告，情况危急重大时，必须立即启动应急救援预案。

消防（防火）设施：必须在洞外设置消防水池和消防用砂，水池中保持不小于 $200m^3$ 储水量，保持一定的水压；设置灭火器等灭火设备或设施，并经常保持良好状态。

洞内火源管理：必须严格执行“严禁烟火进入隧道”的安全规定，作业人员进洞前，必须经洞口值班人员检查，严禁携带烟草、火种、手机和穿化纤衣服等入洞；洞内严禁使用灯泡和电炉等；洞口值班房、通风机等附近 20m 范围内不得有火源；出碴运输车辆要安装尾气防火花装置，防止排放尾气带有火花。

易燃物品管理：瓦斯隧道洞内及洞口附近不得存放各种油类，废油及时运出洞外；加强油料运输管理，严禁在瓦斯隧道洞内及洞口附近发生油料的“滴、漏、跑、冒”现象，留下安全隐患。

2）消防安全管理

在防火要害部位设置的消防器材，由该部位的消防职能人负责维修及保管。

对故意损坏消防器材的人，按照处罚办法进行处理。

器材保管人员，应懂得消防知识，正确使用器材，工作认真负责。

定期检查消防器材，发现超期、缺损的，及时向消防负责人汇报，及时更新。

3）特殊重点部位防火管理

不准在高压架空线下面搭设临时焊、割作业场，不得堆放建筑物或可燃物品。

各种警告牌、操作堆积牌、禁火标志应悬挂醒目、齐全。

焊、割作业点与氧气瓶、乙炔瓶等危险物品的距离不得小于 10m，与易燃易爆物品的距离不得小于 30m。

乙炔瓶和氧气瓶使用时两者的距离不得小于 5m。氧气瓶、乙炔瓶等焊割设备上的安全附件应完整而有效，否则严禁使用。

施工现场的焊割作业，必须符合防火要求，按规定配置一定数量灭火器，严格执行“十不烧”规定。

动火作业前必须执行审批制度，履行交底签字手续。

11. 瓦斯隧道专用仪器管理

1）校验规定

人工瓦斯检查仪器（光干涉式瓦检仪和便携式瓦检仪以及多功能瓦检仪）和车载式甲烷断电仪由人工瓦检班在规定时间进行调校和维修。

自动监控由监控班在规定时间内进行调校和维护。

各工区分别配置符合标准的各种标准气样。

便携式甲烷检测报警仪、车载式甲烷断电仪等每隔15d必须使用校准气体和空气样，按产品使用说明书的要求调校1次。

甲烷传感器每隔15d必须使用校准气体，按产品使用说明书的要求调校1次，并做好校正记录。

专用仪器使用前和大修后，必须按产品使用说明书的要求测试、调校合格，并在试运行24～48h合格后才能正式投入使用。

专用仪器的调校包括零点、显示值、报警点、断电点、复电点、控制逻辑等。

每班人工瓦检值与甲烷传感器进行对照，当两者读数误差大于允许误差时，先以读数较大者为依据，采取安全措施，并必须在8h内将两种仪器调准。

2）运行、维护、保养

专用仪器本着“谁使用谁负责”的原则进行维护保养，即人工瓦检仪器和多功能瓦检仪器由人工瓦检班组维护保养；车载式断电仪由该车驾驶员维护保养；各类传感器由自动监控小组维护保养。

人工瓦检班组按照瓦斯检测有关规定严格进行检测，爱惜爱护仪器。不得损坏，否则照价赔偿。

自动检测仪器经常检查和维护，及时清除传感器上的各类杂物、喷射混凝土等。保持自动监测仪的干净、清洁、完好。

自动监测小组保证各种监测仪器在正确的位置放置。

使用中的传感器应经常擦拭，清除外表积尘，保持清洁。掌子面的传感器应每天除尘；传感器应保持干燥，避免洒水淋湿；维护、移动传感器应避免摔打碰撞。

车载式断电仪由所属驾驶员维护保养，不得无故损坏。随时保持车载式断电仪的干净、清洁、完好；经大于4%的甲烷冲击后，应及时进行调校或更换。

掌子面顶部设置的传感器在放炮前应移动到安全位置，放炮后应及时恢复设置到正确位置，对需要移动的传感器、声光报警器、断电控制器及电缆等，由自动监控小组负责按规定移动，严禁擅自停用。

传感器经过调校检测误差仍超过规定值时，必须立即更换；安全测控仪器发生故障时，必须及时处理，在更换和故障处理期间必须采用人工监测等安全措施，并填写故障记录。

低浓度甲烷传感器经大于4%的甲烷冲击后，应及时进行调校或更换。

系统停电后，备用电源不能正常工作或者备用电源不能保证设备连续工作1h时，应及时更换。

便携式甲烷检测报警仪和光干涉式甲烷检测仪器应由相应瓦检班人员负责充电、收发及维护。每班要清理隔爆罩上的粉尘，进洞前必须检查便携式甲烷检测报警仪和甲烷检测报警矿灯的零点和电压值，不符合要求的禁止发放使用。

使用便携式甲烷检测报警仪和光干涉式甲烷检测仪器时要严格按照产品说明书进行操作，严禁擅自调校和拆开仪器。

隧道专用仪器符合下列情况之一，可以报废：设备老化、技术落后或超过规定使用年限的；通过修理，虽能恢复精度和性能，但一次修理费用超过原价50%的；严重失爆不能修复的；遭受意外灾害，损坏严重，无法修复的；国家或有关部门规定应淘汰的。

3）记录

各项隧道专用仪器按照规定的时间校验，且留下符合要求的校验记录。

通风瓦斯工程师负责便携式瓦检仪的校验，自动监控班组负责监控探头的校验，车载式瓦斯断电仪由安装厂家进行校验，所有校验如实记录并存档。

在运行过程中，发现各种专用仪器出现故障而一时不能解决的（当班 1h 内），报经人工瓦检班组，并留下运行记录，人工瓦检班组未能解决的（当班）及时报告给安全质量环保部，协同处理。

各种日志、记录，需由当班负责人及时签字确认，对其中明显不合理的记录进行分析、处理，报经工区相应技术负责人或负责人签字。

系统发出报警、断电、馈电异常信息时，自动监控班人员必须立即通知人工瓦检班和当班安全人员携带仪器进入隧道查明原因，并按规定程序及时报相应工区和安全质量环保部。处理结果应记录备案。而不得私自处理。

工区相应人员接到报警、断电信息后，应立即向项目部值班领导汇报，同时按规定指挥现场人员停止工作，断电时撤出人员，处理过程应记录备案。

各种记录资料保存时间至工程完工。

12. 施工安全管理与事故处理

1）一般规定

瓦斯工区施工应按该隧道实测瓦斯最高值进行安全施工管理。

瓦斯隧道开工前必须对施工作业及管理人员进行安全技术培训。爆破、电工、瓦检等特种作业人员必须持证上岗。

瓦斯工区施工中应严格落实“加强通风、勤测瓦斯、严控火源”等原则。

瓦斯隧道施工应建立专门机构进行通风、瓦斯检测、瓦斯监控以及防突、防爆管理，并设置消防设施，配备应急救援物资。高瓦斯工区及瓦斯突出工区应配备救护队（与当地有资质的矿山救护队签订救护协议，委托其进行相关的必要工作和事故抢救工作）。

监理单位应建立专门机构，制定瓦斯防治监理工作计划和实施细则，配置专职瓦斯监理工程师和专职瓦斯及通风监理员，在瓦斯工区施工的全过程中进行全方位的瓦斯防治监理工作，采用旁站监督、巡视检查、见证抽样检测和平行检验等方式进行严格监督管理。

隧道相关应急预案必须明确作业人员发现作业现场危及人员生命安全情况时的紧急撤离路线。

所有洞内作业人员，均应熟悉紧急撤离路线，在隧道发生紧急情况下能按其路线的路标方向进行撤离。

工区及相关负责人定期检查和维护撤离路线，发现影响顺利通行的障碍物应及时清除，保持其处于畅通状态。

当在隧道里发生危及作业人员生命安全情况时，作业人员必须立即停止作业，应按紧急撤离路线撤离，并上报现场值班人员，现场值班人员接到报告后立即报告工区，工区负责人根据情况启动相关应急预案。

应急情况解除之后，必须对危险隐患进行调查，分析、制订整改措施，落实责任，完成整改，经复查合格后，方可恢复作业。

2）瓦斯及有毒有害气体撤离

龙泉山隧道有毒有害气体控制指标，瓦斯浓度小于0.5%，一氧化碳浓度小于0.0024%，二氧化碳浓度小于0.5%，H_2S（硫化氢）浓度小于0.00066%（$10mg/m^3$），当浓度值大于控制指标时必须停止工作且切断电源，撤出人员。

甲烷传感器或便携式瓦斯报警仪发生报警时，现场负责人必须下令停止作业，切断电源、负责将人员撤到进风流中并向现场值班室汇报。

瓦斯检查员、安全员经检查瓦斯超限时要与现场负责人组织停电、撤人、汇报工作。甲烷传感器或便携式瓦斯报警仪、光干涉式甲烷测定器同时检测时，以最高的瓦斯浓度数为基准，确定瓦斯浓度。

3）瓦斯工区超限预警

建立瓦斯超限信息报送制度，实行分级管理，瓦斯浓度超限时应采取相应的瓦斯防治措施，如表3-1所示。

在有瓦斯爆炸危险的含油气构造地层地段开挖过程中，除加强通风外，放炮前后应在开挖工作面附近20m范围内喷雾洒水，防瓦斯爆炸。

洞内除施工需要外，严禁长期堆放材料、停放大型机具设备等。瓦斯工区内易于瓦斯积聚的地点，应装设防爆型局部通风机，提高风速，防瓦斯积聚。

瓦斯工区开挖工作面至模板台车地段的通风死角、塌腔等部位，应采用吹入高压风措施将瓦斯排出。

瓦斯工区通风管吊挂必须做到平、直、紧、稳，无破口，防止弯折变形，所有进洞作业人员必须加强风管防护意识，避免机械、材料和衬砌台车等搬移过程中对风管的人为损坏。

发生瓦斯涌出、喷出等异常状况时，应及时采取安防措施。首先考虑杜绝一切可能产生火源的作业，同时尽快撤出施工人员、切断电源、加强通风，对隧道入口进行警戒，进一步制订排放瓦斯的具体安全措施。

表3-1　瓦斯工区安全施工管理等级

安全管理等级	开挖工作面回风流中瓦斯浓度	管理状态	安全措施与作业规定	信息报送
一	<0.5%	正常	（1）正常施工作业； （2）按程序要求审批进行焊接等动火作业，瓦检员跟班随时检测动火点附近瓦斯浓度； （3）连续通风	正常日报表审阅
二	0.5%～0.8%	预警	（1）禁止焊接等明火作业； （2）加强通风或优化通风系统； （3）加强瓦斯检测，调查瓦斯发生源； （4）按程序及时上报，其他工序正常作业； （5）禁止装药、爆破作业； （6）禁止行走式作业机械作业	①：工区→项目部安质部→安全总监

续表

安全管理等级	开挖工作面回风流中瓦斯浓度	管理状态	安全措施与作业规定	信息报送
三	0.8%～1.0%	报警	（1）停工、撤人； （2）断电，切断洞内全部非本质安全型电源； （3）加强通风或优化通风系统； （4）加强瓦斯监测，调查瓦斯发生源； （5）瓦斯浓度进一步升高超过1.5%时，禁止任何非瓦斯专业人员进洞，采取专项安全措施	②：①＋项目经理→总包单位安质部→监理单位→PPP项目中心工程管理室及安全质量监察室、业主代表
四	1.0%～1.5%	应急	（1）停工、撤人； （2）断电，切断洞内全部非本质安全型电源； （3）加强通风或优化通风系统； （4）加强瓦斯监测，调查瓦斯发生源； （5）瓦斯浓度进一步升高超过1.5%时，禁止任何非瓦斯专业人员进洞，采取专项安全措施	③：②＋PPP项目中心工程管理室经理、安全质量监察室经理及中心主任；轨道集团质安部部长
五	≥1.5%		（1）停工、撤人； （2）断电，切断洞内全部非本质安全型电源； （3）加强通风或优化通风系统； （4）加强瓦斯监测，调查瓦斯发生源； （5）瓦斯浓度进一步升高超过1.5%时，禁止任何非瓦斯专业人员进洞，采取专项安全措施	④：③＋轨道集团分管安全副总、分管建设副总、总经理

4）事故预防及应急救援

瓦斯工区施工应加强瓦斯灾害防治与施工安全管理，将连续通风和瓦斯检测作为瓦斯隧道施工中的关键工序进行管理，提高安全意识。

提前制订事故预防与应急救援预案，按计划配备安全防护用品、应急救援物资及消防设施等；瓦斯隧道应与附近有资质的矿山救护队签订服务协议，按计划组织应急预案演练。

发生瓦斯事故后，建设、监理和施工单位应按照国家有关法律、法规要求，按事故应急救援处理程序进行抢险救援。

瓦斯事故一旦发生，必须立即启动瓦斯事故应急救援预案，尽快探明事故性质、原因、范围、遇险人数、事故发生具体位置以及洞内瓦斯与通风情况，减小事故影响范围。启动瓦斯事故应急救援预案应符合下列规定：

（1）预案中应建立明确的应急救护组织机构，分工明确，责任到人，联络通畅，外部救援满足最佳救援时间。

（2）瓦斯工区通风系统图、电气设备配套分布图、每日施工进度计划图表、进洞管理人员、班组人员名单和人数登记表等与事故救援有关的文件、资料，应编制形成正式文件，如发生变动，及时修订，以便为事故抢险救援提供数据。

（3）发生瓦斯事故，应首先切断通往灾区的电源。

（4）尽快了解事故性质、原因、发生地点及出现的其他情况。

（5）以抢救伤员为主，本着先活后亡、先重后轻、先易后难的原则组织抢救。

（6）救援人员进入灾区应佩戴安全防护设施、干粉灭火器、甲烷测定器等，进入灾区应首先检测瓦斯气体浓度，经确认瓦斯浓度低于1.0%，无再次爆炸危险后深入灾区内部开展救援作业。

（7）发现明火火源必须及时扑灭，以防二次爆炸；确认工区内无火源后，尽快修复通风系统，迅速排除瓦斯爆炸产生的烟雾和有毒有害气体，为救护创造条件。

（8）在条件允许的情况下，应及时清除坑道堵塞物，以便于开展后续救援工作。

（9）救护人员穿过支护结构破坏区段或落石堵塞区段时，应安排专人架设临时支护，保证人员通行安全。

瓦斯工区处理塌方、冒顶应遵守下列规定：

（1）在处理塌方地段时，应一并考虑塌空区的瓦斯防控措施。对塌方体上方聚积的瓦斯应设置局部通风排除。

（2）加强对塌方地段围岩岩隙瓦斯逸出监测，掌握瓦斯浓度变化，及时发出险情报告。

（3）尽快处理塌方，减少瓦斯涌出量。

火灾处理应遵守下列规定：

（1）瓦斯工区发生火灾时，应立即组织人员撤离，启动灭火预案，不得停风，但应论证并控制风向、风量。

（2）电气设备着火时，应首先切断电源。

（3）不能直接灭火时，可设置防火墙封闭火区，并悬挂警示牌。

（4）封闭火区确认火已经熄灭，方可启封。启封已熄灭火区应制订安全措施，逐段恢复通风，加强有害气体检测；发现复燃征兆，须立即停止送风重新封闭火区。

3.3 瓦斯隧道现场安全管理

地铁瓦斯隧道施工具有现场环境条件复杂、施工难度大、技术要求高、工期长、对环境影响控制要求高等特点，是一项相当复杂的高风险系统工程，一旦发生瓦斯隧道事故，将造成较大的人员伤亡和财产损失，影响工程进度，并给社会造成不良的影响，所以，在地铁瓦斯隧道施工过程中，需要加强施工现场安全管理。

3.3.1 瓦斯防控管理要求

瓦斯隧道在施工中易造成瓦斯局部富集，进而造成瓦斯燃烧或瓦斯爆炸，造成人员伤亡和财产损失。因此，瓦斯防控管理的有效性是确保瓦斯隧道施工安全主要目标之一。

隧道瓦斯防控管理主要包括隧道瓦斯超前预报、强制不间断通风管理、洞内用电安全管理、瓦斯检测与监测、进洞设备防爆改造、施工过程管理等内容。在施工阶段根据设计地勘分析，结合长距离TSP超前预报预测瓦斯赋存情况和短距离的超前钻孔实测瓦斯逸出情况，结果互相检查、互相对比，对前方地层内瓦斯赋存情况做出准确预报，根据预报内容提前做好瓦斯防控准备，加强施工过程的防控管理，保证瓦斯隧道施工安全受控。

1. 瓦斯超前预报要求

针对隧道区内岩层赋存天然气的特征，在隧道施工中遵循“动态设计、动态施工、先判断后处理”原则，从超前预报入手，提前探明前方地质情况和天然气赋存情况，随时调整开挖、支护方式。采用TSP长距离超前地质预报结合短距离水平钻探、地质素描法手段，对隧道围岩情况和瓦斯逸出进行综合预报。

（1）超前地质预报是保证隧道施工安全，优化工程设计，实现施工信息化的重要基础。通过超前地质预报工作，在分析既有地质资料的基础上，采用地质调查、物探、超前地质钻探、超前导坑等手段，对隧道开挖工作面前方的工程地质与水文地质条件及不良地质体的工程性质、位置、产状、规模等进行探测、分析判断、解释及预报，可以进一步查清因前期地质勘察工作的局限而难以探查的、隐伏的重大地质问题，及时掌握和反馈隧道地质条件信息，调整和优化隧道设计参数，采取防护措施，为优化隧道施工组织，提出技术措施建议，制定施工安全应急预案，控制工程变更设计提供依据。

（2）抓好隧道超前地质预报工作，可以预防各类突发性地质灾害，降低地质灾害发生概率，有效规避工程建设风险，实现工程质量、安全、工期、环境和投资控制目标。

（3）为保证隧道工程质量和施工安全，隧道施工阶段实施超前地质预报。根据超前地质预报提供的成果，综合考虑隧道工程地质及水文地质条件、可能发生的地质灾害对隧道施工及环境的影响程度，对隧道所处地质条件复杂程度进行分级。从而降低地质灾害发生的概率和危害程度、优化工程设计提供的地质资料，指导工程施工的顺利进行。

（4）超前地质预报、信息化设计和信息化施工是一个有机整体，做到明确分工、落实责任、协调一致、相互配合，确保做到信息传递顺畅、反馈及时、决策迅速、处理得当。

（5）隧道超前地质预报是隧道施工的必要工序，针对地铁瓦斯隧道地质条件的复杂程度，采用多种手段相互印证的综合预报方法，以TSP、地质雷达超前地质预报先行，钻探、加深炮孔验证进行综合超前地质预报；对隧道地质复杂程度进行分级，不同级别的地段采取不同的预报方法，抓住重点，增强针对性，集中优势资源，提高预报准确性。

2. 隧道通风管理要求

通过向洞内24h不间断强制通风，确保洞内瓦斯浓度在0.25%以下。加强通风是降低有毒、有害气体浓度，防止有毒、有害气体积聚的最有效手段。通风可以不断向洞内输入新鲜空气，排出有毒、有害气体和降低粉尘浓度，从而改善洞内施工环境，确保洞内施工安全和人体健康，提高生产效率。建立通风系统运行管理制度，包括各种测风记录、维护记录、运行记录等，并加强巡视及维护工作，保证通风系统各项性能、技术指标达到设计要求。

1）确保通风的连续性

（1）瓦斯隧道施工通风机必须设两路供电系统，并装设风电闭锁装置。当一路电源停止供电时，另一路电源应在15min内启动，保证通风机的运转。

（2）做好施工通风供电线路的维护、管理和检修工作，必须配置自发电及备用供电系统，如图3-15所示，避免因停电或供电线路故障时造成洞内瓦斯积聚或超限。

图 3-15　备用发电机

（3）各工作面安设两台同等能力的通风机（1 台工作、1 台备用），如图 3-16 所示。防止因通风机自身故障影响隧道通风。做好风机的维修和日常保养工作，在主通风机维修、保养期间，备用通风机应正常运行，保证正常情况下洞内 24h 不间断通风。

图 3-16　通风机

2）确保通风的质量

（1）通风机安设在洞口外≥20m 处，避免吸入洞内排出的污风。通风机支架应稳固、结实，避免运行中振动，如图 3-17 所示。通风机进风口应设置防止异物进入的防护网。

（2）风筒选用高强度、抗静电、阻燃柔性风筒，风筒必须有出厂合格证，使用前应进行外观检查，保证无损坏，粘结缝牢固平顺，接头完好严密。风筒挂设做到平、直、顺，无扭曲和褶皱。尽量选择节长较大的风筒，以减少接头数量，风筒接头严密，百米漏风率≤2%。已衬砌段或进入安全地段的风筒要换成 50m 或 100m 一节的风筒，在易损地段更换风筒时应采用 10m 节长的风筒。风筒破损时，应及时修补或更换，当风筒需要转弯时，转弯处应设弯头或缓慢转弯，避免转死弯，转弯半径不小于风筒直径的 3 倍，以降低局部阻力，确保隧道内风速及风量满足通风及稀释瓦斯的要求。

图 3-17　通风机支架基础

(3) 局部风速达不到要求的或瓦斯易积聚地方采用局扇或射流风机进行通风，如图 3-18～图 3-20 所示。

图 3-18　联络通道射流风机

图 3-19　掌子面局扇

图 3-20　二衬台车内瓦斯易积聚处安装局扇

3）做好检测和记录工作

（1）隧道施工设置专门通风机构，按照经批准的通风方案，进行通风系统的安装、使用、维修、检测等工作。

（2）风速的检测工作采用人工检测与自动系统监测相结合的方式，如图 3-21～图 3-23所示。

图 3-21　人工检测风速

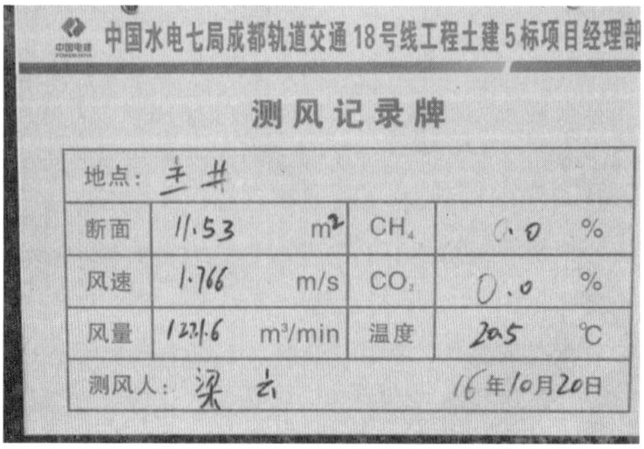

图 3-22　测风记录牌

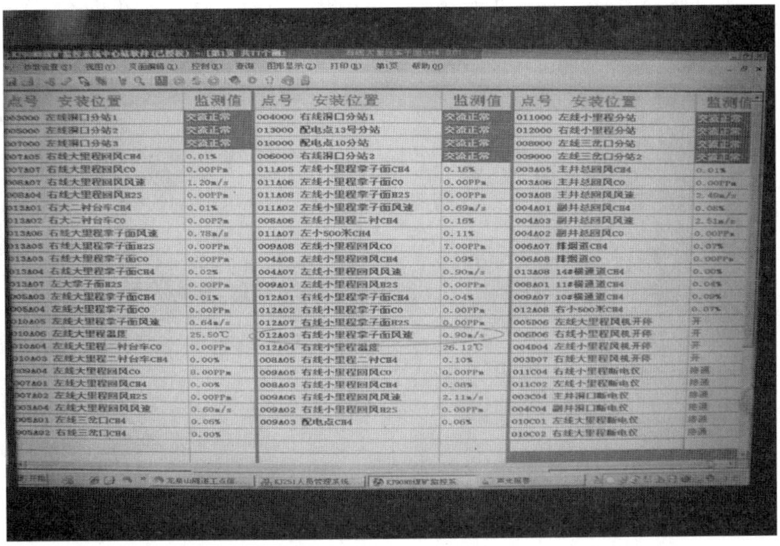

图 3-23 风速自动监测

（3）洞口设置通风风量及风速记录牌板，每班每次通风情况由当班通风工及时记录于牌板上，记录牌板要根据通风情况随时更新。

（4）隧道的通风系统是动态变化的，根据各用风地点需风量的变化及监控系统监测结果，制订隧道配风计划，并及时调整隧道风量分配和通风设备、设施的安设，保证隧道通风安全。

（5）自动监控系统对所监控地点的有毒、有害气体浓度实现远距离、定点、长期、连续的自动监测。建立声、光报警系统，监测指标超限时，可实现自动报警和自动断电。

3. 瓦斯检测与监测要求

根据高瓦斯隧道特点，对瓦斯检测采用自动监测与人工检测相结合，自动监测采用 KJ101 煤矿安全综合监控系统，人工检测采用手持式移动检测仪。在每个洞口设置 KJ101 全自动安全监测系统，分别监测掌子面、模板台车顶部的上隅角等位置的瓦斯浓度、温度、回风风速等，实时控制各工作面的用电设备。当检测到瓦斯浓度＞0.3％时报警；当检测到瓦斯浓度＞0.5％时，系统命令自动切断作业区电源，作业人员停止作业，并撤出作业人员。

人工检测使用甲烷检测报警仪和光干涉甲烷检测报警仪。对隧道特殊部位，如放炮地点 20m 附近、紧急停车带、车行和人行通道、隧道内具有明显凹陷点、电动机及开关附近、电缆接头及超前钻孔附近，加强瓦斯检测频率。

同时，聘请第三方检测机构，同时对隧道内瓦斯进行检测，验证系统监控及人工检测瓦斯浓度数据，保证整个瓦斯监测系统结果真实、受控。

4. 瓦斯人工检测要求

专职瓦检员严格执行瓦斯巡检制度，按时到岗，跟班作业，不得擅自离岗空班、漏检和假检，根据瓦斯巡检要求和频率进行瓦斯巡检工作。每次检查结果记入瓦斯检测日报表和检测位置悬挂的瓦斯记录牌，如图 3-24 所示。测定甲烷浓度重点在隧道风流的上部，测定二氧化碳浓度重点在风流下部，如图 3-25 所示。无作业台架处配置辅助工具。

图 3-24　人工瓦检设备及瓦检设备标定

图 3-25　洞内风速检测

5. 瓦斯自动监测要求

瓦斯自动监控系统使用 KJ 自动监控系统，其探头悬挂位置应能反映隧道风流中瓦斯的最高浓度。在检测到瓦斯浓度≥0.3%时报警，隧道自动断电报警系统为声、光联动形式，瓦斯浓度≥0.5%时切断电源实施瓦、电闭锁。传感器布置位置对应表如表 2-7 所示。

6. 瓦斯超限应对措施

当瓦斯超过限定值时，自动对隧道内的非本安机电设备断电，并撤人，以保证施工的安全。

隧道内瓦斯浓度限值及超限处理措施如表 3-2 所示。

表 3-2　隧道内瓦斯浓度超限处理措施

序号	瓦斯工区	地点	限值	处理措施
1	微瓦斯	任意处	0.25%	加强通风与瓦斯检测，查明原因
2	低瓦斯	任意处	0.5%	超限 20m 范围内立即停工，查明原因，加强通风和瓦斯检测

续表

序号	瓦斯工区	地点	限值	处理措施
3	高瓦斯/瓦斯突出	局部瓦斯积聚（体积大于 $0.5m^3$）	2.0%	超限处附近 20m 停工、撤人、断电，及时进行处理，加强通风
4		开挖工作面风流中	1.0%	停止电钻钻孔，超限处停工、撤人、切断电源，加强通风，查明原因等
5		回风巷或工作面回风流中	0.5%	非防爆设备停止工作
			1.0%	停工、撤人，进行处理
6		放炮地点附近 20m 风流中	1.0%	严禁装药和放炮作业
7		过含油气构造地层段放炮后工作面风流中	1.0%	继续通风、不得进人
8		局部风机及电气开关附近 10m 范围内	0.5%	停机、通风，进行处理
9		电动机及开关附近 20m 范围内	1.5%	停机、撤人、断电，进行处理
10		竣工后洞内任何处	0.5%	查明渗漏点，进行整治

7. 人员进洞管理要求（图 3-26～图 3-31）

（1）加强进洞管理制度，建立健全瓦斯安全生产组织保障体系和监管体系，完善瓦斯控制管理各项规章制度。

（2）严格执行进洞人员登记制度，在隧道进口处设安全检查亭，所有进洞人员必须如实登记，随身携带的香烟、打火机、火柴、手机、非防爆型照相机及其他火源物品均必须暂时寄放在检查岗。

（3）所有进洞人员必须经过瓦斯隧道现场培训，穿棉织衣服，通过安检室登记、进行违禁物品检测、消除静电、经过安检门，刷卡通过闸机进入施工场地。

（4）机械设备操作人员先进行安检，同时安检人员对驾驶室进行检查，合格后方可进入施工区。

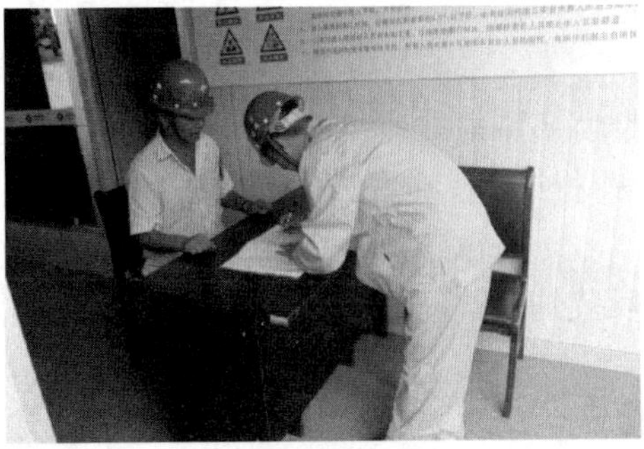

图 3-26　进洞登记

图 3-27　物品存放

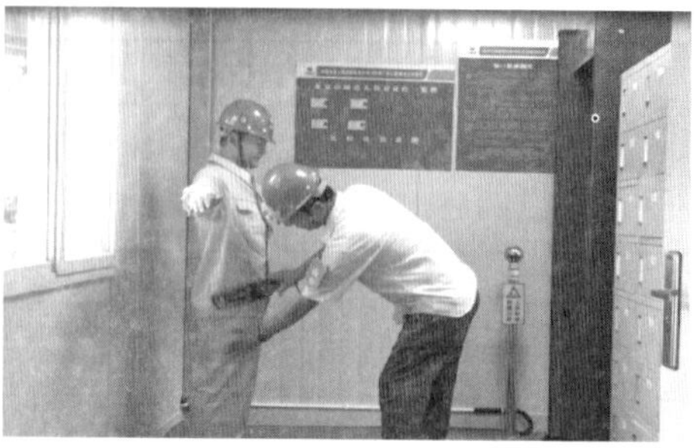

图 3-28 金属检测

图 3-29 消除静电

图 3-30 过安检门

图 3-31 通过闸机

8. 施工过程管理要求

1）钻孔瓦斯防控管理

（1）钻孔前，由瓦检员对回风流中瓦斯浓度进行检测，瓦斯浓度不得大于0.5%，由测风员对回风流风速进行检测，回风速度不得小于0.5m/s，洞口安排专人管理风机，避免无关人员开停风机，瓦斯浓度、回风速度符合要求后方可进行钻孔作业。

（2）钻孔前先施工加深炮孔，施工完成经瓦检员检测无异常后进行炮孔施工，钻孔过程中如发现顶钻及瓦斯喷孔现象要立即停止钻孔，不得退出钻杆，立即报现场技术人员及瓦斯专工现场查明原因，及时采取引排措施，并对该孔进行注明，不得装药爆破。

（3）钻孔过程中，瓦检员跟班作业，随时跟踪检测回风流瓦斯浓度，发现瓦斯浓度超过0.5%立即下令停工撤人。

2）装药爆破瓦斯防控管理

（1）装药前，由瓦检员检测回风流中及炮眼中瓦斯浓度，在炮孔口10cm范围内瓦斯有明显异常现象的，做好标记，该炮孔不进行装药，回风流中瓦斯浓度不得大于0.5%。

（2）装药时，首先在孔底装一节水袋，然后装炸药，孔口封堵首先装两节水炮泥，然后在孔口采用黏土炮泥封口。

（3）爆破前，由瓦检员检测回风流中瓦斯浓度，瓦斯浓度不得大于0.5%，由爆破员、瓦检员、班组长执行“三人连锁”放炮制度，其他无关工作人员包括相邻隧道的人员撤至安全距离，并做好安全警戒工作。

（4）爆破员应在距离爆破点最近的横通道起爆。

（5）爆破后，通风散烟时间不少于30min，首先通过自动监控系统检测洞内有毒、有害气体浓度，如浓度异常，需延长通风时间，待数据下降到限值以下后，瓦检员、爆破员进洞检查瓦斯浓度和盲炮，进洞人员需携带自救器，瓦斯浓度低于0.5%后，方可进行下一工序施工。

3）出碴作业瓦斯防控管理

（1）出碴前对爆破石碴进行洒水浸湿，然后由瓦检员检查是否有瓦斯涌出点，如有瓦斯涌出点需明确标识，及时启动掌子面局扇进行局部通风，加快稀释瓦斯。

（2）出碴过程中，由瓦检员随时检查瓦斯浓度，及时察看是否有瓦斯涌出点，如有，及时启动局扇进行针对性吹散，安排专人负责洒水湿润石碴，随时保持石碴湿润。

（3）出碴完成后，立即组织对隧道拱顶、拱墙和掌子面进行初喷，初喷厚度不小于4cm。

4）支护作业瓦斯防控管理

每循环开挖结束后及时进行支护施工，作业过程瓦检员跟班作业，灭火器配置到位，需进行动火作业时，为防止瓦斯积聚，采用局扇或者高压风管对动火作业点进行吹散，如瓦斯浓度较高，不具备动火作业条件时，钢筋网采用绑扎，连接筋采用套管连接，如图3-32所示。

图3-32　连接筋套管连接

5）防水板施工瓦斯防控管理

（1）防水层施工前初支面沉降观测点、钢筋等局部凸起点处理到位，防止损坏防水板，处理时尽量避免用焊割。

（2）防水板尽量不超前施作，避免已铺设防水层后大量积聚瓦斯，防水板焊接履行动火作业手续，过程中由瓦检员、安全员旁站作业，现场配备灭火器、接火措施，采用高压风管对焊接作业点进行吹散，作业过程中在动火点附近悬挂便携式瓦检仪。

（3）闭孔PE泡沫垫层及防水板搭接长度符合要求，防水板焊缝质量符合要求，松弛度适中，尽量使防水层与初支面密贴，防止存在空腔积聚瓦斯。

（4）防水施工完成后进行气密性试验，局部焊缝不合格部位采用吹风补焊，对局部损坏的防水板进行监督补焊。

6）钢筋施工瓦斯防控管理

（1）钢筋施工除接地钢筋采用焊接外，其余全部采用绑扎连接。

（2）焊接接地钢筋时，先采用局扇对焊接点位置通风，由瓦检员检查回风及焊接点位置瓦斯浓度，灭火器、水管、接火等措施到位后进行焊接，焊接过程中安全员、瓦检员旁站作业，瓦检员随时检查瓦斯情况。

（3）接地钢筋焊接过程中接火措施到位，避免损坏或引燃防水板。

7）模板施工瓦斯防控管理

（1）防水、钢筋完成并通过验收后及时对行走台车进行定位，定位完成后开启所有窗口并采用高压风管对仓号内进行通风。

（2）端头模板安装过程中严禁动火，高压风管持续对仓号内通风，模板加固过程中如必须动火，必须履行动火手续，由瓦检员检测瓦斯浓度、灭火器、消防水管到位，符合动火条件后再进行动火作业，过程中瓦检员、安全员旁站作业。

8）混凝土浇筑瓦斯防控管理

（1）混凝土浇筑过程中高压风管持续通风。

（2）混凝土必须连续浇筑，严禁出现冷缝，浇筑过程中加强振捣，保证混凝土密实度。

（3）随混凝土入仓，仓号内空间减小，拱顶瓦斯浓度将升高，浇筑过程中在拱顶位置挂设便携式瓦检仪，瓦检员随时检测瓦斯浓度，如存在异常情况及时用高压风管对瓦斯积聚部位进行通风。

3.3.2 瓦斯隧道动火作业管理要求

详见 3.2.2 节内容。

施工现场动火作业证及施工现场动火作业消除令见附件 1 和附件 2。

附件 1

施工现场动火作业证

申请工区：　　　　　　　　　　　　　　　　动火等级：

动火时间：自　　年　月　日　时　分至　　年　月　日　时　分
动火详细地点及作业内容：
动火方式：　电焊□ 气焊、气割 □ 氩弧焊 □　其他：
动火前安全检查及注意事项： 1. 动火作业人是否持有相应的特种作业操作证；　是 □ 否 □ 2. 瓦斯检测浓度＜0.3%；　是 □ 否 □ 3. 有无辅助通风设施；　是 □ 否 □ 4. 动火现场是否备有灭火设施（如灭火器、水管等）是否有效；　是 □ 否 □ 5. 动火前是否具备普通环境 10m 范围内无易燃易爆物品、机电设备等可燃性设备和材料；　是 □ 否 □ 6. 安全员（监护）人员是否在位；　是 □ 否 □ 7. 两名瓦检员是否在位；　是 □ 否 □ 8. 其他：
动火作业人签字：
动火作业申请人（作业队负责人）签字：
安全监护人签字：
瓦检员意见及签字：　　　　　　　　瓦斯浓度值：　　%

安全员： 年　月　日	工区负责人/技术负责人： 年　月　日	现场监理： 年　月　日

注：1. 各相关人员必须亲自签字，不许代签；2. 作业票证必须保证清洁，备查；3. 作业时间不允许超过动火规定时间，如需要延长时间应提前补办作业票；4. 本票证严禁随意涂改；5. 不许有空格，未涉及的内容打“/”；6. 动火安全措施栏应逐一检查，符合的打“√”；7. 本表一式一份，工区存档。

附件 2

施工现场动火作业消除令

申请工区：　　　　　　　　　　动火等级：　　　　　　　　　　编号：

<table>
<tr><td colspan="3">动火时间：自　　年　月　日　时　分至　　年　月　日　时　分</td></tr>
<tr><td colspan="3">动火详细地点及作业内容：</td></tr>
<tr><td colspan="3">动火方式：　电焊□ 气焊、气割 □ 氩弧焊 □　其他：</td></tr>
<tr><td colspan="3">动火作业完成后现场复核验证情况：
1. 作业现场无残留明火或火星；　是 □ 否 □
2. 动火机具电源是否切断；　是 □ 否 □
3. 动火机具是否移至安全区域；　是 □ 否 □
4. 瓦斯检测浓度<0.3%；　是 □ 否 □
5. 其他：</td></tr>
<tr><td colspan="3">动火作业消除令申请人（作业队负责人）签字：</td></tr>
<tr><td colspan="3">安全监护人意见及签字：</td></tr>
<tr><td colspan="3">瓦检员意见及签字：　　　　　　瓦斯浓度值：　%</td></tr>
<tr><td>安全员：

年　月　日</td><td>工区负责人/技术负责人：

年　月　日</td><td>现场监理：

年　月　日</td></tr>
</table>

注：1. 各相关人员必须亲自签字，不许代签；2. 消除令必须保证清洁，备查；3. 动火作业完成后 4h 内必须现场复核并签字完善动火作业消除令；4. 本票证严禁随意涂改；5. 不许有空格，未涉及的内容打“/”；6. 本表一式一份，工区存档。

3.4　瓦斯隧道日常检查

瓦斯隧道日常管理应纳入特别重大危险源管理，参与瓦斯隧道工程的各单位要高度重视瓦斯隧道的安全管理工作，从思想意识、预防措施、监督检查等方面强化安全生产责任落实，严格执行安全生产“五落实、五到位”的规定，严控各类风险。参与瓦斯隧道工程的勘察、设计、监理、施工等单位应严格按照国家及行业相关规范和标准组织实施。故施工期间的各项安全检查就显得尤为重要，安全检查主要分两个方面，一是内业资料检查，二是外业安全检查（施工现场的安全检查）。

3.4.1　内业资料检查

1. 管理体系及制度

（1）是否建立高瓦斯隧道安全管理组织机构，落实专职管理人员，明确管理职责。

（2）是否建立瓦斯监测组、通风管理组、进洞管理组、施工爆破管理组、应急抢险救援组等专项管理机构或班组。

（3）是否建立高瓦斯隧道管理制度（进洞管理、仪器设备管理、超前地质预报、爆破安全管理、防火与防爆管理、瓦斯检测与监测管理、通风管理、特殊工序管理、应急救援与抢险、瓦斯排放管理、高瓦斯隧道贯通管理等制度），相关人员熟悉制度内容。

（4）是否编制本标段高瓦斯隧道施工管理实施细则，并报监理单位审批。

（5）是否明确了高瓦斯隧道包保领导和带班干部，有带班记录。

2. 专项方案（预案建设）

（1）是否编制了高瓦斯隧道通风、安全专项方案，是否进行瓦斯检测与监测、高瓦斯隧道风险评估，是否编制了供电、爆破、监控量测、超前地质预报、贯通、应急预案，设备改装等专项方案；专项方案有安全技术措施内容。

（2）专项方案是否经过专家评审和集团公司技术负责人、总监理工程师审批；通风、爆破、安全专项方案经组织专家评审。

3. 教育培训

（1）高瓦斯隧道所有管理及作业人员是否进行了瓦斯隧道施工专项安全技术培训教育，并考试合格。

（2）持证上岗情况。主要负责人、分管安全负责人、安全科室负责人和专职安全管理人员是否有安全资格证书，特种作业人员是否持有有效证件。

（3）作业人员是否经过入职健康体检，是否参加安全体验。

4. 施工相关记录

重点检查安全管理人员工作笔记，施工日志，安全检查记录（安全日志、专项检查记录表），安全交底资料，安全会议记录，特种设备等关键高危设备的检查、维修、保养记录和作业人员班前安全教育及交接班记录等。

5. 操作规程

电工、焊工、架子工、切割机、搅拌机、卷扬机、起重机械、爆破作业、空压机操作、场内机动车辆、特种机械驾驶等安全技术操作规程一定要切合实际，要有实实在在的指导作用，切不可照搬照套，操作规程一旦制定错误，就会发生悲剧。

3.4.2 外业安全检查

进入施工现场，首先是检查施工作业人员（管理人员）是否按规定正确使用劳动防护用品和着装：安全帽、安全带、工作服；检查施工现场的安全警示标志是否充足（禁止吸烟、禁止烟火、禁止通行、进入施工现场必须戴安全帽、有电危险、高压危险，当心吊物坠落等）。再对生产设备、设施、作业场所逐一进行检查。另外，从防止职业病的角度出发，对从事焊工、隧道施工等有毒有害作业人员，按规定组织体检。

1. 洞口管理

（1）洞口是否按要求设置值班室、门禁系统和人员定位系统。

（2）是否执行进洞安检制度，安检口有消除静电装置，进入隧道人员须穿防静电服装；出入隧道的人员、机具、设备等实施24h管控，建立管理台账。

（3）隧道洞口、通风机附近20m范围内不得有火源。

（4）隧道洞口附近设置避雷系统，避雷系统是否覆盖隧道洞口、变电所、空压机房、主通风机等。进洞的风水管应在洞口处可靠接地，并加装绝缘装置。

2. 隧道通风

（1）是否由专业班组负责隧道通风，通风机运转、维修记录填写及时。

（2）通风设备是否按照批准的专项通风方案进行配置和安装，通风设备经监理工程师验收合格。

（3）通风机是否设置两路电源并装设风电闭锁装置。停电后，能在10min内启动备用电源，实行24h不间断通风。

（4）高瓦斯工区正洞采用双风机、双风管通风技术。必须采用抗静电、阻燃且百米漏风率不大于2%的大直径风管；风管出风口至掌子面距离小于10m。

（5）是否按要求每周进行一次风电闭锁测试，每月进行一次风机供电切换、风机切换，每7d进行一次测风，且留有记录。

3. 瓦斯监测

（1）是否建立人工检测、自动监控系统，自动监控系统运行良好。

（2）甲烷传感器布置符合要求（掌子面、防水板作业台架、二衬台车前端、洞内距洞口30m或辅助坑道与正洞交会处，布设甲烷传感器，悬挂位置距拱顶不大于30cm处）。

（3）每一个工作面每班至少有1名瓦检员，瓦检员携带便携式多参数测定仪；瓦检员持证上岗，熟悉检测仪器及操作方法。

（4）对掌子面、断面变化处，局部坍塌处，洞室、超前钻孔、加深炮孔等重点部位使用光干涉瓦检仪加强检测。

（5）按规定频次（每2h一次；对瓦斯浓度超过0.5%地段，不超过1h检测一次）进行瓦斯检测，及时填写瓦斯检测手册、台账、公示牌。

（6）带班作业人员、工班长、安全员、洞内掌子面作业机械（含运输车辆）驾驶员及相关管理人员进洞必须随身携带便携式瓦检仪。

(7) 瓦斯浓度超限时，按程序及时上报、处理。

4. 仪器设备

(1) 每周对瓦检仪、瓦斯传感器进行检验。

(2) 每周进行一次电气设备、固定机械、行走式机械等防爆设备检查。

(3) 电气设备具有瓦电闭锁装置，每周进行一次瓦电闭锁测试。

(4) 机械设备需经过防爆改装，由有资质的专业单位进行验收，并出具改装部分的检验报告、产品合格证等。

(5) 整车防爆机械设备、电气设备、车辆等需随车（设备）携带出厂合格证（复印件）及定期检查记录。

(6) 安全监控系统、人员定位系统、洞内照明、动力线路、接头、开关、局部通风机均应采用Ⅰ类防爆型（防爆插销及二衬台车行走电动机可采用Ⅱ类防爆型）。

(7) 凡是容易被撞击的、裸露的电气设备及机具传动部分，必须加装护罩或遮拦。

(8) 洞内使用矿灯必须满足Ⅰ类防爆标准，具有防爆合格证书和“煤安”标志证书。

(9) 便携式瓦检仪和矿灯集中由施工单位指定专人统一充电、管理，并登记发放。

(10) 建立洞内外联系通信系统，在洞内配置防爆型通信设备，确保洞内外通信联络畅通。

(11) 隧道供电应配置两套电源和双电源线路；工区线路不得分接隧道以外的任何负荷；进洞电力线路应采用防爆电缆，并敷设在洞内风、水管路另一侧。

5. 钻爆作业

(1) 爆破作业采用湿式钻孔，采用水压（水炮泥）爆破技术。

(2) 瓦斯段的爆破作业必须采用煤矿许用炸药，有瓦斯突出地段，必须使用安全等级不低于三级的煤矿许用含水炸药。必须使用煤矿许用瞬发电雷管或煤矿许用毫秒延期电雷管。使用煤矿许用毫秒延期电雷管时，最后一段的延期时间不得超过130ms。

(3) 严格按照钻爆设计打眼装药，采用正向装药电力起爆，炮孔深度、堵塞方式及长度符合要求。

(4) 装药前是否根据《爆破专项方案》检查钻孔深度、孔眼数量、间距及装药量。

(5) 严格执行“一炮三检制”和“三人连锁放炮制”，有相关记录。

(6) 电雷管和炸药必须分开运送，电雷管必须采用专用防爆箱运输。

6. 支护作业

(1) 超前支护间距、数量、注浆参数是否满足设计要求。

(2) 初期支护参数是否满足设计要求。

(3) 上下台阶开挖是否按规范及设计要求错台施工。

(4) 仰拱开挖后是否及时封闭。

(5) 需要动火的特殊工序施工前，是否严格执行动火申请审批要求。

7. 其他易发生事故检查

(1) 火灾。检查生活营地是否有违规取暖行为，检查用火管理，施工现场和员工宿舍是否设有符合紧急疏散要求、标志明显、保持畅通的出口。施工现场或者员工宿舍的出口禁止封闭、堵塞。厨房用火安全也是一个重点检查内容。消防栓、消防水池、消防沙、灭火器等消防设施器材是否设置和有效。

（2）触电。（焊接作业时触电、电源线破损触电、设备漏电触电、高压线距离不足触电、线路架设时触电）检查电源线路架设是否符合安全要求（重点检查隔离措施是否到位），施工现场高压线是否有足够的安全距离，检查三相五线、二级保护、一闸一漏、接地；检查作业人员是否穿戴绝缘防护用品；检查电气设备的金属外壳，是否按照技术标准采取安全保护措施。检查电工作业人员是否持证上岗，检查是否有施工临时用电方案（无论什么作业场所，看防护措施是否到位，看其是否有“禁止合闸”等警示标志）。

（3）火药爆炸。主要针对炸药库，查炸药库是否经公安部门验收，现场安全设施是否与验收时一致（防爆装置、避雷装置等），并仍在有效期内；查是否建立健全爆破器材的保管、领取、使用、回收、销毁和雷管编码管理制度，查出入库记录和人员进出登记本；查炸药、雷管是否按规定分开储存，严禁混存混放，查爆破保管员是否持证上岗。

（4）容器爆炸。主要针对气瓶库房和储罐，查氧气瓶和乙炔瓶储存时是否分开储存，通风装置是否合格（气瓶泄漏）；防晒措施是否到位。

（5）物体打击。主动防护和被动防护，主动防护特别重要。查高处作业点杂物是否清除，堆放的物品是否稳定、牢固，是否有交叉作业（完全避免是不可能的，安全措施必须到位），通道防护是否合格（用材合格）；查生产现场作业人员是否按规定正确佩戴安全帽（施工单位是否发放安全帽、安全帽是否合格）。施工单位必须坚持，无论是谁，只要进入施工现场，就都必须戴安全帽。

（6）机械伤害。（钻床、切割机、空压机、拌和系统。设备安全很重要）各种动力机械的转动、传动部位，压力机械的施压部位，切削机械的切削部位和其他机械对人体有伤害危险的部位，是否设置可靠的安全防护装置；是否有超温、超压、超负荷和带故障运行的机械设备；作业人员是否遵守操作规程，查从事有可能被转动机械绞辗伤害的作业人员，是否戴手套、穿着是否符合安全要求，设备维修监控人员是否到位。

（7）起重伤害。（塔式起重机、门机、架桥机、卷扬机、缆索式起重机、汽车吊，预制件吊装、模板吊装、混凝土吊装、建材吊装、设备吊装，起重机械倾覆、起吊物坠落、起吊物碰撞伤人和物）查现场是否有专职安全管理人员（危险作业），起重设备是否经检测检验合格，安全设施是否齐全（询问操作人员，交接班记录，设备维护保养情况），吊具是否合格（钢丝绳和吊钩组件，可现场检查且是重点检查项目），指挥、司索人员是否到位，是否按要求执行吊装令作业，是否有指挥通信工具，起吊物品是否绑扎牢固。查作业人员是否持证上岗，是否制定起重设备安装、拆除方案，是否制定物品起吊方案。禁止使用起重设备吊运施工作业人员。

（8）高处坠落。查安全网是否按规定铺设、安全网是否合格；查预留孔洞是否设置盖板或者进行临边防护，高处作业面临边防护是否合格（立杆、横杆）；施工单位是否发放安全带，安全带是否合格，高空作业人员是否系安全带和保险绳、是否正确使用。

（9）车辆伤害。查车辆驾驶人员是否持证上岗，隧道狭窄处是否设置躲避洞，是否设置限速标志，道路交叉处是否设置明显的警示标志并有专人指挥交通，机动车辆是否通过检测检验，各项安全系统是否合格。

8. 应急救援

(1) 在隧道主要施工场所附近设置安全备品站，存储足够数量的合格的自救器及其他安全防护用品。

(2) 按要求在洞外设置消防水池和消防用沙，消防水池储水量不小于 $200m^3$。

(3) 洞内设置消防管路，每 100m 设置消防水阀。

(4) 瓦斯作业区内按要求设置灭火器及消防设施。

(5) 编制应急救援预案，经监理单位审批，并组织应急演练。

(6) 就近与当地矿山救护队签订救护协议。

3.5 瓦斯隧道应急救援与事故处理

瓦斯隧道施工安全事故发生后的应急救援和事故调查处理是瓦斯隧道安全管理的最后一个重要环节。应急救援是在发生事故时，采取消除、减少事故危害和防止事故扩大或恶化，从而最大限度地降低事故造成的损失和危害。事故调查处理是分析事故原因、处理责任人、教育员工吸取教训并采取措施防范类似事故再次发生。《安全生产法》《突发事件应对法》《建设工程安全生产管理条例》和《生产安全事故报告与调查处理条例》在生产安全事故应急预案编制、事故报告、防止事故扩大和事故现场保护，以及对事故进行调查处理等方面有明确规定。

3.5.1 应急工作原则

(1) 以人为本，安全第一。切实履行职能，将公众的利益和生命安全放在首位，最大限度地减少突发事件所造成的人员伤亡和危害。

(2) 居安思危，预防为主。高度重视应急管理工作，坚持预防与应急管理相结合，常态与非常态相结合，做好应对突发事件的应急工作。

(3) 统一领导，分级负责。实行企业与建设单位领导下的行政领导责任制，对突发事件进行分类管理、分级负责和属地管理，各单位（部门）按照各自职责分工负责、紧密配合，充分发挥现场应急指挥机构的作用。

(4) 快速反应，协同应对。加强以分级和属地管理为主的应急处置队伍建设，整合项目部及各作业单位现有应急资源，充分利用施工区及社会应急资源，实现组织、资源和信息的有机整合，并形成统一指挥、反应灵敏、协调有序、运转高效的应急管理机制。

(5) 规范管理，提高素质。要依据有关法律和行政法规，加强应急管理，使应对突发事件逐步规范化、制度化。采用先进的监测、预测、预警和应急处置技术和设施，提高应对突发事件的科技水平、指挥能力和综合能力。

3.5.2 风险分析及评估

根据城市轨道交通油气田瓦斯隧道施工特点和危险源及风险总体分析，主要危害如下：

自然灾害类：油气田瓦斯隧道多地处山区，雨季容易发生洪水、山体滑坡、泥石流等地质灾害，容易造成人员伤亡。

事故灾害类：地铁瓦斯隧道如果为“长大山岭”高瓦斯隧道，人字坡，发生放炮、坍塌、物体打击、高处坠落、起重伤害、车辆伤害、机械伤害、淹溺、触电、火灾、火药爆炸、压力容器爆炸、中毒及窒息、瓦斯爆炸等安全生产事故的可能性较大，容易造成人员及设备财产损失。

公共卫生类：项目部及施工现场各营地人员密集，流动性大，相对卫生条件差，可能发生食物中毒或群体性疾病事件。

社会安全事件类：因施工活动影响，施工现场周边居民或施工人员之间可能发生打架等群体性事件。

结合工程施工的特点，项目部编制《地铁瓦斯隧道重特大危险源辨识分析表》，如表 3-3 所示。

表 3-3　城市轨道交通工程油气田瓦斯隧道重特大危险源（风险源）辨识分析表

序号	危险源名称	事故类型	采取措施	风险级别
1	地铁瓦斯隧道	瓦斯爆炸	地铁瓦斯隧道穿越龙泉山含油气构造，为浅层天然气，且浓度较高，最高浓度达到 86540×10^{-6}，为典型的油气田区高瓦斯隧道。通过超前地质预报、瓦斯监控与检测、作业机械主动防爆改装、加强通风管理等手段进行瓦斯防控，确保安全施工	特别重大
2	地铁瓦斯隧道矿山法施工	通风	为保证施工安全，控制瓦斯浓度在规范要求以下，同时防止局部瓦斯聚集。地铁瓦斯隧道采用自然通风、压入式通风和巷道式通风。通风机均安装风（瓦）电闭锁装置，保证在主风机停风或停电时，备用风机和备用发电机在 15min 内启动，保证隧道施工安全，掌子面及台车上安装局扇进行通风，防止瓦斯聚集。成立通风小组，建立完善的通风管理制度	重大
		隧道坍塌	遵循“短开挖、弱爆破、强支护、快封闭、勤量测”的施工原则，施工前采取超前地质预报、地表洞身变形监测等手段掌握围岩情况，洞口采用大管棚进洞，遇围岩破碎处采取超前支护等措施	重大
		爆破作业	遵循“短开挖、弱爆破、强支护、快封闭、勤量测”的施工原则，施工前做好技术交底，爆破施工过程中严格遵循操作规程，加强现场管理，杜绝违规操作	重大
		防洪	在施工前，根据水文资料，完成排水系统施工。汛期到来前做好防汛准备，制定防洪度汛应急预案并进行演练	重大
3	炸药库火工品存放、运输	爆炸	完成炸药库验收工作，建立完善的炸药库、火工用品防范管理制度，施工过程中严格遵循制度、规程，加强管理	重大

续表

序号	危险源名称	事故类型	采取措施	风险级别
4	危险作业	开挖	做好安全技术交底，过程严格控制	一般
		出碴	设备采用防爆改装，机械操作人员持证上岗，严格遵守安全操作规程	
		支护	安全技术交底，现场检查、验收，施工过程管理人员旁站指导	
		衬砌	衬砌台车采用厂家定制，安全技术交底，作业人员严格遵守安全操作规程，管理人员施工过程旁站管理	
		用电	电气设备防爆改造，用电设备采用“三专、两闭锁”，洞外防雷接地。配置专业电工，严格遵守操作规程	
		辅助作业	空压机、变压器、高压风管、水管等定期维护、检验，专人持证上岗，严格遵循管理制度、操作规程	

3.5.3 应急预案

应急预案是开展应急救援行动的计划和实施指南，是指面对突发事件如自然灾害、重特大事故、环境公害及人为破坏的应急管理、指挥、救援计划等。它一般应建立在综合防灾规划之上。其几大重要子系统为：完善的应急组织管理指挥系统；强有力的应急工程救援保障体系；综合协调、应对自如的相互支持系统；充分备灾的保障供应体系；体现综合救援能力的应急队伍等。

1. 应急预案分类和内容

应急预案从功能与目标上划分为三种类型：综合应急预案、专项应急预案和现场处置方案。综合应急预案是应急预案体系的总纲，是应对一般及其以上事故（事件）的指导性文件，从总体上阐述事故应对方针、政策，应急组织机构及职责、应急响应、措施和保障等基本要求和程序；专项应急预案主要针对某种特有和具体的事故（如瓦斯爆炸、隧道坍塌、机械设备事故、火灾、中毒窒息等），侧重明确救援程序和具体的应急救援技术措施；现场处置措施，应具体、简单、针对性强。综合应急预案、专项应急预案和现场处置方案各有侧重、相互衔接，构成一个应急预案体系。

1）综合应急预案的内容

综合应急预案应当包括总则、组织机构及职责、预警和预防机制、应急响应程序与处置技术、后期处置、保障措施、附则和附录等8个方面的内容，其中，组织机构及职责、信息报告与处置、应急响应程序与处置技术等要素属于应急预案的关键要素，是涉及日常应急管理与应急救援的关键环节，应体现在应急预案中。同时，危险源辨识与风险分析、应急资源和能力评估是确保应急预案具有针对性和可操作性的重要的应急策划工作，应体现在应急预案中。

2）专项应急预案的内容

专项应急预案主要内容包括应急处置的基本原则、应急组织及职责、预防与预警、应急处置（相应分级、相应程序、处置措施）、应急物资与装备保障（数量、管理与维护、正确使用）等，突出应急救援的技术措施。其内容要参照综合应急预案的内容要求。

3）现场处置方案的主要内容

现场处置方案的主要内容包括应急组织与职责（主要是基层单位和现场应急、自救组织与人员的职责）、应急处置（事故应急处置程序、现场应急处置措施、报警电话及联系电话）、注意事项（个人防护、抢救器材、救援对策或措施、自救与互救等）。

2. 应急预案管理

1）应急预案培训

项目部应急培训工作按照“统一领导，分级负责”的原则开展。项目部应急领导小组办公室负责编制应急培训工作计划，组织项目部各职能部门应急知识培训，并指导监督各工区开展应急培训。各工区负责本单位的应急培训工作。

项目部应急管理培训主要采用授课的方式，积极运用专题讲座、案例分析、情景模拟、预案演练、对策研究等多种形式进行，增强培训效果，提高培训质量。按照分级分类、保证质量的培训原则，每年不少于 8 次（期），每次（期）不少于 2 学时，其中应急预案培训每年不少于 1 次。

施工单位项目部应急管理培训主要包括宣传国家安全生产法律法规和事故预防、避险、避灾、自救、互救知识培训，项目部各级安全生产管理人员应急指挥和处置能力培训，施工作业人员操作规程培训及岗位应急处置知识培训，应急救援队应急搜救能力培训等，使有关人员了解相关应急预案内容，熟悉应急职责、应急程序和现场应急处置方案。图 3-33 所示为应急演练前的培训现场。

图 3-33　应急演练前培训现场

2）应急预案演练

（1）演练形式：演练分为桌面推演（图 3-34）、现场演练。

（2）演练范围及频次：项目部应急领导小组办公室负责组织编制年度应急演练工作计划，组织各工区按计划开展应急预案演练。各工区应配合开展应急预案和现场处置方案演练。

项目部应根据风险防控重点，每年至少组织一次综合（专项）应急预案演练，每半年应至少组织一次现场应急处置方案演练，每年汛期应开展防范地质灾害专项演练。

（3）演练记录：每次演练过程应有相应记录，并附有相应演练问题整改落实情况，安全部存档备查。

(4) 演练评估与总结：演练现场评估工作结束后，应针对收集的各种信息资料，依据评估标准和相关文件资料对演练活动全过程进行科学分析和客观评价总结，查找不足并制定整改方案，撰写演练总结，演练总结包括如下内容：

① 演练基本情况：演练的组织及承办单位、演练形式、演练模拟的事故名称、发生的时间和地点、事故过程的情景描述、主要应急行动等。

② 演练评估过程：演练评估工作的组织实施过程和主要工作安排。

③ 演练情况分析：依据演练评估表格的评估结果，从演练的准备及组织实施情况、参演人员表现等方面具体分析好的做法和存在的问题，以及演练目标的实现、演练成本效益分析等。

④ 改进的意见和建议：对演练评估中发现的问题提出整改意见和建议。

⑤ 评估结论：对演练组织实施情况进行综合评价，并给出优（无差错地完成了所有应急演练内容）、良（达到了预期的演练目标，差错较少）、中（存在明显缺陷，但没有影响实现预期的演练目标）、差（出现了重大错误，演练预期目标受到严重影响，演练被迫中止，造成应急行动延误或资源浪费）等评估结论。

图 3-34　应急预案桌面推演

3）应急预案修订

(1) 项目部总体应急预案由项目部应急领导小组办公室负责修订，各专项应急预案由相关职能部门、单位负责修订。预案的附件至少每年更新一次，如有变化应实时更新。总体应急预案和专项应急预案应至少每两年修订一次，预案修订情况应有记录并归档。

有下列情形之一的，项目部应及时对应急预案进行相应修订：

① 有关法律、行政法规、规章、标准、上位预案中的有关规定发生变化的；

② 应急指挥机构及其职责发生重大调整的；

③ 面临的风险发生重大变化的；

④ 重要应急资源发生重大变化的；

⑤ 预案中的其他重要信息发生变化的；

⑥ 在突发事件实际应对和应急演练中发现问题需要做出重大调整的；

⑦ 应急预案制定单位认为应当修订的其他情况。

（2）应急预案修订涉及组织指挥体系与职责、应急处置程序、主要处置措施、突发事件分级标准等重要内容的，修订工作应参照国务院办公厅《突发事件应急预案管理办法》（国办发〔2013〕101 号）相关规定的预案编制、审批、备案、公布程序组织进行。仅涉及其他内容的，修订程序可根据情况适当简化。

（3）现场应急处置方案由项目部安全部门负责修订，每年至少修订一次，经项目部分管负责人审批后发布执行。

4）应急预案备案

本应急预案及专项应急预案经评审后应报送企业、监理单位、建设单位备案，并报地方政府机关备案。

5）应急预案维护和更新

根据生产经营活动的变化及演练情况，应及时对预案进行修订，并组织评审。

3.5.4 应急救援

1. 应急救援活动的运作机制

应急救援活动一般包括预防与应急准备、监测与预警、应急处置与救援和应急恢复 4 个阶段。施工过程中主要围绕这 4 个阶段进行预防和控制。城市轨道交通工程油气田瓦斯隧道施工安全应急救援运作机制主要有统一指挥、分级响应、政府主导等基本原则。

1）统一指挥、分工协作

城市轨道交通工程施工事故应急救援往往涉及多个救援机构，因此，对应急行动的统一指挥和协调是应急救援有效开展的关键。无论应急救援活动涉及单位和个人的行政级别高低和隶属关系是否相同，都需在应急指挥部的统一指挥、协调下，在各自的应急职责范围内，密切配合、协调行动。

一般来说，施工安全事故应急救援的总指挥，依据先期处置原则和事故发展、响应级别的抬升，可能先后需要由施工项目部负责人、建设单位负责人、当地政府（主管部门）负责人担任。一旦指挥的权力转移到上一层的指挥人员手中，原有的指挥人员仅提供支持的功能，而不能再进行应急响应行动的决策。需要强调的是，施工现场发生事故后，最重要的是现场实施的减少事故影响和挽救生命的行动。因此，在应急预案中应明确出现事故征兆、事故发生后第一时间内的现场第一负责人（可以是工区负责人、队长、班组长）应该干什么，如下令停止作业、撤离人员到安全区域，在确保人员安全的前提下调集资源、人员进行必要的先期处置等。

2）先期处置、分级响应

依据事故的危害程度、影响范围和需要控制事态的能力，突发事件一般划分为特大、重大、较大和一般突发事件。但无论是哪一级事件，都遵循基层先行、视情升级的方式处理。施工单位及其项目部，作为项目施工的主体，有条件第一时间掌握事故征兆和事故发生的信息，应立即启动应急预案，进行先期处置（初级响应）。当事故的规模、性质和救援难度超出项目部（单位）的应急能力时，则应果断请求建设单位增援或当地政府指挥和扩大应急救援活动的强度（扩大应急），以便最终控制事故发展。从广义上说，应急响应包括应急撤离（在出现异常情况或危险征兆时，紧急撤离人员）、应急抢险（在险情降临前撤人员和物资、财产，或加固防险保护）、应急排险（排除已出现的险情和潜在的危险）和应急救援（在事故发生或险情出现后迅速救助受伤和遇险人员）。

3）政府主导、业主配合

根据《突发事件应对法》，突发事件应急处置工作原则上由事发地的人民政府负责。地方各级政府是本级行政区域突发事件应急管理工作的行政领导机关，负责本行政区域各类突发事件应急管理工作，在突发事件发生后应立即采取措施控制事态发展，组织开展应急救援和处置工作。施工单位在其工程项目发生施工安全事故且事故的规模、性质和救援难度超出本单位的应急能力时，应立即报告当地政府的应急指挥机构，请求其组织、协调、指挥施工安全事故应急工作。根据当地政府（主管部门）的指令或施工单位的委托，建设单位也可以组织、协调、指挥其应急能力能够处置的施工安全事故。

2. 应急管理的基本要素

施工安全事故的应急活动是一个动态发展的过程，一般包括预防与应急准备、监测与预警、应急处置与救援、事后恢复与重建等环节。

1）预防与应急准备

应急准备是应急救援过程中极其关键的过程，它是针对可能发生的事故，为迅速有效地开展应急行动而预先所做的各种工作，其目标是保持事故应急救援所需的应急能力。

（1）准备应急资源。应急资源的准备是应急救援工作的重要保障，项目部应根据潜在事故的性质和后果分析，配备相应的应急资源，包括救援机械、设备、设施、物资、交通工具、医疗设备和必备生活保障物资等。项目部应对应急资源定期检查、维护和更新，保证其始终处于完好状态。

项目部应建立并及时更新应急抢险资源信息数据库（项目部自有的、可从外部租赁或求援的应急设备、物资清单），明确物资、装备的类型、数量、性能和存放位置，以及负责人和联系方式。

图 3-35 所示为应急物资库专项检查现场。

图 3-35　应急物资库专项检查现场

（2）组建抢险队，进行应急培训。项目部组建抢险队（图 3-36），发现事故或接到事故报告时，首先组织抢险队（包括其他工区的）进行抢险，必要时请求其他单位给予支持或与建设单位协调。项目部应对抢险队和项目部其他所有人员进行事故预防、避险、避灾、自救、互救等应急教育、培训；为抢险人员购买人身意外伤害保险。

图 3-36　应急抢险队伍

（3）进行应急演练，提高应急救援能力。为了在出现事故时能处理迅速，不至于手忙脚乱，项目部对预设事故进行实地演练（图 3-37），并填写应急演练记录表，记录演练内容、人员分工、方案、处理程序等，不断修改、完善应急预案。演练的方式有桌面演练、实操演练（含预先告知和不告知），最有效的是预先不告知的实操演练。实操演练要注意演练过程中的安全。

图 3-37　专项应急演练

（4）签订互助协议，确保应急资源共享。项目部应事先与近邻城市轨道交通其他施工单位、地方医院、矿山救护队及其他周边单位签订互助协议，建立互助关系，以便在事故发生后及时得到外部救援力量和资源的援助。同时，宜在施工合同或特别签订的协议中委托建设单位在必要时组织、指挥项目施工事故的应急抢险工作。项目部应在施工现场和办公区域、生活区域显著位置张贴当地政府（部门、街道办）应急指挥中心与专业应急机构、医院、地下管线抢修机构、城市轨道交通项目建设单位和项目部的应急联系电话一览表。图 3-38 所示为专业矿山救护队。

2）监测与预警

（1）监测。

① 安全事故信息系统。施工单位的城市轨道交通工程项目部应建立安全事故信息系统，收集、储存、分析、评估和传输事故发生、发展情况。安全事故信息系统宜以视

频监控实时监测系统为平台，系统应保证信息上下（现场、项目部、施工单位、建设单位、政府机构等）、左右（施工项目部与周边社区、单位之间）传输、交换畅通。

图 3-38　专业矿山救护队

② 日常监测。施工项目部的事故（险情）信息收集途径有多种，常见的有视频监控、施工监测、安全管理人员的巡视和当事人、目击者的报告，以及第三方监测单位、监理单位、建设单位和工程周边建（构）筑物、地下管线管理单位的反馈。

工程安全监测（施工监测、第三方监测）通过一定的测量测试仪器、设备，对工程围（支）护结构、围岩或开挖面和施工影响范围内的周边环境进行位移、变形、倾斜、应力等量测和观察，可以及时发现工程异常情况并进行预警。施工监测是地下工程的“眼睛”，是事故监测与预警的重要的有效手段。

施工安全巡视与安全检查类似，也是要通过现场巡视发现不安全状态和不安全行为等安全隐患以及事故征兆。巡视主要从开挖面地质状况、支护结构体系、施工工艺及设备、施工组织管理及作业状况和工程周边环境等方面进行，巡视主体包括施工单位、监理单位及其他专业咨询机构（或技术专家）、设计单位等。施工单位应培养一批针对项目风险特点的有经验的安全兼职人员，因其可能是当事人或第一目击者，常常在异常监测、应急响应中起到重要作用。

当监测或巡视发现异常情况时，应及时报告；施工单位及其项目部负责接警的机构和负责人应对异常情况进行分析、评估，并启动相应预警。图 3-39 所示为施工监测现场。

（2）预警。

开展危险源辨识，建立健全项目部重大危险源（指危险物品重大危险源及施工重大危险源，下同）信息监控方法与程序，完善危险源辨识工作，对所有危险源进行识别和评估。

建立重大危险源监控系统和现场监控制度，从技术和管理措施上加强对重大危险源的监控。要求明确各级监控人员及其职责，制定监控频次、内容、记录和报警处理等工作要求，对重点部位、重要设备、重要工艺参数和重点岗位等实施有效监控，确保即时接收各类报警信号并及时做出处理。发现事故征兆要立即发布预警信息，落实防范和应急处置措施；对较大及其以上突发事件风险信息要及时上报监理单位、建设单位安委会，对危险设备和危险区域予以明显标识，实现规范化、标准化管理。

项目部应急领导小组针对预测可能发生的突发事件建立预测预警体系，对所有危险源和风险因素进行识别和评估，针对各种可能发生的突发事件建立完善的预测预警机制，开展风险分析，做到早发现、早报告、早处置。

图 3-39　施工监测现场

① 预警级别。按照突发事件发生的紧急程度、发展态势和可能造成的危害程度将预警分为蓝、黄、橙、红 4 个等级，具体划分标准如下：

蓝色预警：预计将要发生Ⅳ级突发事件（事故），事件（事故）即将临近，事态可能会扩大。

黄色预警：预计将要发生Ⅲ级突发事件（事故），事件（事故）已经临近，事态有扩大的趋势。

橙色预警：预计将要发生Ⅱ级突发事件（事故），事件（事故）即将发生，事态正在逐步扩大。

红色预警：预计将要发生Ⅰ级突发事件（事故），事件（事故）会随时发生，事态正在不断蔓延。

② 预警发布和解除。项目部应急领导小组接到可能导致突发事件的信息后，应按照应急预案及时研究确定应对方案，并通知有关单位（部门）采取相应行动预防和控制事故的发生、扩大。

a. 预警级别依据突发事件可能造成的危害程度、紧急程度和发展态势，并且根据发生的事故级别分级报告。发生在敏感地区、敏感时间的突发事件信息的报送，不受分级标准限制，可随时上报。

b. 项目部应急领导小组办公室发布（或解除）各级预警，预警信息通过短信、传真、QQ 群、卫星电话、对讲机、铜锣、手摇警报器等方式发布（解除），项目部应急领导小组同意发布（解除）预警信息后，通过应急领导小组办公室直接发布（解除）。发布（解除）原则如下：

蓝色预警由项目部应急领导小组副组长批准发布（解除）。

黄色及黄色以上预警由应急领导小组组长或常务副组长批准发布（解除）。

c. 现场预警。在确定突发险情状况时，作业面的带班人员、班组长、施工员或现场安全管理人员，有第一时间下达现场紧急避险撤离命令的直接决策权和指挥权；现场报警、预警主要采取移动电话、对讲机、手摇警报器、口哨、口头等方式进行，及时传达到相关单位及人员。

③ 预警处置。应急领导小组办公室及时通过电话等方式对预警信息接收情况向各单位进行复核、提醒。

预警发布后，根据发生突发事件的特点和可能造成的危害，项目部各职能部门、各单位根据职责分工及时收集、报告有关信息，加强对突发事件发生、发展情况的实时监测、预报和预警工作。

发生突发事件后，事故发生单位负责人应按照应急预案和现场处置方案要求及时采取应对措施，项目部应急领导小组根据事件性质、严重程度和自救能力等情况，视需要及时请求中电建成投指挥部、地铁公司及社会应急救援组织进行应急支援。

（3）信息报告。

信息上报内容、时限要求与处置流程：项目部发生人身伤亡、财产损失等突发事件后，事故现场人员应立即报告本单位负责人。突发事件发生单位负责人接到报告后，应立即报告项目部应急领导小组办公室，项目部应急领导小组办公室根据事故突发事件性质、影响范围、发展趋势，根据应急领导小组指示，按突发事件的类型在规定时间内分别上报至企业、监理单位、建设单位、县级人民政府相关部门、四川省安监局等单位。

报告内容主要包括时间、地点、突发事件的简要经过、遇险人数、直接经济损失的初步估计、事件性质、影响范围、事件发展趋势和已经采取的措施等。在应急处置过程中，要及时续报有关情况，不得迟报、谎报和瞒报。事故上报后，又出现新情况，应及时补报。

上报信息传递程序，如图 3-40 所示。

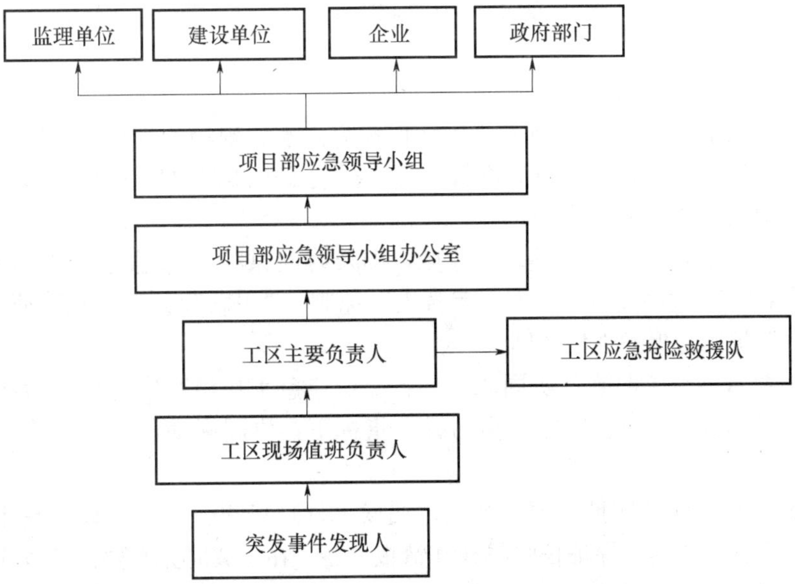

图 3-40　突发事件报告程序流程图

3）应急处置与救援

（1）应急响应。

① 响应分级。

一级响应：发生影响、后果相当于Ⅰ、Ⅱ级突发事件时，由施工企业及上级应急管理机构开展应急救援工作，项目部应急领导小组启动本预案和有关专项应急预案进行先期处置，并按上级应急指挥机构统一部署开展应急救援工作。

二级响应：发生影响、后果相当于Ⅲ级突发事件时，项目部应急领导小组启动本预案和有关专项应急预案进行处置，并及时对应急救援工作开展情况上报监理单位、建设单位。

三级响应：发生影响、后果相当于Ⅳ级突发事件时，由项目部应急领导小组启动本预案和有关专项应急预案进行处置。当项目部应急领导小组启动应急预案进行处置时，各工区现场应急处置小组配合开展应急救援工作，并及时对应急救援工作开展情况上报监理单位、建设单位及企业相关部门，并寻求外部增援。

② 响应程序。发生突发事件工区应立即开展现场应急救援，及时报告应急领导小组办公室，并成立现场应急处置组，事发单位负责人应在现场指挥救援疏散等工作。

项目部应急领导小组办公室按照应急报告程序 10min 内向监理单位、建设单位上报事件情况。

在上级应急管理机构采取应急行动前，项目部应急领导小组启动本应急预案，项目部应急领导小组各成员到位，统一指挥、调用项目部应急资源，进行紧急处置，防止事故的扩大。

③ 扩大应急。因突发事件造成的危害程度超出自身控制能力或次生、衍生出其他突发事件，目前采取的应急救援能力或应急资源不足以控制严峻的发展形势，项目部应急领导小组应及时报请地方政府、地铁公司、中电建成投指挥部、公司应急指挥部，启动响应应急预案。图 3-41 所示为应急响应流程图。

（2）应急处置。

① 应急处置的原则。

a. 突出重点，以人为本，救人优先。抓住突发事件现场的主要方面，按“先易后难，救人第一”的指导思想，积极抢救人员。在救人中体现“救多数人、救活着的人”等原则，确保救人的数量和质量。

b. 遵守安全排险救助的七项基本原则，即及时性原则；“先撤人、后排险”原则；“先救人、后排险”原则；“先防险、后救人”原则；“先防险、后排险”原则；“先排险、后清理”原则；保护现场原则。

c. 统一指挥、分工明确、协同联动。各专业应急工作组和应急抢险救援队按照应急分工，各尽其责，在应急指挥机构的统一指挥下，协同联动，防止多头指挥及人身伤害。

d. 信息畅通，做好防护，慎重初战。突发事件现场情况复杂，危机丛生，在指挥中会有诸多不便，因此要保证信息畅通和情报准备；在初战时尤其要注意安全，应急抢险救援队在做好防护、保证自身安全的情况下，在现场要遵循“主动承担、积极汇报、方案缜密、合理冒险”的原则，积极稳妥地开展应急行动。

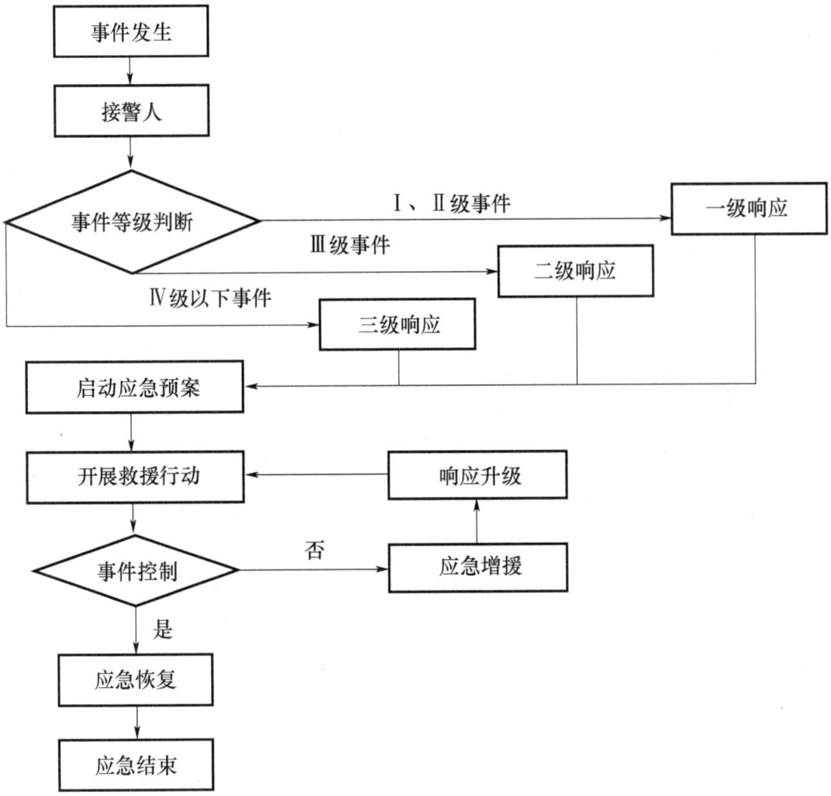

图 3-41　应急响应流程图

② 应急处置的要求。

a. 先期处置。发生突发事件的单位要立即采取措施控制事态发展，组织现场应急救援工作，及时有效地进行先期处置。

先期处置队伍赶到突发事件事发现场后应立即开展以下工作：

应当尽快对突发事件发生的基本情况做出尽可能准确的初始评估，包括事件影响范围及事件危害扩展的潜在可能性以及人员伤亡和财产损失情况。

清点当班作业人数，积极抢救遇险、遇难人员，排查现场查看有无被困人员。

根据突发事件现场情况，确定警戒措施和范围，封锁事故现场，严禁一切无关的人员、车辆和物品进入事故危险区域。现场警戒措施包括设置危险区边界警戒线（黄黑带）、警戒哨佩戴臂章、用喇叭警告。

b. 指挥和协调。各单位现场应急处置机构负责管辖范围内事故的应急救援指挥和协调，包括根据应急指挥部应急领导小组指令发布应急预案的启动和结束命令，成立专业应急工作组，掌握现场信息，提出现场应急行动要求，协调开展救援行动，及时向上一级应急指挥机构报告应急救援行动的进展情况。

c. 项目部应急领导小组根据突发事件情况开展应急救援工作的指挥与协调，布置、协调有关部门、应急救援队伍、相邻单位的应急救援队伍、地方政府的应急救援队伍，提供增援或保障。进入应急救援响应程序后，项目部应急领导小组应靠前指挥：

根据不同的突发事件类型，及时研究和制定有效的应急救援方案和应急处置措施，必要时进行调整，但应尽量避免在对情况判明不清的情况下做出草率的决定。

现场应急救援和处置工作由组长统一指挥。各应急保障系统和专兼职应急救援队伍在接警后火速赶往现场，并向现场应急领导小组报告所携带的救援资源，根据应急救援方案和处置措施进行抢险救援。

在统一安排和调动下，妥善组织人员疏散，对现场受伤害人员进行营救、寻找、救护，并转移到安全区；通过信号、广播等组织和引导员工和群众进行疏散、自救、互救。

开辟应急救援人员、车辆及物资进出的安全通道，维持突发事件现场的社会治安和交通秩序，控制人员和车辆出入。

要充分调动一切力量，迅速控制突发事件的发展，保护现场人员的安全，将突发事件对人员、财产和环境造成的损失降到最低程度；组织抢险队伍，控制危险源，监控和保护周边危险点，防止事态扩大，并防止可能发生的二次伤害和次生、衍生灾害。

d. 项目部应急领导小组要密切注意突发事件发展情况，在未得到有效控制，有进一步扩展危及救援人员安全的情况下，要保证应急救援人员人身安全。

e. 现场发现有人员伤亡时，根据突发事件类别和现场人员被伤害的程度，一边通知急救医院，一边对受伤人员进行现场紧急救护；对重伤者不明伤害部位和伤害程度的，不要盲目进行抢救，以免引起更严重的伤害。

f. 在做好突发事件紧急救援的同时，应注意保护现场，对相关信息和证据进行收集和整理，配合上级和当地政府部门做好突发事件调查工作。

g. 项目部应急领导小组应动态掌控突发事件应急处置情况，当突发事件的严重程度以及发展趋势超出其应急救援能力时，应及时报请上一级应急指挥机构。

项目部应急领导小组接到生产安全事故及突发事件的报告后，项目部应急领导小组根据事件灾难情况开展应急救援工作的指挥与协调，并迅速成立现场应急处置组，由现场应急处置组负责现场的应急处置工作。需要多个相关部门共同参与处置的突发事件，由该类突发事件的业务主管部门牵头，其他部门予以协助。

各单位及有关应急队伍在现场应急处置组统一指挥下，密切配合，共同实施抢险救援和紧急处置行动。现场应急处置组应组织力量不间断地对事故现场进行监视，掌握事态发展，向项目部应急领导小组报告并提出应急处置建议。

（3）应急保障。

① 通信与信息保障。施工单位项目部主管部门应积极与建设单位、警卫消防、水文气象、地震监测、供电、供气、外事、信息等部门和单位进行沟通，要做好对各类突发事件的预测预警工作，整合监测信息资源，依托网络技术，建立全时段、全覆盖的突发事件预测预警系统，并建立完善的救援力量和资源信息数据库，保证应急机构之间的信息资源共享，为应急决策提供相关信息支持。

各级应急组织构成单位和人员应保持手机 24h 畅通。

施工单位项目部和各单位对对讲机系统和通信电话加强维护，确保应急期间信息通畅。

施工单位项目部与地方政府有关部门建立突发事件紧急联络体制，作为应急救援联络备用方案。

② 应急队伍保障。施工单位项目部应急领导小组办公室负责调度项目部内的应急救援人员，负责与建设单位联系与协调，必要时与地方政府相关部门、卫生机构、公安消防、武警部队的联系与协调，负责与地方应急救援指挥机构、安全、环保部门的联系与协调。

施工现场各工区应建立符合自身应急要求的兼职应急抢险救援队，并加强对应急抢险救援队的业务培训和应急演练。施工单位项目部应建立与成都市地方政府、卫生机构、公安消防、环保部门等单位之间的联动协调机制，发挥其在应对突发事件中的重要作用。

施工单位项目部应与就近的矿山应急救援队签署应急救援协议；项目部成立专家技术组，开展应急救援技术指导工作，并与专业机构签订瓦斯灾害防治技术服务。

③ 应急物资装备保障。施工单位项目部设备物资部为应急救援物资保障部门。项目部各单位要建立健全应急物资储备、调拨及紧急配送体系，建立健全以应急储备物资为主和社会救援物资为辅的应急物资供应保障体系，完善应急工作程序，确保应急所需物资的及时供应；并加强对物资储备的监督管理，根据应急需要及时予以补充和更新。为确保救援工作的实效性，项目部对系统内的应急救援物资、设备和医护人员实行就地、就近调用和应急状态下优先使用的原则。

项目部及各单位建立应急物资装备清单，明确应急救援需要使用的应急物资和装备的类型、数量、性能、存放位置、管理责任人及其联系方式等内容。

④ 其他保障。

a. 基本生活保障。项目部综合管理部（工会）为基本生活保障部门，确保受灾人员的基本生活保障。

各单位要做好受灾职工群众的基本生活保障，确保受灾职工群众有饭吃、有水喝、有衣穿、有住处、有病能得到及时医治。

b. 经费保障。应急经费应纳入安全投入计划，用于突发事件应急管理工作机制日常运作和保障、信息化建设等所需经费，通过项目部及各单位的年度预算予以落实。

项目部财务部为应急经费保障部门，设置应急保障的专项经费，并保证应急资金第一时间到位。

各单位应根据应急管理工作的需要，建立经费保障制度，安排必要的投入，为开展应急管理工作提供必要的资金保证。

c. 交通运输保障。项目部设备物资部、综合管理部为应急交通运输保障部门。项目部及各工区应保证紧急情况下应急交通工具的优先安排、优先调度、优先放行，确保运输安全畅通，抢险救灾物资和人员能够及时、安全送达。

d. 治安维护。项目部综合管理部保卫人员负责应急治安保卫工作的联系与协调。

各单位保卫部门（人员）要加强对重点地区、重点场所、重点人群、重要物资和设备的安全保护，严防各类违法犯罪活动。必要时，依法采取有效管治措施，控制事态，维护秩序。

e. 医疗卫生保障。项目部依托当地政府建立医疗卫生应急专业技术队伍和保障系统。由项目部综合管理部负责与地方医疗机构、急救中心联系与协调，视情况与具有救护资质水平的地方医疗卫生部门签订应急救援协议，确保施工项目具备应急救援的医疗保障基本条件。

f. 人员防护。项目部安全部负责应急突发事件的人员防护工作，根据现场需要配备相应的专业防护装备。

项目部各工区要建立与人口密度、规模相适应的应急避险场所，完善紧急疏散办法和程序，明确责任人，确保在紧急情况下，公众能够得到安全有序的转移或疏散。在救援工作中，应采取必要的防护措施，确保人员安全。

应急避险场所主要有各工点营地停车场、施工区、加工厂，施工现场主要有隧道内已支护完好的洞段等，并做好安全标识。

g. 技术保障。依托企业、监理单位、建设单位突发事件应急救援专家组，为应急救援提供技术支持和技术保障。

与地方专业机构签订瓦斯灾害防治技术服务工作。

4）事后恢复与重建

（1）应急结束。当遇险人员全部得救，突发事件现场得以控制，环境符合有关标准，导致的次生、衍生事件隐患消除后，经现场应急处置机构确认，经应急指挥部应急领导小组批准，应急领导小组宣布现场应急处置工作结束，应急救援队伍撤离现场。

应急结束后，现场应急处置机构应组织完成如下工作：

① 事发单位按有关规定向项目部应急领导小组办公室报告突发事件发生、发展、应急救援处置等情况。

② 事发单位做好事故现场保护和原始资料收集工作，向事故调查组移交相关资料。得到突发事件调查组同意后，经项目部应急领导小组批准，方可开始现场恢复重建工作。

③ 组织编写应急救援工作总结报告，报项目部应急领导小组办公室。应急救援工作总结报告应作为应急预案评审维护的重要资料。

（2）信息公开。为了正确把握舆论导向，施工单位项目部综合协调部负责人应及时将相关信息汇报给应急领导小组，经应急领导小组同意后，负责向有关媒体、社会公众通报突发事件的发布工作。应急指挥部要遵照国家相关法律法规，依照“实事求是，客观公正，内容翔实，及时准确”的原则采用适当方式及时、准确、全面、客观地向有关方面或社会公众发布突发事件的相关信息。

发布形式可采用组织报道、接受记者采访、举行新闻发布会等方式进行。

严禁任何组织或个人在未经应急指挥部应急领导小组授权的情况下擅自对外发布事故信息，违者将追究责任。

（3）善后处置。发生突发事件后由应急指挥部善后工作小组，积极稳妥、深入细致地做好善后处置工作的具体事宜。善后处置工作主要包括医疗救治、人员安置与补偿、现场清理与污染物处理、事故后果影响消除、生产秩序恢复、善后补偿、抢险过程和应急救援能力评估等事项。

相关单位（部门）在应急指挥部应急领导小组的组织领导下，具体做好疫病防治、环境污染消除（现场清理与污染物清理处理）、灾后重建等工作，尽快消除事故影响，减少事故损失，恢复正常的生产生活秩序。

应急救援结束后，由项目部有关部门根据统计报告，对突发事件中的伤亡人员、应急处置工作人员，以及紧急调集、征用有关单位及个人的物资，要按照规定给予抚恤、补助或补偿，并将补偿和支付情况上报建设单位及企业应急指挥中心。

（4）保险。施工单位项目部按要求与保险公司签订保险协议（建筑工程团体意外伤害保险、公众责任保险等），鼓励各作业队另行购买雇主责任险和意外伤害险等险种作为补充。突发事件发生后，事故发生单位及施工单位项目经理部对口职能部门（财务部）按有关规定及时报告相关保险公司对投保的项目启动保险索赔程序。

（5）经验教训总结及改进建议。突发事件善后处置工作结束后，应急指挥部应急领导小组办公室组织相关职能部门、单位对此次应急救援过程进行细致、系统的总结，并提交应急指挥部应急领导小组，由应急领导小组召集所有指挥人员及参与应急救援行动的单位负责人召开总结评估会，总结经验教训，提出改进建议，并为修订后续应急预案提供依据，必要时对现有预案进行修订和评审，最后完成应急救援总结评估报告并及时上报建设单位和所属企业。

其中，应主要对以下方面进行总结与评估：①对事故的评估是否正确；②应急救援决策是否正确；③召集调用的应急救援力量和其他资源是否合理；④应急救援行动中各单位的行动是否协调一致；⑤指挥与行动中的通信与交流是否顺畅；⑥救援效果如何；⑦应急救援决策与行动出现的问题及解决方式；⑧评估本预案的不适之处，提出修订建议。

3.5.5 应急组织机构和职责

瓦斯隧道应急管理的基本功能应由相应的组织机构来完成。

1. 应急组织体系

根据项目特点，施工单位的项目部应设置应急组织体系，应急组织体系由领导机构、办事机构、工作机构和执行机构组成。

（1）领导机构：项目部安委会是突发事件应急管理工作的领导机构。通过突发事件应急领导小组，负责突发事件的应急管理工作。

（2）办事机构：项目部安委会办公室是应急管理办事机构，应急办公室设在安全部，办公室主任由分管安全副职担任，副主任由安全部、综合协调部负责任人担任，成员分别由项目部各职能部门及技术服务单位相关人员构成。

（3）工作机构：项目部各职能部门依据有关法律、行政法规和各自职责，负责相关类别突发事件的应急管理工作。具体负责相关类别的突发事件专项应急预案的起草与实施，贯彻落实应急领导小组有关决定事项。

（4）执行机构：各工区及作业队伍具体负责各类生产安全事故和突发公共事件的现场应急演练组织及现场应急处置工作。

图 3-42 所示为项目部应急组织机构图。

2. 应急指挥机构

施工单位的项目经理部应成立突发事件应急领导小组（以下简称“应急领导小组”），是应急管理工作的领导机构，由项目经理任组长，常务副经理任常务副组长，分管安全和生产副经理为副组长，其他副职和职能部门负责人等为成员。应急领导小组成员名单如下：

组长：项目经理；

常务副组长：常务副经理；

副组长：安全总监、生产副经理；

成员：项目部其他副职、项目部职能部门负责人、各工区负责人、技术服务机构负责人。

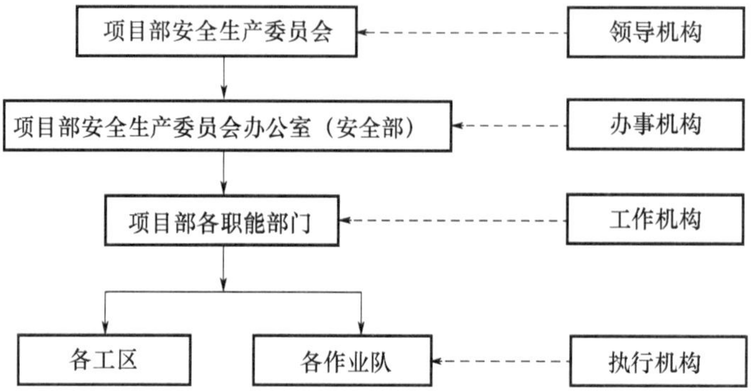

图 3-42　项目部应急组织机构图

应急领导小组下设办公室，办公室设在安全环保部，办公室主任由安全总监担任（兼），安全环保部负责人担任副主任主持工作，综合协调部、设备物资部负责人担任副主任。

应急领导小组及应急领导小组办公室成员名单及联系电话应及时公布并张贴于项目部和各工区显眼位置。

图 3-43 所示为项目部应急指挥体系图。

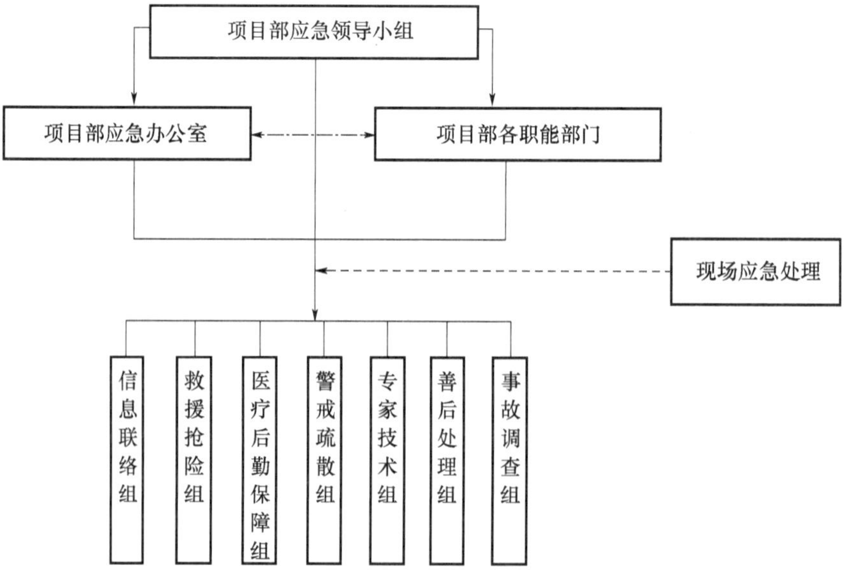

图 3-43　项目部应急指挥体系图

3. 应急组织机构职责

1）应急领导小组职责

应急领导小组作为项目部生产安全事故及突发事件应急管理的职能机构和指挥平台，其职责如下：

（1）负责组织制定项目部综合预案、专项应急预案，组织各工区、作业队伍制定并审查各类突发事件现场应急处置方案，并组织应急预案的演练工作；

（2）负责建立通信与警报系统，储备抢险、救援、救护方面的装备物资；

（3）组建应急救援队伍，指挥、协调各专业应急小组开展应急救援工作；

（4）指导和审查各工区、作业队突发事件的预防、处置和恢复重建工作；

（5）执行上级应急指挥中心的决定，组织、指挥、协调项目部生产安全事故及突发事件的应对工作；

（6）定期组织各部门、单位开展应对突发事件的宣传教育和培训工作；

（7）组织制定并监督实施抢险救援方案，防止引发次生、衍生事件；

（8）协调有关单位和部门提供应急保障，调度各方应急资源；

（9）负责维护施工区域治安秩序，配合业主及政府做好当地社会稳定工作；

（10）及时向上级应急救援中心报告应急处置工作进展情况。

2）应急领导小组办公室职责

应急领导小组办公室，作为日常办事机构，主要负责应急值守、信息汇总和综合协调、发挥运转枢纽作用，具体职责如下：

（1）执行项目部应急领导小组的决定，具体组织、协调、指导、检查本工程生产安全事故及突发事件应对工作；

（2）负责项目部应急领导小组的应急值班；

（3）按照项目部应急领导小组指令，及时通知各职能部门和相关单位，做好上传下达工作；

（4）组织开展本工程危险品、重大危险源及施工重大危险源的辨识工作，建立重大危险源管理档案，并且加强对重大危险源的监控，掌握工程建设过程中不可容许的危险状况；

（5）收集分析施工区范围的社会安全相关信息及突发事件预警信息，上报项目部应急领导小组，并根据应急指挥中心的决定发布警情；

（6）组织评审、修订项目部总体应急预案、专项预案和现场处置方案，督促检查预案（方案）演练工作；

（7）维护指挥平台，保证其正常运转；

（8）参与突发事件的调查与评定并协助保险理赔工作；

（9）掌握应急管理状况，对应急管理工作进行阶段性的分析和总结；

（10）组织协调有关应对突发事件的宣传教育和培训工作；

（11）承担项目部应急指挥中心交办的其他应急事项。

3）专业应急工作组职责

应急救援领导小组下设信息联络组、抢险救援组、医疗及后勤保障组、警戒疏散组、专家技术组、善后处理组、事件调查组等 7 个专业应急工作组，其主要职责如下：

（1）信息联络组。信息联络组其成员组成如下：

组长：安全总监；

副组长：综合管理部、安全环保部、设备物资部负责人；

成员：综合管理部、安全环保部、设备物资部相关人员。

职责：负责发生突发事件后现场应急处理的信息联络管理工作；发生事故时，通知应急领导小组相关成员立即赶赴事故现场；负责对各救援组之间的联络和对外的联络；在实施应急救援任务时与其他处置组协调工作，按照应急领导小组命令调动抢险队伍，机械物资及时到位，实施抢险救援工作。

（2）抢险救援组。

组长：生产副经理；

副组长：工程管理部、各事发工区主要负责人；

成员：各工区应急抢险救援队。

职责：组织事故现场保护；根据专家技术组的技术建议和事故现场情况制定方案，按照方案迅速组织抢险力量进行救援、抢险。

（3）医疗及后勤保障组。

组长：总经济师；

副组长：综合管理部、设备物资部、财务部负责人；

成员：综合管理部、经营管理部、设备物资部、财务部、各工区有关人员。

职责：组织医护人员迅速展开对伤员的急救、转移，有必要时应立即与市属120急救中心联系，请求增援；负责现场抢救、抢修所需人力、物力等的供应、运输，并与医疗救护组协作，保障所需物品的使用。

（4）警戒疏散组。

组长：安全总监；

副组长：综合管理部、安全环保部；

成员：综合管理部、安全环保部人员，保安及各单位专兼职安全人员。

职责：组织力量对突发事件现场及周边地区道路进行警戒、控制，组织人员有序疏散；负责现场的治安、交通指挥；负责应急救援现场的安全监护。

（5）专家技术组。

组长：总工程师；

副组长：工程管理部、质量管理组、测量中心、实验室负责人；

成员：专家组成员，工程管理部、质量管理组、监测中心、实验室人员。

职责：具体负责应急抢险的技术支持和防范次生、衍生灾害的技术措施编制，负责应急救援现场的安全监测，为抢险救援和事件调查提供技术保障。

（6）善后处理组。

组长：党工委书记；

副组长：综合管理部、安全环保部负责人；

成员：综合管理部、安全环保部、财务部、设备物资部、经营管理部相关人员。

职责：根据国家有关规定，负责伤亡人员的医疗、抚恤、安置等工作，并与保险公司协调理赔事宜。

（7）事件调查组。

组长：安全总监；

副组长：安全环保部、设备物资部、综合管理部负责人；

成员：各职能部门相关人员。

职责：负责对突发事件现场勘察取证，查清突发事件的原因和事故责任，总结经验教训，制定防范措施，提出对突发事件责任单位及责任人的处理意见，配合上级调查组工作。

以上各组人员落实到人，在发生突发事件时必须严格服从应急领导小组的协调与指挥，专业应急工作组负责人及联系方式及时公布并张贴。

各工区现场应急处置机构和兼职应急抢险救援队由各工区负责组建，负责或协助现场遇险人员的搜救、紧急救治，为现场救援人员提供专业性指导。

瓦斯隧道须与就近的专业矿山应急抢险救援队签订协议，对施工项目人员进行培训，检查施工项目应急救援准备情况，参与施工项目应急演练工作，突发事件时进行更专业的抢险救援。

3.5.6 事故报告与调查处理

事故报告与调查处理是政策性、法规性很强的一项工作，报告必须及时、客观、真实，不得迟报、谎报、瞒报、漏报；调查处理必须坚持依法依规、实事求是、注重实效和“四不放过”原则，及时、准确地查清事故经过、事故原因和事故损失，查明事故性质，确定事故等级，依法认定事故责任，总结事故教训，提出整改措施，并对事故责任者依法追究责任。“四不放过”是指事故原因分析不清楚不放过，事故责任人和群众没有受到教育不放过，事故整改措施未落实不放过，事故责任人未受到处理不放过。

1. 事故定义与分级

1）事故定义

生产安全事故是指人们在生产经营活动（如施工）过程中，突然发生的造成人员伤亡、财产损失以及影响生产经营活动正常进行的意外事件，包括在生产过程中发生的急性中毒事故。

关于生产安全事故的认定，可参见国家安全生产监督管理总局《关于生产安全事故认定若干意见问题的函》政法函〔2007〕39 号。例如，专业救护队救援人员、生产经营单位所属非专业救援人员或者其他公民参加事故抢险救灾造成人身伤亡的事故，属于生产安全事故；在能够预见或者能够防范可能发生的自然灾害的情况下，因生产经营单位防范措施不落实、应急救援预案或者防范救援措施不力，由自然灾害引发造成人身伤亡或者直接经济损失的事故，属于生产安全事故。而在工作岗位上突发急病死亡或者在 48h 之内经抢救无效死亡的，虽属于工伤事故，但不属于生产安全事故。

生产安全事故的后果往往是人员伤亡和经济损失，生产安全事故的分级标准就是人员伤亡或直接经济损失。

（1）人员伤亡。按伤害程度，人员伤害分为轻伤、重伤、死亡。

① 轻伤：轻伤指人们负伤后休一个工作日以上，损失工作日低于 105d 的失能伤

害，构不成重伤的。生产安全事故造成身体伤害的损失工作日的计算，在《事故伤害损失工作日标准》（GB/T 15499—1995）中给出了比较详细的说明。标准规定了定量记录人体伤害程度的方法及伤害对应的损失工作日数值。

② 重伤：重伤是指损失工作日等于或大于 105d 的失能伤害。在事故报告、调查和处理中，凡是有下列情形之一的，均按重伤处理：

a. 经医生诊断为残废或可能成为残废的。

b. 伤势严重，需要进行较大手术才能挽救的。

c. 人体要害部位严重灼伤、烫伤，或虽非要害部位，但灼伤、烫伤面积占全身面积 1/3 以上的。

d. 严重骨折（胸骨、脊椎骨、肩胛骨、腕骨、腿骨和脚骨等因受伤引起骨折），严重脑震荡的。

e. 眼部受伤较重，有失明可能的。

f. 手部伤害：大拇指轧断一节的；食指、中指、无名指、小指任何一指轧断两节或任何两指轧断一节的；局部肌腱受伤甚剧、引起技能障碍、有不能自由伸屈的残废可能的。

g. 脚部受伤：脚趾轧断 3 根以上的，局部肌腱受伤甚剧、引起肌能障碍、有不能自由行走的残废可能的。

h. 内部伤害：内脏损伤、内出血或伤及腹膜等。

③ 死亡：在我国以“呼吸、心脏、脉搏均告停止且瞳孔放大”为自然人死亡的标准。如果是在医院死亡的，应当以死亡证明上记载的时间为准。

（2）经济损失。事故经济损失统计范围包括直接经济损失和间接经济损失。直接经济损失包括人身伤亡后所支出的费用、善后处理费用和财产损失价值；间接经济损失包括停产、减产损失价值，工作损失价值，资源损失价值，处理环境污染的费用和补充新员工的培训开支等费用。直接经济损失和间接经济损失的具体计算方法和标准见《企业职工伤亡事故经济损失统计标准》（GB 6721—1986）。一般认为，间接经济损失是直接经济损失的数倍以上。

2）事故分级

根据国务院第 493 号令《生产安全事故报告和调查处理条例》，生产安全事故分为特别重大、重大、较大和一般生产安全事故。施工安全事故分级标准见表 3-4。一次事故伤亡人数的统计时间为自事故发生之日起 30 日内（道路交通事故、火灾事故自发生之日起 7 日内）。

表 3-4　施工安全事故分级及调查组织表

事故等级	分级标准	调查组织
一般事故	造成 3 人以下死亡，或者 10 人以下重伤（包括急性工业中毒，下同），或者 100 万元以上 1000 万元以下直接经济损失的事故	事故当地县级人民政府或其授权或者委托的部门
较大事故	造成 3 人以上 10 人以下死亡，或者 10 人以上 50 人以下重伤，或者 1000 万元以上 5000 万元以下直接经济损失的事故	设区的市级人民政府或其授权或者委托的部门

续表

事故等级	分级标准	调查组织
重大事故	造成10人以上30人以下死亡，或者50人以上100人以下重伤，或者5000万元以上1亿元以下直接经济损失的事故	省级人民政府或其授权或委托的部门
特别重大事故	造成30人以上死亡，或者100人以上重伤，或者1亿元以上直接经济损失的事故	国务院或者国务院授权有关部门

注：1. 表中所称的“以上”包括本数，所称的“以下”不包括本数。

2. 上级人民政府认为必要时，可以调查由下级人民政府负责调查的事故；自事故发生之日起30日内（道路交通事故、火灾事故自发生之日起7日内），因事故伤亡人数变化导致事故等级发生变化，应当由上级人民政府负责调查的，上级人民政府可以另行组织事故调查组进行调查。

2. 事故的报告

事故造成人员重伤或死亡，或者直接经济损失在100万元以上，即属于一般或以上级别的事故，施工单位负责人应当在接到报告后1h内，向事故发生地县级以上人民政府安全生产监督管理部门和建设行政主管部门报告（情况紧急时，事故现场有关人员可以直接向上述部门报告）。属于火灾事故时，还应同时向公安消防部门报告。

施工单位及其项目部的事故报告应做到及时、客观、真实，不得迟报、谎报、瞒报、漏报，否则施工单位及其负责人、直接主管人员要承担法律责任。

3. 事故调查的组织

生产安全事故调查实行分级负责，特别重大事故由国务院或者国务院授权有关部门组织，重大事故、较大事故和一般事故分别由事故发生地的省级、设区的市级和县级人民政府或其授权或者委托的部门组织。其中，未造成人员伤亡的一般事故，可以委托事故发生单位组织调查。

根据事故的具体情况，事故调查组由有关人民政府、安全生产监督管理部门、建设行政主管部门、监察机关、公安机关以及工会等派人组成，并邀请人民检察院派人参加。事故调查组可以聘请有关专家参与调查。

事故调查组当自事故发生之日起60日内向本级人民政府提交事故调查报告；特殊情况下，经负责事故调查的人民政府批准，提交事故调查报告的期限可以适当延长，但延长的期限最长不超过60日。

4. 事故调查与分析

事故调查任务是掌握整个事故发生过程、原因和人员伤亡与经济损失情况，主要工作是现场勘察收集物证、询问证人收集资料，必要时进行事故鉴定或模拟试验。事故分析是根据调查结果，分析事故的直接原因、间接原因和深层次、主要原因。直接原因从人的不安全行为和物的不安全状态两方面分析；间接原因是从导致人的不安全行为、物的不安全状态，以及人、物、环境之间失调的原因等方面分析。事故调查分析的理论依据是事故致因理论。应该强调的是，极少数事故是由于一个单独的原因造成或导致的，大多数事故的发生涉及工作流程中从管理层到最底层的一连串原因，在分析事故原因时，应考虑事故的多重起因，进行根源分析，不但要分析当事人和设备的状态，还要分析人所在的团队及设备的管理，挖掘引发事故的系统原因。

5. 事故的人员处理

事故的人员处理包括事故的善后处理和对事故责任者的责任追究。事故的人员处理非常敏感，政策性很强，应依法、依规，做到积极、稳妥、有序，避免矛盾激化，确保稳定。

1）事故的善后处理

(1) 伤亡者的妥善处理。在事故处理中，稳定压倒一切，要把事故处理作为维护社会政治稳定的一项政治任务来完成。要按照《工伤保险条例》规定，及时对伤残者或者死亡者家属给予工伤赔偿。其中，对因生产安全事故造成的职工死亡，其一次性工亡补助金标准为按全国上一年度城镇居民人均可支配收入的20倍。

当与伤者或死者家属无法消除对死因和性质分歧，或无法就赔偿额度达成一致时，应及时报请事故发生地人民政府有关部门协助做工作。如仍不能达成协议，就应由司法机关判决。

(2) 伤亡赔偿的办理。应按工伤保险的有关规定给伤者或死者家属办理工程保险赔偿费用。如没有参加工伤社会保险，则施工单位应按工伤保险标准给予赔偿。

(3) 做好教育工作，尽快恢复施工。要利用所发生的事故案例，对群众进行安全教育，使大家从中吸取教训。同时，要及时对事故现场进行清理，尽快恢复施工。

2）对事故责任者的责任追究

违反法律、法规的行为发生后，应由执法机关按照法定的性质、范围、程度、期限和方式追究违法者（单位和个人）的责任。法律责任分为行政责任、民事责任和刑事责任。如果只是违反了施工单位的安全生产管理规章，则按照单位的惩罚规定追究责任。

(1) 行政责任。行政责任是指行为人因违反行政管理法规所应承担的法律责任。对事故的责任单位除警告、通报批评、限期改正外，可以给予的行政处罚种类包括责令停业整顿，暂扣或吊销安全生产许可证、降低资质等级或吊销资质证书、吊销营业执照；罚款、没收非法所得。对负有事故责任的注册执业资格人员给予的行政处罚包括罚款、停止执业或吊销其注册执业资格证书等处罚。

(2) 民事责任。民事责任是指行为人违反自己的民事义务或侵犯他人的民事权利所应承担的法律责任。因生产安全事故受到损害的从业人员，其人身伤害的赔偿要求按照《工伤保险条例》的规定处理，其他损失依照有关民事法律尚有获得赔偿权利的，有权向负有责任的单位或责任人提出赔偿要求。此外，总承包单位对分包工程的安全生产承担连带责任。

(3) 刑事责任。刑事责任是指行为人实施了刑事违法行为所应承担的法律责任。构成犯罪是追究刑事责任的前提，违反安全生产法律法规的行为是否构成犯罪，应依据《中华人民共和国刑法》确定。《中华人民共和国刑法》中规定与建设工程施工安全事故有关的犯罪主要有（在生产、作业中违反有关安全管理的规定，因而发生重大伤亡事故或者其他严重后果的）重大责任事故罪、（安全生产设施或安全生产条件不符合国家规定，因而发生重大伤亡事故或者其他严重后果的）重大劳动安全事故罪、（违反国家规定，降低工程质量标准，造成重大安全事故的）工程重大安全事故罪、（违反爆炸性、易燃性、放射性、毒害性、腐蚀性物品的管理规定，在生产、储存、运输、使用中，由于过失发生重大事故，造成严重后果的）危险物品肇事罪和（徇私舞弊、滥用职权、玩忽职守，致使国家与人民利益遭受重大损失的）渎职罪。如果事故责任人实施了积极、主动的犯罪行为，也可能犯“以危险方法危害公共安全罪”。

施工单位接到事故调查报告书批复的处理决定后，要向群众宣布调查处理的结果，要按照批复的处理决定对事故责任者进行处理，并落实整改措施。在对责任者进行处理的同时，要注意做好思想工作，使责任者真正从思想上认识到自己的错误。

6. 关于事故发生单位组织的事故调查

（1）事故发生单位可以受事故发生地县级人民政府委托，组织调查没有造成人员伤亡的一般生产安全事故，调查报告报人民政府批复。

（2）对其他一般及以上的生产安全事故，事故发生单位可以组织内部调查，目的是为了分析原因，教育员工，制定防范类似事故再次发生的措施。但是，施工单位的内部调查应服从政府组织的事故调查，施工单位应积极、主动协助政府组织的事故调查，全面、如实地提供相关资料和证据，并认真、全面落实事故调查报告提出的整改措施和依据施工单位规章制度对有关人员进行处理的意见。

（3）事故发生单位组织的事故调查组也应由安全、技术、监察和工会派人组成。调查组成员和邀请的专家不得与事故有利害关系，否则应回避。

（4）对于轻伤、轻微伤和其他无伤害事件，施工单位也应高度重视，认真分析事件的原因，落实防范措施。不能因为没有导致重伤、死亡而不以为然。因为对于一起事故而言，虽然后果具有一定的偶然性，但原因和防范措施是相同的。

3.5.7 油气田瓦斯隧道典型事故应急要点

针对城市轨道交通工程油气田瓦斯隧道施工过程中发生频率及危害较大的事故，本节以龙泉山隧道为例，分析油气田瓦斯隧道典型事故的应急技术要点。

1. 地铁隧道瓦斯事故处置措施

1）瓦斯爆炸处置措施

（1）报警程序。

① 分级管理、分级响应。

事故一旦发生，应急救援领导小组立即启动应急预案，并以电话、传真、书面等方式报告公司及当地政府、建设单位相关部门应急救援领导小组，报告内容应能准确传递事故灾难信息。

事故或突发紧急事件报告的内容包括：瓦斯爆炸发生的时间、里程范围、人员伤亡情况；瓦斯爆炸发生的基本情况和简要经过，紧急抢险救援情况，伤亡人数、直接经济损失等；采取的应急措施的情况；事故报告单位、报告人及报告时间。

② 先期处理。

一旦发生安全事故或突发紧急事件，项目部应急领导小组在接到报告后，应迅速组织应急人员赶赴现场，在第一时间内项目应急领导小组负责事故现场的指挥、组织人员、物资设备、车辆、通信系统使用、调度工作，按应急预案组织抢救，启用应急响应和紧急疏散措施，并及时向上级单位报告。另外可直接向社会救助系统请求援助。

根据救援预案，对受伤者采取有效的施救措施，并及时做好伤员的转送工作。在救护伤员的同时，应注意保护事故现场，及时组织人员疏散撤离危险区域，防止事故进一步扩大。凡与事故、突发事件相关的物件、痕迹、残留物等应保持原样，如抢救伤员需要移动某些物件改变状态时必须做出标识和记录。

③ 应急救援小组接到事故信息后，领导和有关人员要立即赶赴现场、立即成立现场处置指挥部，根据预案指挥处置程序，组织实施抢险救援和应急处置行动。

（2）抢险措施。

① 当洞内发生瓦斯爆炸时，洞内生还人员应采取自我保护措施，自己能逃离现场的，必须尽快离开，撤出洞外，若无力撤出时，则在相对安全处等待救援。

② 当局部瓦斯严重超标发生爆炸时，现场值班安全员、工班长或第一发现人要及时发出警告信号，在危险区域的人员立即撤离至安全地带，同时禁止其他施工人员接近或进入危险区域。施工人员撤离至安全位置后，及时核对现场人员数量，查看有无人员伤亡。现场值班安全员随即电话向应急救援领导小组办公室进行报警，由小组组长宣布启动应急预案。

③ 如果掌子面后部突然坍塌，施工人员未能及时撤离，需要对被困人员进行及时救援。首先由项目部应急救援领导小组制定救援方案，若高压风水管没有砸坏，那么应通过高压风水管向被困作业区的人员供风、供食品；高压风水管不能使用时，应采用大功率钻机，及时钻穿坍塌体通向被困在作业区的人员，同时加强现场通风，并供应食品、饮用水等。同时应急领导小组要及时联系当地的消防、武警、医院等社会救援部门进行联合施救。抢救时，必须经上级应急救援领导小组制定救援方案后再进行抢救，当发生人员伤亡时，由医疗救护组进行紧急救援工作，在确保救援人员无生命危险的情况下进行抢救工作，抢救过程中一定要保证抢救人员的生命安全，防止伤害进一步扩大。

④ 应急救援领导小组确定坍塌处理方案后，事故现场应采取与坍塌程度及范围相应的施工技术措施，控制坍塌的进一步发展，在确保施工人员安全的环境下，实施坍塌抢救工作，而后进行坍塌处理。

⑤ 撤离至安全位置（一般至洞外）时，应立即清点在场人员名单并登记，查看有无人员伤亡情况，并将情况立即向现场负责人或领导汇报。

⑥ 切断电源，防止瓦斯的再次聚集造成二次爆炸。

⑦ 应急领导小组接到通知后，立即启动应急抢险救灾程序，积极组织人力、物力、财力进行灾后援救工作，降低或减少灾害损失，如自身无力进行援救工作，应及时向地方政府或相关职能部门报告，并请求紧急救援，同时做好相应的配合救援的各项准备工作。

⑧ 加强隧道内通风，随时检测隧道内瓦斯浓度，当瓦斯浓度降至安全值以内时，救援人员方可进洞进行救援。

⑨ 当抢救出伤员时，由医务人员及时诊断其伤势情况，以“先重后轻”的原则进行抢救，当受伤人员中有窒息者时，应及时进行人工呼吸。烧伤人员必须在医生的指导下进行治疗，切不可乱涂乱洗，以免加重伤势。根据实际条件，及时将伤员送往就近的医院进行抢救治疗。

（3）人员撤离的程序和措施。瓦斯爆炸事故发生后，事故现场工作人员应迅速佩戴自救器撤离现场。

(4) 救护的程序和措施。

① 抢险救护人员必须佩戴自救器和便携式瓦斯报警器才能进入洞内进行应急抢救工作，抢险作业时，必须两人一组，两人之间距离应在50cm范围内，用手语联系，控制好进洞时间，当瓦斯报警器报警时，抢险人员必须撤离。

② 事故受伤人员被抢险救护人员救出后，工地医务人员应立即组织抢救，伤势严重者立即送往医院救治。

(5) 抢险的程序和措施。隧道瓦斯爆炸事故发生后，工程部、安全部、物资部应立即配合相关方制定抢险方案，通风系统应从洞口向里分段恢复，避免因通风不当，瓦斯浓度超限引起二次瓦斯爆炸，电力系统应在洞内瓦斯浓度降至允许浓度时才能恢复供电。

(6) 避难措施。在隧道内按一定的间隔距离设置备有应急电源的应急灯，在应急灯的附近要设通信设备、避难用器具、灭火器等。隧道应急救援领导小组制定避难、演练训练计划，定期、不定期进行安全避难演练，做到所有施工人员熟知，并将演练结果记录保存。

(7) 救援措施。

① 救护计划。项目部应急救援领导小组制定详细的救护计划。救护计划主要包括下列内容：在紧急事故发生时，有关部门与作业区内的联络体制；救护技术管理者与救护班成员的组成编制等救护管理组合体制；救护机械器具的种类与保管场所；救护机械器具的维修保养管理；救护教育训练计划；确保救护作业的安全需要注意的事项等。

② 救护设备。为了对紧急事故的发生有所准备，不但要准备救护所必需的呼吸用保护器具、便携式照明用器具、担架、便携式氧气瓶等救护设备和器械设备，还要进行严格管理，以便能够随时有效使用。为了救护所需的呼吸用保护具有氧气呼吸器和空气呼吸器，要选择使用时间长的类型，各种救护用品数量必须大于洞内最大作业人数的1.2倍。救护设备和机械，安质部必须经常进行检查、督促维修和保养管理，以便在紧急时刻能够立即使用。

③ 救护训练。救护必需的机械器具等的使用方法、急救措施、救护方法等救护训练。救护训练要对呼吸用的保护用具、救护机器、测定仪器、仪表等的操作和使用方法进行训练，以便为了救护而入洞的救护人员能够安全活动。并且，除了对受伤者做心肺复苏抢救措施外，还要进行止血等应急治疗。再者，训练内容还必须包含自救、互救训练。

④ 救护措施。当发生险情时，值班安全员应立即组织人员迅速撤离危险区域，确保施工人员生命安全。撤离危险场所（一般撤离至洞外）后，立即清点现场施工人员数量，并上报有关情况给应急领导小组。

应急救援领导小组接到通知后，应立即启动应急救援程序，及时联系救援单位，组织人力、物力全力抢险救灾，降低灾害损失。

当发生人员伤亡时，按紧急抢险方案及时进行救援工作，并向当地政府或相关部门进行救援，同时做好相关配合救援工作。当抢救出伤员时，根据伤员人数、受伤程度，由医务人员在现场采取相应的急救措施后，按照“先重后轻”的原则，及时将伤员送到医院进行抢救治疗。

现场采取安全警戒线或隔离措施，防止其他人员进入危险区域，避免灾害损失的扩大。

2）瓦斯超限处置措施

隧道内瓦斯浓度限值及超限处理措施，如表 3-5 所示。

表 3-5　隧道内瓦斯浓度限值及超限处理措施

序号	瓦斯工区	地点	浓度限值	处理措施
1	低瓦斯	任意处	0.5%	超限 20m 范围内立即停工，查明原因，加强通风和瓦斯检测
2	高瓦斯/瓦斯突出	局部瓦斯积聚（体积大于 $0.5m^3$）	2.0%	超限处附近 20m 停工，撤人，断电，及时进行处理，加强通风
3		开挖工作面风流中	1.0%	停止电钻钻孔，超限处停工，撤人，切断电源，加强通风，查明原因等
4		回风巷或工作面回风流中	0.5%	非防爆设备停止工作
			1.0%	停工，撤人，进行处理
5		放炮地点附近 20m 风流中	1.0%	严禁装药和放炮作业
6		过含油气构造地层段放炮后工作面风流中	1.0%	继续通风、不得进入
7		局部风机及电气开关附近 10m 范围内	0.5%	停机、通风，进行处理
8		电动机及开关附近 20m 范围内	1.5%	停机、撤人、断电，进行处理
9		竣工后洞内任何处	0.5%	查明渗漏点，进行整治
10	CO	隧道内任何位置处	0.0024%	出现超限处立即停工，查明原因，加强通风监测，继续通风不得入内，停止并不得启动，其浓度降于限值以下方可进行正常施工
11	H_2S	隧道内任何位置处	0.00066%	

3）瓦斯窒息处置措施

（1）施工中遇到瓦斯和有害气体涌出，首先停止一切工作，切断洞内电源，迅速组织人员撤离，然后加大对作业面通风，并派抢险人员戴好呼吸器等自救设备，进入洞内抢救受伤人员，组织撤出。

（2）洞内遇窒息危险时，施工人员应沉着冷静，采取措施进行自救：背向空气颤动的方向，俯卧倒地，面部贴近地面，并闭住气暂停呼吸，用毛巾、衣物捂住口鼻。

（3）若洞内破坏严重，不知撤退是否安全时，可以到支护较完整、牢固的地点暂时躲避、等待救护，并利用压风管道、风筒等改善生存呼吸条件。

（4）对瓦斯中毒、窒息的人员，应立即运送到洞外有新鲜风流动的安全地点，检查受伤情况，解开衣领，放松腰带。停止呼吸者，要立即进行人工呼吸或心脏按压，并立即送往医院。

图 3-44 所示为应急演练——胸外按压急救演示。

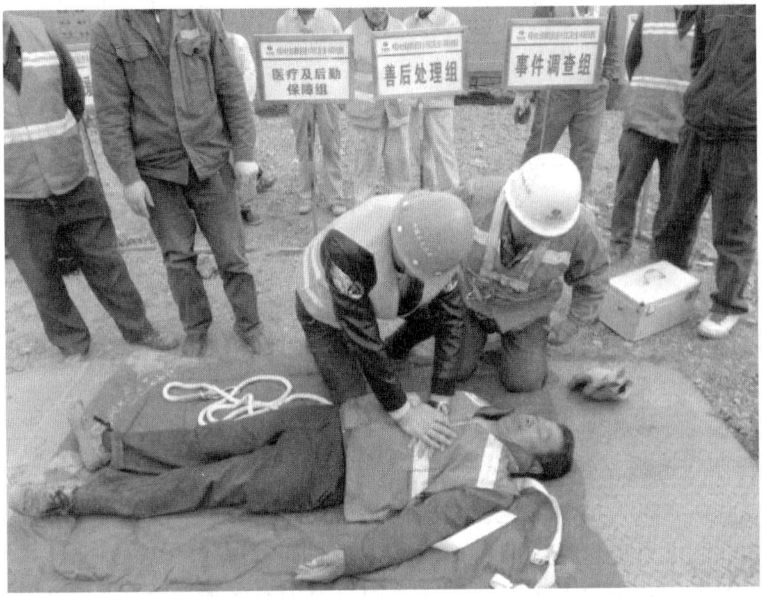

图 3-44　应急演练——胸外按压急救演示

2. 地铁隧道火工品事故处置措施

1）仓库爆炸事故处理预案

（1）仓库发生爆炸事故，现场人员应立即向指挥部、地铁公司、公安局、安监局等部门汇报，并立即与医院等有关部门联系。

（2）应急领导小组立即到达现场，开展对伤亡人员救护工作，按分工启动应急预案。

（3）配合有关部门做好事故调查，及时撤离相关人员，封闭现场，设好警戒线，保护现场。

（4）做好伤亡人员救治和家属安抚、处理善后工作，做好爆炸区域内或以外由于爆炸造成损失情况的调查。

（5）做好事故分析，查明原因，做好上报工作。完善防爆措施，尽早恢复使用。

2）民爆器材被盗或被抢劫事故预案

（1）民爆器材被盗或被抢劫时，相关人员应及时向公司报告。

（2）应急小组应立即向公安部门报告，说明出事时间、地点，并在第一时间赶赴出事地点，保护现场，设置警戒线。

（3）相关人员应搞清被盗或被抢劫民爆器材品种数量、生产企业名称、被盗及被抢损失情况。

（4）应主动配合公安部门破案，提供有关证据和破案线索。

（5）查清被盗、被抢原因，加强防范，共同打击犯罪。

3）民爆器材运输过程中燃烧爆炸事故应急救援预案

（1）民爆器材运输车在运输途中发生燃烧爆炸事故时，应立即向公司现场负责人汇报。

（2）现场负责人应立即向公安机关、消防、交管等相关部门汇报并立即赶到现场。

现场人员：驾驶员、押运员应保护好现场，协助交警部门维护道路行车秩序。

（3）根据现场险情及时汇报，如发生伤亡立即向医院求援，并上报有关部门，做好救护工作。

（4）了解事故损失情况，查明原因，做好伤亡人员安抚和善后工作。

（5）做好事故分析和上报及车辆修复工作。

4）爆破工地现场事故应急预案

（1）爆破工地发生爆破事故时，根据现场险情及时汇报，并积极组织力量抢救伤员。如发生伤亡立即向医院求援，把伤亡损失减少到最低程度。

（2）应立即向项目部汇报并向公安、安监等相关部门报告，并立即赶赴现场。

（3）了解事故损失情况，查明原因，做好伤亡人员安抚和善后工作。

（4）做好事故分析和上报工作。

3. 地铁瓦斯隧道坍塌处理措施

坍塌出现后，当班人员、工班长立即向队长或现场管理人员报告，队长或现场管理人员向项目经理汇报，项目经理向经理部及驻地监理和地铁指挥部汇报，应急抢险领导小组立即到达现场，防止坍塌进一步扩大，同时由项目经理、总工程师同监理工程师进行原因分析，确定坍塌等级，立即启动相应预备方案。

根据工程具体情况，坍塌划分为一般坍塌和重大坍塌。

1）小规模坍塌的处理方案

（1）坍塌高度小于80cm，坍塌不影响管线及建（构）筑物时。坍塌出现后当班人员、工班长立即向队长或现场管理人员报告，队长或现场管理人员向项目经理汇报，项目经理向项目经理部及驻地监理汇报，应急抢险领导小组立即到达现场，采取应急措施；非抢险人员立即撤离施工现场，地面进行警戒，严禁人员从坍塌地段通过，抢险物资迅速到位。总工程师会同监理工程师进行原因分析，确定处理方案。

（2）当坍塌段有渗水时，采用塑料管对渗水进行引流处理，防止渗水软化坍塌土体，引起连续坍塌事故。

（3）用方木、工字钢支撑坍塌掌子面，及时挂网喷射100mm厚C25混凝土封闭坍塌土体，并对距离掌子面5m范围初期支护采用工字钢支撑进行加固，横向支撑及立柱临时支撑间距1m。

（4）喷射混凝土封闭后在坍塌段径向打设ϕ32mm注浆小导管，按0.5m间距梅花形布置，小导管深入坍塌土体1m以上，外露长度到初期支护外0.2m，便于回填注浆；并根据坍腔高度在深度方向按0.3m间距横向焊接ϕ22mm钢筋，分层填充高标号轻质预制混凝土，填充一层喷射C25混凝土回填密实后填充下一层。

（5）坍塌处理后分次进行回填注浆，确保坍塌段支护密实。并加强监测，每天观测频率两次以上并及时上报量测情况，指导现场施工。

2）大规模坍塌的处理方案

首先对坍塌段掌子面的后方一定范围内进行支护加固。支护采用三台阶法施工。上台阶支护加固至距坍塌里程1.5m处停止，同时对上台阶坍塌堆积表面挂钢筋网喷射混凝土进行封闭。封闭后对前方上部进行注浆导管安装及注浆施工。加固范围为开挖轮廓线外4m，深度4m。然后改变上台阶高度，按每循环50cm进行开挖支护施工。保证注浆搭接长度 1m。而后重复上述注浆及开挖支护施工。其具体步骤如下：

（1）在坍塌所形成的碴堆后方进行回填，回填长度 4～5m，回填到上台阶底部的标高。主要有两个方面的作用：一是能稳定坍塌的碴堆；二是作为立设拱架的施工平台。

（2）首先对坍塌体表面用喷射混凝土进行封闭，封闭范围为整个上台阶的所有坍塌体及掌子面外露部分，喷射混凝土封闭厚度 20cm，局部需要铺设钢筋网的先铺设钢筋网再进行喷射混凝土施工。然后对坍塌段后方一定范围内采用上台阶、中台阶、下台阶三台阶法进行支护加强。上台阶高度为 3m，中台阶高度为 3m，下台阶高度为 2.7m。拱架采用 I20 的工字钢，间距 1m。全环铺挂 20mm×20mm 钢筋网，3m 长 $\phi22$ 砂浆锚杆，环向×纵向间距为 1.2m×1m。对后方进行注浆加固时，不能扰动坍塌体。上台阶加强支护施工距坍塌区 1.5m 处停止。

（3）在距坍塌区 0.5m 处，上台阶高度改为 2m，在此处立设 1 榀拱架。

（4）对坍塌区上方及前方 3m 范围内进行注浆加固，然后在坍塌区开始处的位置环向安装一排导管并进行注浆，接着在隧道轮廓线内 50cm 处安装第二排导管并进行注浆，最后在坍塌区后退 50cm 处沿隧道壁环向安装第三排导管进行注浆。导管采用 $\phi50\times5$ 的钢管，第一排长度 4.4m/根，外叉角 45°。第二排长度 3.6m/根，外叉角 34°。第三排长度 3.6m/根，外叉角 58°。导管环向间距均为 1m，梅花布置。

（5）注浆加固完成后，进行上台阶开挖及立拱支护。进行上台阶开挖前，必须先施作超前导管。超前导管长度 4m，环向间距 40cm，然后才能进行开挖及立拱支护施工。每循环开挖进尺不得超过 50cm，拱架间距 50cm，每次只立设一榀拱架。喷射混凝土厚度 20cm。立设上台阶拱架时，锁脚锚杆必须锁牢，可在拱架两侧对称同时安装锁脚锚杆。同时，拱脚垫板必须安装牢固，避免拱架悬空和变形。开挖拱脚时，深度可多开挖 20cm，拱架立设完毕后，对拱脚及拱架垫板底部喷射混凝土把拱脚包起来，这样可避免拱脚不实的情况。坍塌段开挖及拱架尺寸预留变形量按 20cm 考虑。

（6）在上循环注浆加固区还剩余 1m 时，停止开挖，进行第二循环的注浆加固，上循环注浆及下循环注浆必须有 1m 的重叠区。以此类推，进行第三、第四循环的注浆加固。

（7）在进行下循环注浆加固的同时，对已掘进坍塌段进行径向注浆，对已施工段再进行注浆加固围岩。径向注浆导管环向及纵向间距 1.5m，导管长 3m，采用 $\phi50\times5$ 的钢管。

（8）在下循环的注浆加固及上循环的径向注浆完成后，继续进行上台阶的开挖及立拱支护施工。

（9）在上台阶开挖及支护完成后，进行中间台阶的开挖及接拱架支护施工。进行中部开挖及接拱架初期支护施工时，左右侧跳槽施工，每循环进尺 0.5m，每次只接 1 榀拱架。

（10）中间台阶开挖及支护完成后，进行下台阶开挖及拱架接腿、初期支护施工。

（11）坍塌段处理完毕后，钻设并安装 $\phi100$ 钢管到坍塌的空腔里面，采用输送泵泵送泡沫混凝土对空腔进行充填，充填厚度不少于 60cm。利用充填的混凝土在隧道范围外侧形成护拱。充填混凝土采用大坍落度的混凝土，以利于混凝土的流动。

3）人员救援措施

（1）项目部接到报告后，立即组织救助队进行救助工作，并组织医务人员赶赴现场随时听候调遣，尽最大可能降低损失。抢救被掩埋伤员及时脱离危险区。

（2）清除伤员口、鼻内泥块、凝血块、呕吐物等，将昏迷伤员舌头拉出，以防窒息。进行简易包扎、止血或简易骨折固定。对呼吸、心跳停止的伤员予以心脏复苏。组织人员尽快解除重物压迫，减少伤员挤压综合征的发生，并将其转移至安全地方。

（3）第一时间与120急救中心取得联系，详细说明事故地点、事故情况，并派人到路口接应。若有骨折时应及时用夹板等简易固定后立即送往医院。

3.5.8 隧道瓦斯超限应急演练示例

为进一步强化应急预案保障措施的落实，提高施工单位应对安全生产事故和突发性事件的能力，同时教育全体施工人员如何正确、准确、迅速处理突发事件，施工单位应定期联合各参建单位组织开展瓦斯超限应急演练。

1. 演练依据

依据业主、企业相关内容，结合项目部的实际情况，制定本演练方案。

2. 演练时间、地点

时间：2017年06月13日15：00～16：30；

地点：龙泉山隧道2号斜井施工现场；前线指挥中心设在施工现场班前5min宣讲台，便于统一指挥。

图3-45所示为瓦斯超限应急演练动员会现场。

图3-45　瓦斯超限应急演练动员会

3. 演练目的

通过应急预案的演练，达到以下目的：

（1）检验项目部应急预案程序的操作性，对不足之处及时进行修订；

（2）主要验证应急通信是否畅通，物资保障情况；

（3）检验瓦斯超限后，施工作业人员应对超限的处置情况；

（4）检验应急指挥与应急救援队伍的协调情况，保证服从性和协调性；

（5）检验专业救援队到场处置情况；

（6）检验应急抢险队伍的抢险应急能力，对不足的方面予以加强；

（7）同时作为一种培训手段，提高项目部应对瓦斯超限灾害事件的应急反应能力。

4. 演练规则

瓦斯超限应急处置基本原则如下：

（1）参与演练的人员应将演练事件和演练信息当成真实发生的事件或信息做出响应，应将模拟的危险条件当成真实情况采取应急行动。

（2）参与演练的应急响应设施、人员不得提前启动、集结，所有演练人员在演练事件促使其做出响应行动前应处于正常的工作状态。

（3）演练过程应不妨碍发现真正的紧急情况，发现真正紧急情况时，停止演练，领导小组应及时将演练转入真实的应急状态，并迅速明确地告知参与演练单位和人员。

5. 演练方案

（1）应急预案演练背景。

模拟龙泉山隧道 2 号斜井工区左线小里程方向掌子面瓦斯浓度超过 0.5％并且有上升趋势，监控中心发出预警，值班人员通过洞内广播系统通知掌子面人员撤离，并通知工区负责人瓦斯超限情况，工区负责人迅速报告项目相关领导，领导指示撤离掌子面人员至安全区域，人工瓦检进入超限区域复测瓦斯浓度，加强掌子面通风与瓦斯监测情况，启动项目部应急预案，各救援专业组准备就位，应急领导小组赶赴现场。人工瓦检在掌子面复测结果为 0.9％，此时自动监控数据显示也为 0.9％，仍有上升趋势，30min 后自动监控数据显示 1.02％，瓦电闭锁装置生效，主井、左线小里程方向、右线小里程方向洞内全部断电，掌子面甲烷传感器持续声光报警，值班人员通过洞内广播系统通知洞内人员撤离，并通知工区负责人瓦斯超限情况，工区负责人接到通知后立即通知应急领导小组，启动应急程序，应急领导小组向监理、成投公司、地铁公司相关领导汇报救援情况，同时通知应急救援队伍赶赴现场，洞内所有人员全部撤离，安全员在洞口警戒，专业救援队伍到达现场进入超限区域检测瓦斯并查找瓦斯超限原因。

（2）演练项目。

① 预警信息发布演练；

② 应急救援人员、应急物资调度演练；

③ 瓦斯超限，作业人员先期处置演练；

④ 瓦斯自动监测系统、人工瓦检演练；

⑤ 洞内通风排查、维修演练；

⑥ 专业应急救援队伍救援演练。

（3）演练实施步骤（图 3-46）。

（4）演练人员组成及职责。

参加演练单位：成都轨道交通某项目经理部、1 号斜井工区、2 号斜井工区、进口工区、出口工区。

参加观摩单位：建设单位、总承包单位、监理单位及其他相关单位。

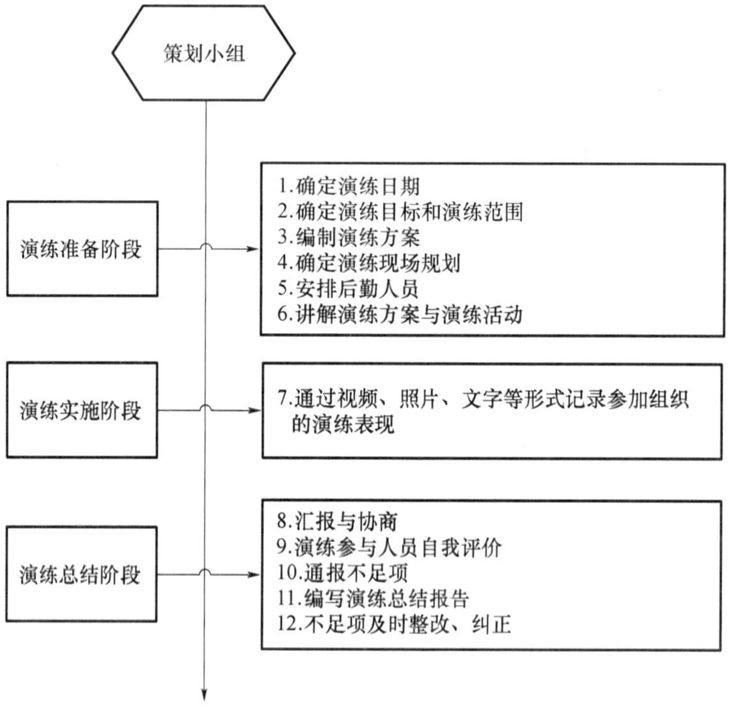

图 3-46 瓦斯超限应急演练步骤

应急演练指挥部：

总指挥：项目经理；

主要职责：决定启动应急预案；负责做出应急救援工作的各项重大决策；负责组织、指挥应急抢险救灾工作。

副总指挥：常务副经理；

主要职责：做好演练物资的准备；维护现场应急救援工作的秩序；负责将应急抢险最新情况及时向总指挥报告。

成员：总工程师、安全总监、生产副经理、工程部主任、安环保主任、设备物资部主任、综合管理部主任、各工区主任。

主要职责：做好场地布置，作为演练现场的具体实施者，须全程参与演练，确保演练的各项程序正常开展。

（5）专业小组。

信息联络组组长：安全总监；

副组长：综合管理部一名人员；

成员：综合管理部两名人员。

职责：负责发生突发事件后现场应急处理的信息联络管理工作；发生事故时，通知应急领导小组相关成员立即赶赴事故现场；负责对各救援组之间的联络和对外的联络；在实施应急救援任务时与其他处置组协调工作，按照应急领导小组命令调动抢险队伍、机械物资及时到位，实施抢险救援工作。

抢险救援组组长：生产副经理；

副组长：2号斜井工区主任；

成员：2号斜井工区技术人员、通风工程师、作业队伍负责人、作业队伍安全员。

职责：组织事故现场保护；根据专家技术组的技术建议和事故现场情况制定的方案迅速组织抢险力量进行救援、抢险。

医疗及后勤保障组组长：总经济师；

副组长：设备物资部主任；

成员：质量管理者人员、2号斜井工区安全负责人。

职责：演练中发生意外伤害事故时，负责尽快将受伤人员送到指定医院进行医治；情况严重时迅速联系120急救中心，在专业医务人员到达之前，救护组应对受伤人员采取必要的救助措施，为救治伤者赢得时间；负责应急救援物资的供应及运输工作，满足应急救援的需要。

警戒疏散组组长：安全总监；

副组长：安全环保部副主任；

成员：参与演练的各工区安全员、安保人员。

职责：组织对突发事件现场及周边地区道路进行警戒、控制，组织人员有序疏散；负责现场的治安、交通指挥；负责应急救援现场的安全监护。

专家技术组组长：总工程师；

副组长：工程管理部主任；

成员：工程管理部人员、2号斜井工区技术人员。

职责：为抢险救援和事件调查提供技术保障。

善后处理组组长：常务副经理；

副组长：综合管理部主任；

成员：综合管理部人员。

职责：对事故伤亡人员进行医疗、抚恤、安置等工作。

事故调查组组长：安全总监；

副组长：安全环保部主任；

成员：安全环保部人员、2号工区主任、2号斜井工区技术负责人。

职责：负责事故调查工作，总结经验教训，制定防范措施。

模拟人员组成：

组成：人员（中国水电七局成都轨道交通18号线工程土建5标项目部、1号斜井工区、2号斜井工区、进口工区、出口工区）共计39人。

人员职责：

① 接到指挥指令迅速做出反应，演练过程中注意保护自身和他人安全；

② 服从警戒疏散组的指挥，不扰乱瓦斯超限演练现场。

（6）演练准备工作。

召开专题会、进行桌面演练《瓦斯超限应急演练方案讨论专题会及桌面演练》与《瓦斯超限演练现场会》。

① 物资准备。

1.0%甲烷标气1瓶、3.0%甲烷标气1瓶、矿灯20个、防爆对讲机14台、光干涉式瓦检仪 1 台、便携式瓦检仪 7 台、风速仪 1 台、应急药箱 1 个、医疗担架 1 副、扩音器 3 个、反光背心 50 件。

② 演练出动部门人员及车辆。

工程管理部 2 人，安全质量环保部 8 人，设备物资部 2 人，综合协调部 2 人，1 号斜井 5 人，2 号斜井 9 人、进口工区 5 人、出口工区 5 人（不含驾驶员）。

车辆：指挥车（越野车 1 辆）、应急救援车（中巴 2 辆）。

防爆对讲机：指挥中心 2 部、当班瓦检员 1 部、当班安全员 1 部、当班电工 1 部、监控中心值班员 1 部、工区主任 1 部、信息联络组 1 部、抢险救援组 1 部、医疗及后勤保障组 1 部、警戒疏散组 1 部、专家技术组 1 部、善后处理组 1 部、事件调查组 1 部。

（7）其他

① 项目部安全质量环保部做好演练场地的布置和演练的组织、记录、影像等。

② 2 号斜井工区做好演练前后施工现场文明施工。

6. 演练实施步骤（演练脚本）

龙泉山隧道瓦斯超限演练活动方案脚本

时间（15:00）：由现场副总指挥向总指挥请示开始。

应急情景设定：龙泉山隧道 2 号斜井工区左线小里程方向掌子面瓦斯浓度超过 0.5%并且有上升趋势，监控中心发出预警，值班人员通过洞内广播系统通知掌子面人员撤离，并通知工区负责人瓦斯超限情况，工区负责人迅速报告项目相关领导，领导指示撤离掌子面人员至安全区域，瓦检员、安全员进入超限区域复测瓦斯浓度，加强掌子面通风与瓦斯监测，启动项目部应急预案，各救援专业组准备就位，应急领导小组赶赴现场。人工瓦检在掌子面复测结果为 0.9%，此时自动监控数据显示也为 0.9%，仍有上升趋势，30min 后自动监控数据显示 1.02%，瓦电闭锁装置生效，主井、左线小里程方向、右线小里程方向洞内全部断电，掌子面甲烷传感器持续声光报警，值班人员通过洞内广播系统通知洞内人员撤离，并通知工区负责人瓦斯超限情况，工区负责人接到通知后立即通知应急领导小组，启动应急程序，应急领导小组向监理工程师、业主单位相关领导汇报应急情况，同时通知应急救援队伍赶赴现场，洞内所有人员全部撤离，安全员在洞口警戒，专业救援队伍到达现场进入超限区域检测瓦斯并查找瓦斯超限原因。

演练总指挥：项目经理；专业小组：信息联络组组长、抢险救援组组长、医疗及后勤保障组组长、警戒疏散组组长、专家技术组组长、善后处理组组长、事故调查组信息联络组长。

项目经理（15:04）：为了安全、优质地做好龙泉山瓦斯隧道工程，项目部根据设计单位判定龙泉山隧道进口、1 号斜井、2 号斜井工区为高瓦斯工区，出口工区为低瓦斯工区的标准，为预防瓦斯事故，今天在 2 号斜井工区举行龙泉山隧道瓦斯超限应急救援演练。我宣布演练正式开始！

（旁白）自动监控系统监控值班员发现 2 号斜井左线小里程方向掌子面瓦斯浓度显示为 0.6%，且目前还在缓慢上升，监控室值班人员迅速通知工区负责人工区主任。

监控值班员（15:05）：报告工区主任，2 号斜井左线小里程方向开挖掌子面瓦斯浓度为 0.6%，现目前还在缓慢上升。

工区主任（15:05）：工区主任收到！

请值班员通过洞内广播系统通知掌子面作业工人暂停作业，撤离至右线，通知通风工加强洞内通风，通知当班瓦检员乙、瓦检员甲立即对掌子面 20m 范围内瓦斯浓度进行复测。

（旁白）工区主任立即采取先行撤人、通风工加强洞内通风措施，同时将现场情况告知应急领导小组。

监控值班员（15:06）：收到，（广播系统开启对洞内喊话）安全员、安全员、安全员听到请回话！

安全员（15:07）：安全员收到，请讲！

监控值班员（15:07）：左线小里程方向瓦斯传感器显示瓦斯浓度为 0.6%，请通知掌子面作业工人暂停施工，先撤离出超限区域至右线。

安全员（15:07）：安全员收到。

工区主任（15:08）：惠斌、惠斌，听到请回话。

电工（15:08）：惠斌收到，请讲。

工区主任（15:09）：左线小里程方向瓦斯传感器显示瓦斯浓度为 0.6%，请加大通风机功率，加强左线小里程方向洞内通风。

电工（15:09）：惠斌收到，已将左线小里程方向通风机功率增加至 80%。

工区主任（15:10）：瓦检员甲收到请回话。

瓦检员甲（15:10）：瓦检员甲收到。

工区主任（15:11）：左线小里程方向瓦斯传感器显示瓦斯浓度为 0.6%，请你和瓦检员乙两人前往左线小里程方向掌子面 20m 范围内复测瓦斯浓度，并及时汇报人工瓦斯检测数据。

瓦检员甲（15:12）：瓦检员甲收到，已赶往左线小里程方向掌子面复测瓦斯浓度。

（旁白）当班安全员对掌子面作业人员 10 人撤离左线二衬处（安全地点），瓦检员正在复测掌子面处 20m 范围瓦斯浓度。

工区主任（15:15）：报告总指挥，2 号斜井左线小里程方向掌子面 15 点 07 分时瓦斯浓度达到 0.6%，现在数据显示 0.9%，瓦斯浓度还在缓慢上升，现已先行撤离该作业面工人至右线，通风班组已加强洞内通风，瓦检员正在复测掌子面 20m 范围内瓦斯浓度，请指示！

总指挥（15:16）：收到，请继续加强现场瓦斯监测，及时汇报现场情况，各应急专业小组已准备就绪，我们已赶往现场。

（旁白）应急领导小组赶赴现场指挥救援。

瓦检员甲（15:17）：监控值班员收到请回话。

监控值班员（15:17）：监控值班员收到，请讲。

瓦检员甲（15:18）：经过现场复测拱脚瓦斯浓度为 0.00%，掌子面拱顶瓦斯浓度为 1.02%，现场瓦斯传感器持续发出声光报警，洞内已断电，我和瓦检员乙两人已撤离至右线，左线小里程方向无作业人员。

监控值班员（15:18）：监控值班员收到，请在原地待命。

瓦检员甲（15:18）：瓦检员甲收到。

监控值班员（15:19）：报告工区主任，15 点 19 分左线小里程方向瓦斯浓度为 1.02%，与人工瓦检数据一致，洞内瓦电闭锁已生效，主井、左线小里程方向、右线小里程方向已全部断电，左线小里程方向无作业人员，右线目前有作业人员 10 人、安全员 1 名、瓦检员 2 名在洞内，请指示。

（旁白）应急领导小组及各专业救援组到达现场。

工区主任（15:21）：工区主任收到。报告总指挥，15 点 19 分左线小里程方向瓦斯浓度为 1.02%，与人工瓦检数据一致，洞内瓦电闭锁已生效，主井、左线小里程方向、右线小里程方向已全部断电，左线小里程方向无作业人员，右线目前有作业人员 10 人、安全员 1 名、瓦检员 2 名在洞内，请指示。

总指挥（15:22）：收到！

总指挥收到信息后马上组织瓦斯应急救援领导小组善后处理组长、信息联络组长、专家技术组长等成员进行了紧急协商，通过分析确定该事件应急响应级别为Ⅳ级，并立即启动项目部瓦斯超限应急救援预案，拉响瓦斯超限警报，同时通知应急救援队赶赴现场。

总指挥（15:24）：立即启动瓦斯超限应急预案（重复 2 句），拉响警报（警报响 3min），信息联络组、抢险救援组、医疗及后勤保障组、警戒疏散组、专家技术组、善后处理组、事故调查组迅速集合到位，10min 内赶至指挥中心处集合。

信息联络组长（15:34）：报告总指挥，信息联络组 4 人奉命赶到。

抢险救援组长（15:34）：报告总指挥，抢险救援组 12 人奉命赶到。

医疗及后勤保障组长（15:35）：报告总指挥，医疗及后勤保障组 5 人奉命赶到。

警戒疏散组长（15:35）：报告总指挥，警戒疏散组 4 人奉命赶到。

专家技术组长（15:36）：报告总指挥，专家技术组 9 人奉命赶到。

善后处理组长（15:36）：报告总指挥，善后处理组 4 人奉命赶到。

事故调查组长（15:36）：报告总指挥，事故调查组 5 人奉命赶到。

各应急小组及时到达指挥中心，此时监控中心报告总指挥，左线小里程方向瓦斯传感器数据显示 3.02%，瓦斯浓度升高较快，人员定位系统显示洞内其他工作面人员还未撤离，应急领导小组及时下达命令并将现场情况报告监理、成投公司、地铁公司。

总指挥（15:38）：警戒疏散组长带警戒疏散组负责施工区域安全警戒，4 个工作面全部封闭，在主副井洞口派人警戒，防止无关人员进入洞内。

警戒疏散组长（15:38）：收到。

总指挥（15:39）：专家技术组长带专家技术组及应急救援队排查瓦斯超限原因，提供应急抢险方案，应急救援队佩戴好防护用品进入洞内实施救援。

专家技术组长（15:39）：收到。

总指挥（15:40）：医疗及后勤保障组立即带领医疗及后勤保障组迅速到应急物资仓库为进洞抢险救援人员准备好矿灯、自救器、便携式瓦检仪、风速仪、应急药箱、医用担架等相关应急救援物资。

医疗及后勤保障组（15:40）：收到。

总指挥（15:41）：抢险救援组长立即带领抢险救援组到应急物资仓库领取应急抢险相关物资，然后迅速进洞撤离施工人员，撤离过程中注意安全，并协助救援队检查洞内通风情况，检查风筒是否存在破损情况并及时修补。

抢险救援组长（15:41）：收到。

总指挥（15:41）：善后处理组长带领善后处理组做好受伤人员安抚及安置工作。

善后处理组长（15:41）：收到。

总指挥（15:42）：信息联络组长带领信息联络组做好各小组之间联络工作，及时跟上级汇报应急救援工作，做好舆情监测。

信息联络组长（15:42）：收到。

总指挥（15:43）：事故调查组长带领事故调查组配合专家技术组调查事故工作，制定防范措施。

（旁白）此时警戒疏散组长带领队员立即对施工区域进行全面警戒，防止无关人员进入施工现场。

专家技术组长迅速带领队员进入监控中心仔细核对洞内各项监测数据，分析瓦斯超限原因。并与洞内应急救援队联系确定超限原因，查找瓦斯逸出源头。

医疗及后勤保障组迅速带领队员进入应急物资仓库准备应急物资。

抢险救援组长迅速带领队员到应急物资仓库领取应急抢险相关物资并佩戴好安全防护用品，随后进入洞内撤离人员。

应急救援队佩戴好安全防护用品，随后进入洞内排查瓦斯超限原因及查找瓦斯逸出源头。

信息联络组长迅速带领队员了解现场情况并通过电话向监理部、总承包部安质部及现场业主代表发布应急救援信息。

7min后专家技术组长向总指挥报告：

专家技术组长（15:50）：报告总指挥，经过数据比对发现掌子面瓦斯浓度仍有持续升高趋势，掌子面风速过低不符合方案要求风速，经应急救援队沟通后初步确定瓦斯超限原因是掌子面钻孔作业地段属地质破碎带，裂隙发育，加之二衬台车处风筒破损严重未及时修补，造成掌子面风量较小，掌子面瓦斯积聚。

（旁白）10min后抢险救援组、应急救援队向总指挥报告情况。

抢险救援组长（16:00）：报告总指挥，左线小里程方向无作业人员，右线小里程方向有20人，左线大里程方向15人，右线大里程方向10人正在往洞外撤离；经洞内详细排查发现二衬台车处风筒部出现严重破损，目前已修复完毕，测风仪器显示目前风速已恢复正常。

总指挥（16:01）：收到，请迅速撤离至洞外。

救援队（16:01）：报告总指挥，经现场初步排查，此次瓦斯超限主要是施工段落处在地质破碎带，裂隙发育较多，油气瓦斯逸出，再加之二衬台车处风筒破损，造成掌子面风速及风量稀释不了瓦斯，才造成此次瓦斯超限，现目前风筒已修补完好，掌子面风速风量满足要求，现场实测瓦斯浓度为1.02%，瓦斯浓度正在降低。洞内全部断电，机械设备停止运转。请指示。

总指挥（16:02）：收到，请迅速撤离至洞外。

救援队（16:02）：救援队收到。

（旁白）洞内4个工作面作业人员陆续撤出至洞外，各班组长正在清点人数，发现右线小里程支护班2人未撤出洞外，工区主任立即将此情况报告给总指挥，抢险救援组12人已撤出洞外，应急救援队还未撤出洞外。此时信息联络小组人员对作业人员进行安抚，并要求信息不得私自发送。

工区主任（16:03）：报告总指挥，右线大里程支护班2人还未撤出洞外，其他作业面人员全部撤出洞外。

总指挥（16:03）：收到，救援队，收到请回话。

救援队（16:03）：救援队收到，请指示。

总指挥（16:03）：刚收到消息，洞内还有2人未撤出洞外，请立即在洞内搜救2人，确保被困人员安全。

救援队（16:04）：救援队收到。

此时救援队在洞内4个工作面搜索被困2人，经过5min的搜救发现此2人躲避在副井加宽段位置，其中1人脚踝扭伤，无法移动，救援队做简易处理后采用担架将受伤人员抬出，善后处理组立即联系救援车辆将受伤人员送往医院救治。

救援队（16:08）：报告总指挥，洞内受伤人员已撤出洞外，请指示。

总指挥（16:08）：收到，医疗及后勤保障组负责将受伤人员送至医院进行救治。

医疗及后勤保障组（16:08）：收到。

监测系统显示左线小里程方向瓦斯浓度在逐渐回落，监控室值班员及时向总指挥汇报情况。

监控值班员（16:10）：报告总指挥，16点10分左线大里程方向掌子面甲烷传感器数据显示1.02%，与救援队实测瓦斯浓度一致，现目前正在缓慢下降。

总指挥（16:11）：收到，继续监控并及时汇报数据。

监控值班员（16:11）：监控室收到。

抢险救援组长（16:12）：报告总指挥，左线大里程方向20人，右线小里程方向15人，右线大里程方向10人已全部撤离至洞外，洞内无作业人员，请指示。

总指挥（16:12）：收到，警戒疏散组将人员带至安全地点休息，继续做好洞口警戒工作，请善后处理组做好人员安抚工作。

警戒疏散组长（16:12）：警戒疏散组长收到。

6min后监控中心向总指挥报告：

监控值班员（16:18）：报告总指挥，16点18分左线大里程方向掌子面甲烷传感器数据显示0.00%，风速显示正常。

总指挥（16:18）：收到，请当班瓦检员甲、瓦检员乙随救援队再次进入洞内复测右线大里程方向掌子面瓦斯，及时与监控中心对比数据，汇报复测结果。

瓦检员甲（16:19）：瓦检员甲收到。

（旁白）当班瓦检员甲、瓦检员乙随救援队2人共计4人进入左线小里程方向复测瓦斯。经现场实测与监控中心对比，瓦斯浓度均为0.00%，风速显示正常。

瓦检员甲（16:25）：监控值班员收到请回话。

监控值班员（16:25）：监控值班员收到，请讲。

瓦检员甲（16:25）：现场实测瓦斯浓度为0.00%。

监控值班员（16:25）：监控值班员收到，现在传感器显示浓度为0.00%。

瓦检员甲（16:26）：瓦检员甲收到！报告总指挥，经与监控中心数据对比，掌子面瓦斯浓度均为0.00%，请指示。

总指挥（16:26）：收到，先行撤离至洞外。

瓦检员甲（16:26）：瓦检员甲收到。

（旁白）现场险情已基本解除，瓦斯浓度已恢复至0.00%，应急领导小组讨论一致决定解除警报，并向相关领导汇报险情。

赵刚（16:27）：报告总指挥，抢险救援组12人全部撤离到洞外，无人员伤亡。

总指挥（16:27）：收到，请原地待命。

专家技术组长（16:27）：报告总指挥，救援队已全部撤离至洞外，自动监控系统显示，瓦斯浓度目前降低至0.00%，通风系统风速显示正常，请求解除应急救援。

总指挥（16:28）：收到，请各应急小组再次汇报情况。

警戒疏散组长（16:28）：报告总指挥，警戒疏散组3人继续警戒中。

专家技术组长（16:28）：报告总指挥，专家技术组2人在自动监控室继续监测洞内各项数据。

抢险救援组长（16:28）：报告总指挥，抢险救援组12人及洞内作业人员全部撤离至洞外，无人员伤亡。

医疗及后勤保障组（16:28）：报告总指挥，医疗及后勤保障组3人在应急物资仓库待命中。

警戒疏散组长（16:28）：报告总指挥，警戒疏散组3人继续在洞口警戒，洞内人员全部撤离。

善后处理组长（16:29）：报告总指挥，善后处理组3人已对撤离人员进行安抚，人员情绪稳定。

信息联络组长（16:29）：报告总指挥，应急抢险相关信息已完成报送，信息联络组4人待命中。

事故调查组长（16:29）：报告总指挥，事故调查组已完成事故调查，随后报送事故调查报告。

总指挥（16:30）：收到，同意解除应急救援，参加演练全体人员到指挥中心集合，请业主、监理单位领导对此次演练进行点评。

7. 演练评价

应急演练结束后，召开应急演练工作总结会，由业主、监理单位及项目部相关人员对应急演练的效果做出评价，并提出演练过程中发现的问题。会后根据讨论的情况编写演练报告，对应急演练工作进行总结，并列举演练中的不足及需要整改和改进的地方。

4　瓦斯隧道管理案例及探讨

4.1　油气田隧道瓦斯异常涌出防治措施

4.1.1　瓦斯异常涌出案例

1. 瓦斯涌出情况概述

成都轨道交通 18 号线龙泉山隧道 1 号斜井左线小里程掌子面开挖至 ZDK43＋650，仰拱施工至 ZDK43＋716，二衬施工至 ZDK43＋764 时，从二衬台车至掌子面出现 3 个瓦斯逸出点，分别位于：ZDK43＋746 两边侧墙、9 号横通道交叉口（ZDK43＋670）、开挖掌子面。其中 ZDK43＋746 两边侧墙瓦斯（1 号涌出点）最初从开挖底板逸出，施工仰拱后，从两边侧墙逸出；9 号横通道交叉口（2 号涌出点）从超前探孔向外逸出；掌子面瓦斯（3 号涌出点）从左拱肩处的钻爆孔向外逸出。图 4-1 所示为瓦斯异常涌出情况。

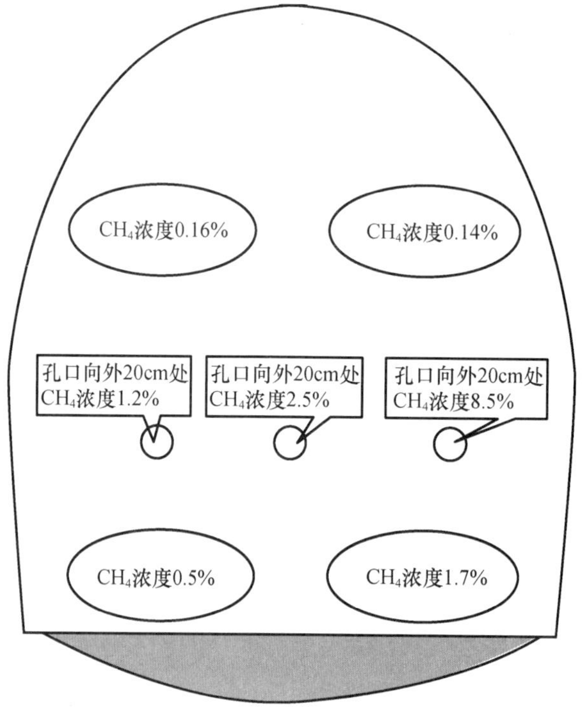

图 4-1　瓦斯异常涌出情况

2. 瓦斯浓度检测情况

1 号涌出点 ZDK43+746 两边侧墙从防水板后检测瓦斯浓度为 5%～33%，2 号涌出点在 9 号横通道在进行超前水平钻探过程中出现瓦斯顶钻现象，探孔内瓦斯浓度达到 100%，3 号涌出点掌子面钻孔 3m 处瓦斯浓度 100%，掌子面风流中瓦斯浓度为 0.14%，二衬台车处瓦斯浓度在 0.34%～0.4%，均处于报警状态。

3. 瓦斯浓度持续报警的原因分析

(1) 隧址处于四川盆地须家河组范围内，下部存在深层天然气补给。

(2) TSP 超前地质预报显示隧道前方发现了构造带和构造发育带；构造带均有可能成为瓦斯通道，前后两个构造带规模较大，且构造面发育密集，中间一个规模较小，节理面分布较疏松，是瓦斯运移的主要通道。

(3) 该段隧道前方穿越砂岩夹层，砂岩厚度约 50cm，岩层水平倾角约 15°，可能存在储气空间或运移通道。

(4) 当前瓦斯异常涌出的量超过单位时间最大天然气涌出量，现阶段采用的压入式通风送入洞内的新鲜风量无法满足稀释异常情况下涌出的瓦斯，是造成洞内瓦斯浓度持续报警的主要原因。

4.1.2 施工防治措施

1. 瓦斯压力及涌出量检测

根据设计要求，当单孔瓦斯涌出量大于 4L/min、瓦斯压力大于 0.74MPa 时，须暂停掌子面施工，进行瓦斯排放、泄压。因此需要进行压力及涌出量检测。

1) 瓦斯压力检测

瓦斯压力检测参照《铁路瓦斯隧道技术规范》(TB 10120—2019)，在测压探孔内插入带有压力表接头的紫铜管，管径 6～8mm，长度不小于 7m。采用特制柱状黏土进行封堵，要求每堵 1m，打入 1 个木塞，孔口 0.5～1m 处用水泥砂浆封堵，确保孔口封堵密实，安装压力表进行测压，详细记录压力上升与时间关系，直到压力稳定为止，该数据即为瓦斯涌出压力。

2) 瓦斯涌出量检测

瓦斯涌出量检测采用 ZWS-1 型钻孔瓦斯涌出初速度测定仪进行测试，将探孔瓦斯进行引流，保证孔封堵密实的情况下，将引流管与 ZWS-1 相接，瓦斯由进气管经过软管进入流量显示器和换挡流量计中，由于换挡流量计的节流作用，密封室内瓦斯压力升高，推动流量显示器指针摆动，从而测定钻孔瓦斯涌出初速度。

3) 检测结果

经实际检测，瓦斯压力及涌出量统计表如表 4-1 所示。

表 4-1　瓦斯压力及涌出量统计表

序号	部位	瓦斯压力 (MPa)	瓦斯流量 (L/min)	备注
1	ZDK43+746	0.01	33	
2	开挖掌子面	0.14	315	

2. 加强通风

由于瓦斯异常涌出后，现阶段压入式通风送入洞内的风量不足，不能有效稀释瓦斯。

根据洞内实测风速，计算风量：

$$Q_{风量}=S_{风速}\times D\times 60$$

由计算可知当前洞内压入式送风量为 1714m³/min。为保证施工安全，降低回风流中的瓦斯浓度，首先暂停施工并增设一根 1.6m 直径风管至开挖掌子面，采用 2×110kW 备用风机供风，加大压入式送风风量，在瓦斯涌出量较大时采用双风机供风，风机维护或延伸风带时主副风机交替运行，不间断的供风方式保证洞内空气置换速度、有效避免瓦斯涌出后在洞内积聚情况的发生，降低风流中瓦斯浓度。增加两路压入式风管供风后，经实测，洞内回风流风速达到 1.6m/s，风量为 4556m³/min。回风流瓦斯浓度下降至 0.08%～0.12%，浓度明显降低。

在掌子面开挖台车、钢筋防水及衬砌台车上增加 5.5kW 局扇；横通道、水气分离室等通风死角位置增设 2.2kW 局扇；钢筋焊接、防水焊接等高风险工序采用高压风管针对性通风，有效避免瓦斯积聚，如图 4-2 所示。

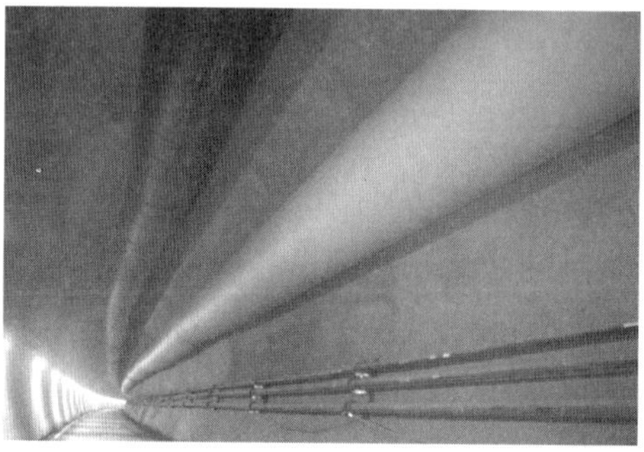

图 4-2　新增风筒布加强通风

3. 加强超前地质预报

龙泉山隧道超前地质预报综合采用 TSP 超前地质预报、超前水平钻探（图 4-3）、地质雷达、加深炮孔以及地质素描五种手段，秉承长短结合、精泛相佐的原则，对掌子面前方围岩和瓦斯赋存情况实施准确预报，特殊部位重点预报，多种手段预报结果对比验证。

为了更加准确地判断隧道前方地质情况，设计超前水平钻采用取芯及非取芯钻相结合，通过取芯芯样（图 4-4）、瓦斯涌出记录，验证隧道前方地质情况及其与瓦斯逸出的关联性。

图 4-3　超前水平钻探期间瓦斯检测

图 4-4　超前水平钻探取芯芯样

通过取芯钻孔及瓦斯检测情况分析，绘制围岩性质与天然气逸出点关系图，得出结论：

（1）逸出点与砂岩的联系相对紧密，印证砂岩层为良好的储气层。

（2）掌子面前方存在砂岩储气气囊。

4. 瓦斯引排

瓦斯主要从探孔内向外涌出，量大且集中，造成掌子面处瓦斯浓度较高，再加上隧道采用边挖边衬的施工工艺，在二衬台车处由于隧道断面变化，容易造成瓦斯积聚的情况，因此采用引排的方式，将探孔内的瓦斯通过临时排放管引排至二衬已施工段落，避免瓦斯在掌子面、台车处积聚。

在有瓦斯涌出的探孔内插入 3.5cm 软管，并对孔口做有效封堵，将孔内瓦斯引排汇总集中至一根直径为 5cm 的排放管内，沿隧道侧墙，穿过二衬台车，将瓦斯引排至二衬已施工段落，引排点距二衬台车≥50m。

引排工作随掌子面的开挖持续推进，通过集中引排泄压，该异常段瓦斯压力从最大 0.14MPa，下降至 0MPa，瓦斯绝对涌出量从最大 4.64m^3/min，下降至 2.47m^3/min。

4.1.3 优化施工工艺

1. 开挖施工

严格执行加深炮孔工艺要求，钻孔前先施工加深炮孔，施工完成经瓦检员逐孔检测瓦斯情况，无异常后进行炮孔施工。钻孔过程中如发现顶钻及瓦斯喷孔现象时应立即停止钻孔，不得退出钻杆，立即报现场技术人员及瓦斯专工现场查明原因，并及时采取引排措施，并对该孔进行标注。

装药前，由瓦检员检测回风流中及炮眼中瓦斯浓度，在炮孔口 10cm 范围内有明显瓦斯异常现象的，做好标记，该炮孔不进行装药。

改善装药结构，首先在孔底装一节水炮泥（图 4-5），然后装炸药，孔口封堵首先装两节水炮泥，然后在孔口采用黏土炮泥封口。

图 4-5　水炮泥

爆破严格执行“三人连锁”放炮制度，其他无关人员包括相邻右线隧道人员全部撤出洞外，并做好安全警戒工作。

爆破后两路风管同时开启，加大通风量，通风散烟时间不少于 30min。自动监控系统检测洞内有毒、有害气体浓度无异常时，瓦检员、安全员、爆破员进洞检查瓦斯浓度和盲炮，进洞人员需携带自救器。

出碴前对爆破石碴进行洒水浸湿，然后由瓦检员检查是否有瓦斯涌出点，异常位置明确标识，及时打开局扇进行针对性吹散，加快稀释瓦斯；出碴过程安排专人负责洒水湿润石碴，随时保持石碴湿润。

2. 初期支护施工

出碴完成后，立即组织对开挖面进行初喷，初喷厚度不小于4cm，如图4-6所示。

初期支护所有工序施工过程中严禁动火作业，更改连接筋和钢筋网片连接方式，拱架加工过程中在连接筋位置焊接套管，现场施工只需要将预弯好的U形连接筋扣在拱架中间，再用扎丝进行捆绑加固即可，作业过程中瓦检员、安全员跟班作业，随时检测瓦斯浓度，发现异常情况立即暂停施工并撤人，加强通风待瓦斯浓度降低至0.3%以下方可恢复作业。

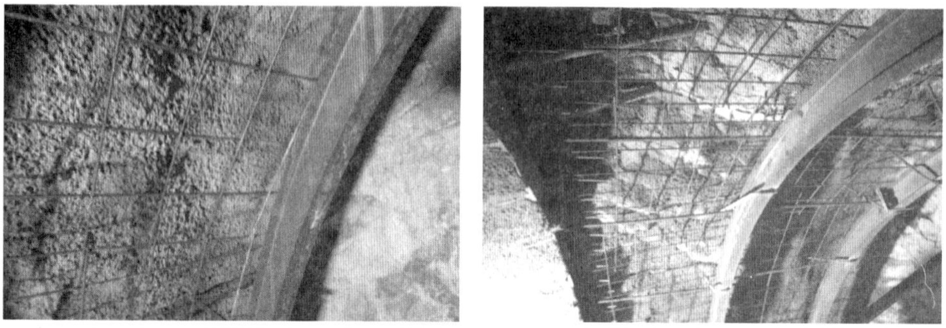

图4-6　掌子面初喷

3. 防排水、混凝土施工

1）防排水施工

（1）排水盲管及瓦斯排放管的安装。排水盲管包括环向排水盲管、纵向集水盲管、横向排水盲管，三者采用三通连为一体，形成完整的排水系统。高瓦斯隧道的排水盲管是连接防水层背后瓦斯与隧道内行车区间的通道，因此排水盲管的施工质量与分离排水盲管内的瓦斯气体的水气分离装置和分离室的施工质量尤为重要。

① 环向排水盲管的布置。环向排水盲管沿纵向设置的间距根据设计要求进行布置，采用ϕ50mm环向双壁打孔波纹管间距为10m一道，集中出水点可单独设置，大面积渗水段可加密设置。根据洞内渗漏水的实际情况，在初期支护（喷射混凝土层）完成之前视情况埋设排水半管或线形排水板，形成暗埋、永久式排水通道系统，将水引入隧道纵向排水管或通过盲沟（管）引入排水沟排出洞外。

对集中出水点，沿水源方向钻孔，然后将单根引水盲管插入其中，并用速凝砂浆将周围封堵，以使地下水从管中集中引出。当隧道开挖后在围岩表面有线流或股流时，均设排水半管或线形排水板，在排水管周围喷射厚度为1～2cm水泥砂浆后，再进行喷射混凝土作业。

在无渗漏水地段有必要时，每隔一定间距，在其喷层表面上、下打设排水孔，安装排水半管或线形排水板，使隧道在使用期内因地下水的迁移变化而产生的渗漏水能顺利排出洞外。纵向盲管安设的坡度必须满足设计要求。

② 环向排水盲管的施工。根据设计图纸要求间距进行安装，可根据洞壁实际渗水情况做适当调整，尽可能通过喷射层面的低凹处和有出水点的地方。沿线两侧钻定位孔，定位孔间距 50cm，将膨胀螺栓打入定位孔，用铁丝将环向排水盲管定位于膨胀螺栓上。集中出水点处沿水源方向钻孔，然后将单根引水盲管插入其中，并用速凝砂浆将周围封堵，以便地下水从管中集中流出。环向排水盲管施作步骤如下：

按规定画线，以使盲管位置准确合理；钻定位孔，定位孔间距在 50cm；将膨胀锚栓打入定位孔。

用无纺布包住盲管，用扎丝捆好；用卡子卡住盲管，然后固定在膨胀螺栓上；对环、纵向排水盲管采用三通相连。排水半管铺设时，利用工作平台，根据裂缝形状或打孔位置，排水半管紧贴岩面，用水泥钉每隔 30cm 对称钉牢，然后喷射速凝水泥砂浆封固。

③ 横向排水盲管的布置与施工。横向排水盲管是连接纵向排水盲管通向侧式暗沟，其设置应符合设计要求，在与纵向排水盲管拼接时需穿透防水板，注意在接头处用土工布包裹再采用干硬性砂浆封堵，防止混凝土浇筑过程中水泥砂浆进入堵塞管道。

横向排水盲管是连接纵向排水盲管与侧排水沟的水力通道，通常采用硬质塑料管，其设置应符合设计要求，施工中先在纵向排水盲管上预留拼接，然后在仰拱及填充混凝土施工前接长至侧排水沟。

④ 纵向排水盲管的施工。按设计图在边墙底部测量放样盲管位置，沿线钻孔，打入膨胀螺栓，安设纵向排水盲管，用卡扣卡住盲管，固定在膨胀螺栓上。对环、纵向排水盲管采用三通相连。

⑤ 瓦斯排放管施工。高瓦斯隧道瓦斯等有害气体的排放路径为纵向排水盲管→水气分离装置→瓦斯排放管→洞口瓦斯排放管排入大气，瓦斯排放管采用 ϕ100 镀锌钢管，水气分离装置采用 ϕ100PVC 管，按照 50m/处设置，水气分离室按照 200m/处设置。

瓦斯排放管采用吊带悬挂，用气钉枪固定在设计高程，尽量紧贴初支岩面；瓦斯涌出段瓦斯排放管接头严禁焊接，采用丝扣连接，由于瓦斯排放管内空间较密闭，瓦斯易积聚，瓦斯排放管安装前，由瓦检员检查回风及已施工瓦斯排放管管口的瓦斯浓度，高压风管、灭火器、水管等措施必须到位，若瓦斯排放管管口浓度超标，使用高压风管对排放管内进行吹气，将管内污浊空气进行置换，待浓度降到正常范围后再作业，作业过程中安全员、瓦检员、质检员旁站，瓦检员、安全员随时注意瓦斯情况，质检员检查安装质量；瓦斯排放管安装完成后采用高压风管对管内进行吹孔通气试验，通过观察已施工的水气分离室处泄水孔的气压变化，既可判断瓦斯排放管连通性，又可吹散管内瓦斯，促进瓦斯向洞口方向排出。水气分离装置如图 4-7 所示。

（2）瓦斯隔离板施工。高瓦斯隧道瓦斯隔离板采用 EVA 防水板（厚度≥1.5mm）＋闭孔型 PE 泡沫垫层（厚度≥4mm），瓦斯隔离板施工包括铺设准备、瓦斯隔离板施工、瓦斯隔离板固定、瓦斯隔离板焊接等环节。

① 铺设准备。洞外检查、检验瓦斯隔离板质量，对检查合格的瓦斯隔离板，用特种铅笔画焊接线及拱顶分中线，并按每循环设计长度截取，对称卷起备用；洞内在铺设基面标出拱顶中线，画出隧道中线第一环及垂直隧道中线的横断面线。

铺设防水板前，在岩面铺设一层闭孔型 PE 泡沫垫层，闭孔型 PE 泡沫垫层采用专用热熔垫圈及射钉固定在岩面上，固定间排距边墙为 80～100cm，拱顶为 50～60cm，梅花形布置，局部凹陷处可适当增加固定点，固定点布置示意如图 4-8 所示。PE 泡沫垫层的铺设须平顺，并留有适当的松弛度（可按 1.08 考虑），PE 泡沫垫层铺设搭接宽度不小于 5cm。

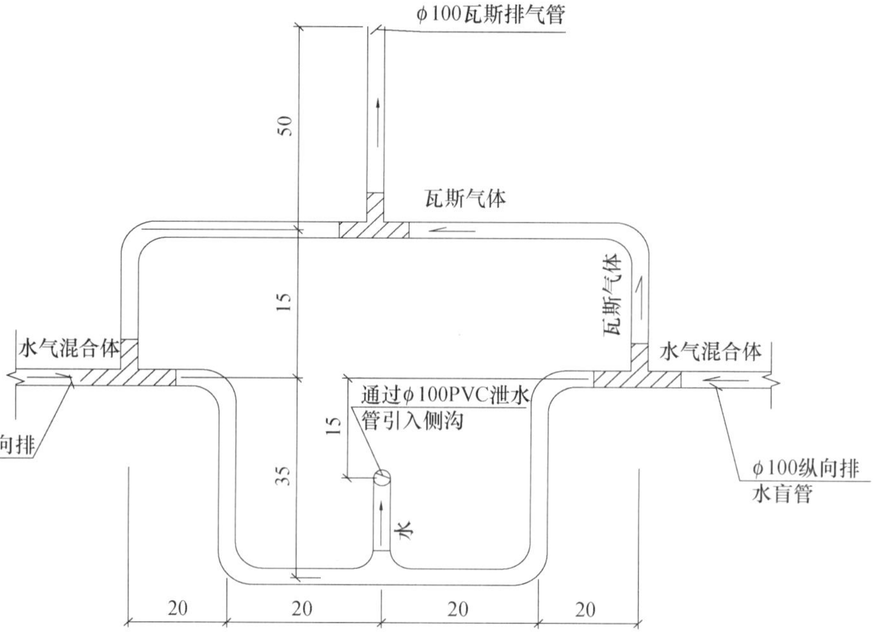

图 4-7　水气分离装置示意图

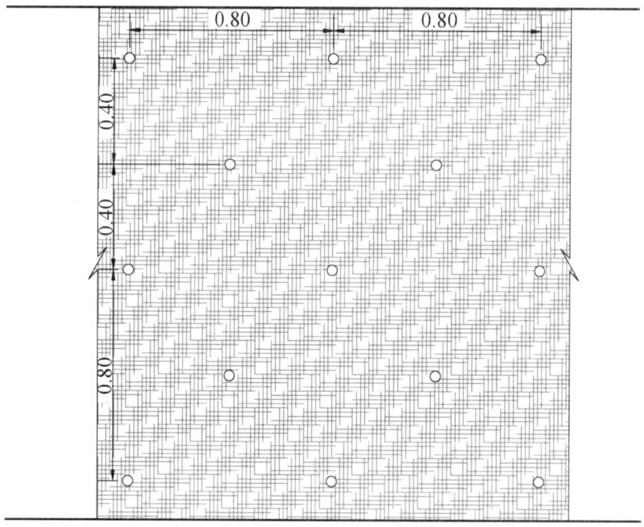

图 4-8　热熔垫圈间排距示意图

② 防水板施工。防水板铺设超前二次衬砌施工 12～18m，设临时挡板防止机械损伤和电火花灼伤防水板，同时与开挖掌子面应保持一定的安全距离。

铺设前进行放样，标识出标准线进行试铺后确定防水板一环的尺寸，尽量减少接头，防水板每卷长度同标准断面弧长一致，减少纵向焊缝；防水板每幅宽度为 3m。

采用从上向下的顺序铺设，下部防水板应压住上部防水板，松紧应适度并留有余量（按 1.08 考虑），保证防水板紧贴初期支护表面。

分段铺设卷材的边缘部位预留至少 60cm 的搭接余量并且对预留部分边缘部位进行有效的保护。

对于热合器不易焊接的部位用热风枪手工焊接，确保施工质量。

两幅防水板的搭接宽度应符合图纸要求，以图 4-9 所示为例。

③ 防水板固定。防水板采用超声波热熔焊机使防水板融化与塑料热熔垫圈粘结牢固，固定在初支面上。固定点位与闭孔 PE 泡沫板固定点布置相同。在凸凹较大的基面上和断面变化处适当增加固定点，保证其与混凝土表面密贴。

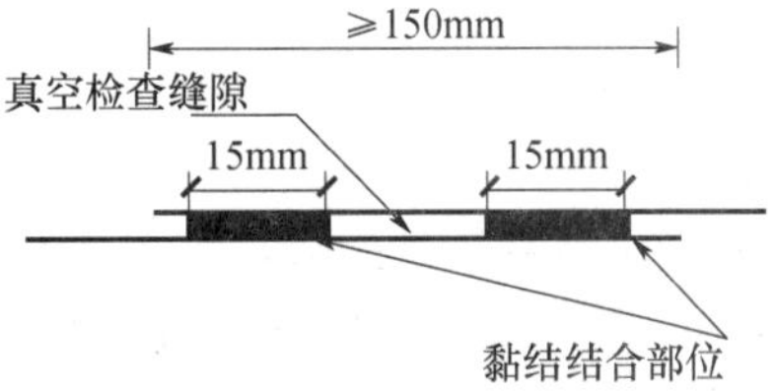

图 4-9 防水层焊接示意图

④ 防水板焊接。焊接作业前由瓦检员检查回风及防水板背后的瓦斯浓度，局扇、灭火器、水管等措施必须到位，焊接过程中，采用 2.2kW 局扇对焊接作业点全程吹风，接缝处必须擦洗干净，且焊缝接头应平整，不得有气泡、褶皱及空隙。

防水板之间的搭接缝采用双焊缝、调温、调速热楔式功能的自动爬行式热合机热熔焊接，细部处理或修补采用手持焊枪。

开始焊接前，应在小块塑料片上试焊，以掌握焊接温度和焊接速度。

单条焊缝的有效焊接宽度不小于 15mm。

防水板纵向搭接与环向搭接处，除按正常施工外，应再覆盖一层同类材料的防水板材，用热焊焊接。

在焊缝搭接的部位焊缝必须错开，不允许有三层以上的接缝重叠，如图 4-10 所示。焊缝搭接处必须用刀刮成缓角后拼接，确保不出现错台。

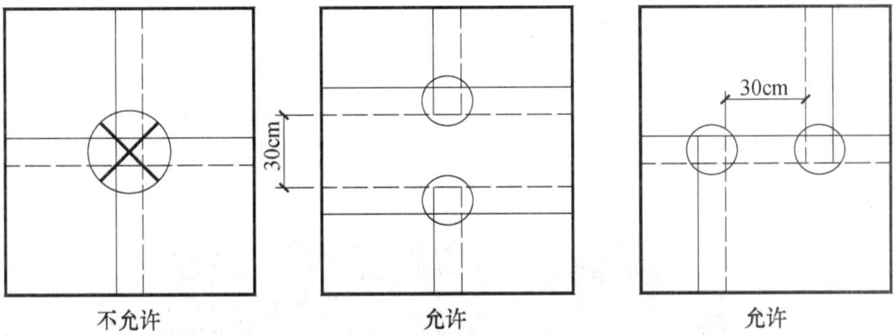

图 4-10 防水板搭接示意

焊缝若有漏焊、假焊应予以补焊；若有烤焦、焊穿处以及外露的固定点，必须用塑料片焊接覆盖。

施工控制要点如下：

a. 瓦斯隔离板应存放在室内，库房应整洁、干燥、无火源，自然通风要好，并应远离高温热源及油脂等污物；

b. 任何材料、工具，在铺设时应尽量远离已铺好的地段堆放；

c. 安装垫圈要严格控制方向和排列距离，避免安装时搭接困难；

d. 挡头板的支撑物在接触塑料防水板处时必须加设橡皮垫层；

e. 绑扎钢筋和安装模板及衬砌台车就位时，在钢筋保护层垫块外包土工布防止碰撞和刮破塑料板；

f. 浇筑混凝土时，应防止碰击塑料板，二次衬砌中埋设的管料与防水板间距不小于5cm，以防止损坏塑料防水板，浇筑时应有专人观察，发现损伤应立即修补。

防水板施工质量检查如下：

a. 目测检验。用手将已固定好的塑料板上托或挤压，检查其与喷射混凝土面的密贴程度及预留量，检查塑料板有无烤焦、焊穿、假焊和漏焊，焊缝宽度是否符合设计，焊缝表面是否平整光滑，有无波形断面。

b. 充气检查。瓦斯涌出段防水板焊缝应进行逐条检查，确保每条焊缝的严密性。质量检查应按充气法检查，将5号注射针与压力表相接，用打气筒进行充气，当压力表达到0.25MPa时停止充气，保持15min，压力下降在10%以内，说明焊缝合格；如压力下降过快，说明焊缝不严。用肥皂水涂在焊缝上，有气泡的地方重新补焊，直至不漏气为止。现场检测时，可根据需要抽取完整的环向或纵向焊缝进行检测，充气检测的长度不宜大于40m。防水板焊缝检查示意图如图4-11所示。

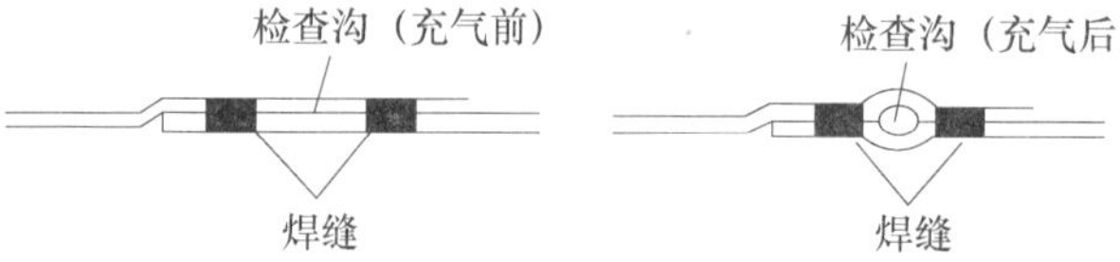

图4-11　防水板焊缝检查示意图

由于油气田瓦斯涌出段的瓦斯逸出点较分散，为防止瓦斯隔离板后的瓦斯积聚量过大，瓦斯隔离板超前长度满足二次衬砌基本流水施工长度即可，即12～18m，不得超前过长，另外采用逐板环向封堵的方式，在已施工二衬端头部位的闭孔PE泡沫垫层及防水板后分别采用全环泡沫胶进行封堵，再进行下一板防水板铺设施工。封堵后需进行瓦斯浓度检测，若检测显示仍存在瓦斯，则在进行下一板防水板施工前，继续采用全环泡沫胶进行封堵，直至防水板端头检测不到瓦斯为止，从而完全避免防水板后的瓦斯随着二衬推进向前方逸散。泡沫胶封堵如图4-12所示。

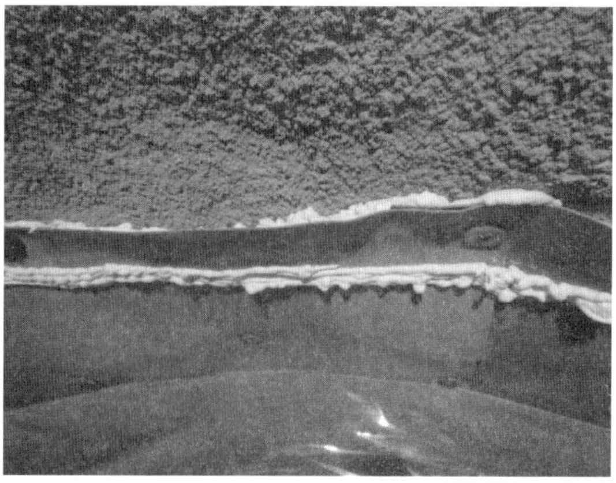

图4-12　泡沫胶封堵

闭孔 PE 泡沫垫层及防水层铺设时搭接位置控制压接方向：在环向及纵向遵循“下压上”的原则，先从上至下将整幅防水板固定在初支面之后再统一施作焊缝，减少高风险作业时间；防水板纵向搭接与环向搭接交叉处，除按正常施工外，应再覆盖一层同类材料的防水板材，用热焊焊接，搭接长度及焊缝质量符合要求。瓦斯涌出段要加密固定点，保证松弛度适中的同时尽量使防水板与初支面密贴，防止浇筑混凝土过程中防水板下沉而存在空腔积聚瓦斯；防水板施工完成后进行气密性试验，局部焊缝不合格部位采用吹风补焊，在使用超声波焊接热熔垫圈时，超声波焊枪温度及焊接时间应进行试验确定，严禁焊穿防水板，造成瓦斯气体有进入隧道内行车区间的隐患。

2）钢筋施工

钢筋施工除接地钢筋采用焊接外，其余全部采用绑扎连接；使用较大直径钢筋作为架立钢筋并适当加密，确保钢筋骨架稳固；钢筋垫块不少于 4 个/m^2，绑扎垫块和钢筋的铁丝不得伸入保护层内。钢筋垫块分布应视钢筋骨架刚度呈梅花形布置，同一截面严禁放置两块以上垫块。垫块应互相错开，分散布置，并不得横贯保护层的全部截面。

整仓钢筋全部绑扎完成后再进行接地钢筋焊接，遵从先通风、后检测、早准备的原则，采用高压风管对焊接点位置针对性持续通风，由瓦检员检查回风及焊接点位置瓦斯浓度，灭火器、水管、接火板等措施到位后进行焊接。

钢筋按要求在洞外统一加工，运输到现场，边顶拱钢筋在简易台架上人工安装绑扎。根据测量控制点先扎外层环向定位钢筋，用纵向钢筋将定位钢筋连接后，以纵向钢筋作为其他环向钢筋绑扎参照，绑扎完外层后再用相同方法绑扎内层钢筋，并及时将内外层钢筋用拉筋连接，必要时采用电弧焊点焊，以加强整体刚度。钢筋安设完成后，按中线标高进行轮廓尺寸检查，合格后于内层钢筋挂设 5cm 厚混凝土垫块，垫块互相错开，分散布置，不得横贯保护层的全部截面，垫块间排距 1.0m，梅花形布置，以确保混凝土浇筑后钢筋保护层厚度。钢筋绑扎时，严禁损伤防水板，若需进行钢筋焊接施工，焊接时，在钢筋与防水板之间加设防火隔离板（木板或石棉垫），以防烧伤防水板。同时安排专人进行动火作业后隐患排查工作，彻底消除因焊接作业掉落的焊渣造成防水板燃烧等情况。钢筋施工完成后，由瓦检员使用便携式瓦检仪对施工完的钢筋的防水板进行扫掠，若发现瓦斯渗漏点，立即采用手持焊枪进行修补，修补完后再由瓦检员检测修补的严密性，确保无瓦斯渗漏通道。钢筋接头的设置在承受应力较小处，并分散布置。

钢筋接头避开钢筋弯曲处，距弯曲点的距离不得小于钢筋直径的 10 倍，在同一根钢筋上少设接头，接头错开距离不小于 $35d$。

台车就位前按照仪器测放的隧道中线及标高对已绑扎好的钢筋再次进行结构尺寸检查，查看钢筋位置是否正确，保护层能否满足要求，保护层厚度不得小于 35mm，环向主筋内外面是否已安设混凝土保护层浆垫块，只有符合要求后才能进行台车就位。

由于台车就位后，浇筑仓内相对密闭，仓内气体量约 120m^3，仓内瓦斯主要为回风风流中瓦斯，易积聚在仓内顶部，在钢筋安装时在两层钢筋中间布置 3 根 ϕ50 高压风管，分别位于拱顶和两侧拱腰，两侧拱腰高压风管管口伸入距上一仓衬砌混凝土 1m 位置，拱顶高压风管管口伸入距混凝土入料口 1m 位置，风管管口根据混凝土浇筑情况逐步退出仓外，直至混凝土浇筑完成，避免将风管浇筑至混凝土中。

3）止水施工

隧道纵向施工缝采用钢边橡胶止水带和遇水膨胀止水条防水，如图 4-13 所示，进行仰拱浇筑时安装钢边橡胶止水带，遇水膨胀止水条浇筑拱墙之前进行安装。

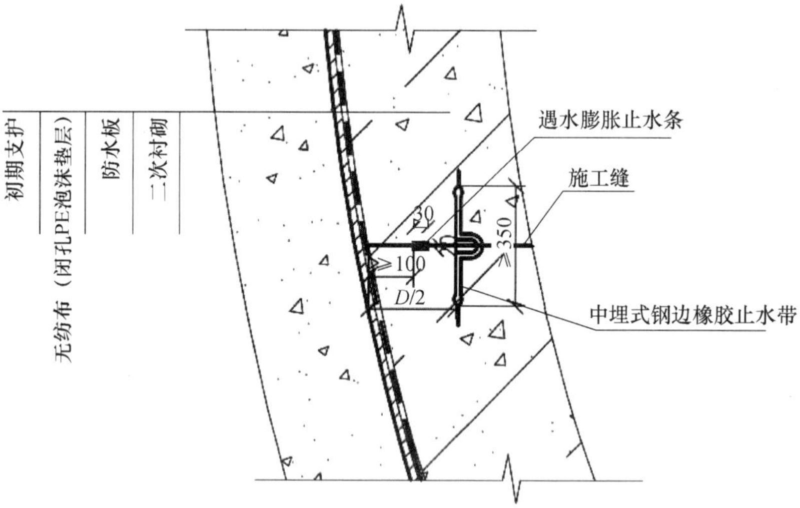

图 4-13　纵向施工缝防水构造示意图

拱墙环向施工缝采用中埋式和背贴式止水带防水，采用对夹钢模工艺控制中埋式、背贴式橡胶止水带安装质量，如图 4-14 所示。根据拱墙浇筑 12m/仓进行安装，中埋式止水带安装在衬砌厚度中间位置，背贴式止水带安装在衬砌背侧。

仰拱环向施工缝与拱墙环向施工缝防水构造形式相同，如图 4-15 所示。

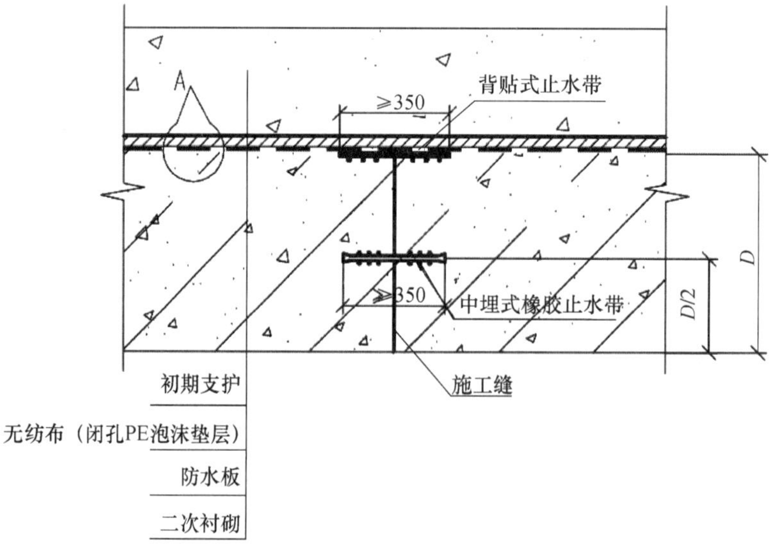

图 4-14　拱墙环向施工缝防水构造示意图

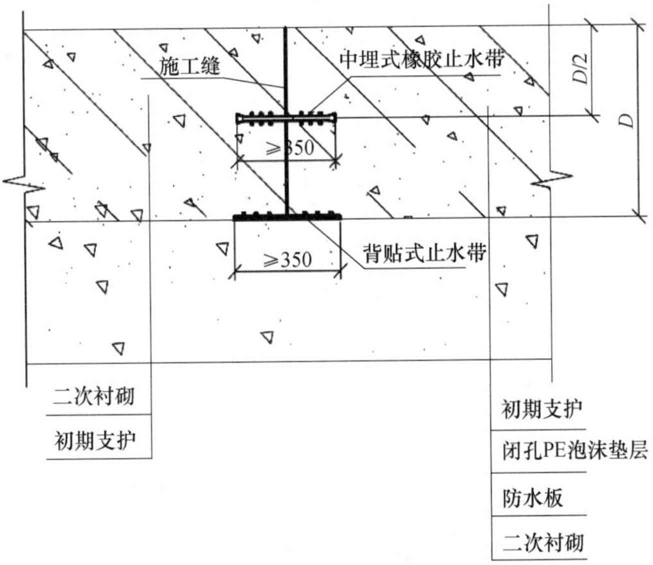

图 4-15　仰拱环向施工缝防水构造示意图

衬砌模板台车各项准备工作就绪后，沿衬砌设计轴线每间隔 0.45m 在挡头板上钻 ϕ12 钢筋孔，然后将加工成型的 ϕ8 钢筋卡由待模筑混凝土一侧向另一侧穿入，钢筋卡内侧卡紧一半止水带，待模筑混凝土凝固后拆除挡头板，弯曲 ϕ8 钢筋卡套上止水带的另一半，模筑下一循环混凝土。

浇筑二次衬砌混凝土时，加强混凝土振捣，排除止水带底部气泡和空隙，使止水带和混凝土紧密结合。

止水带的接头，搭接宽度不小于 15cm，冷接或焊接的缝宽不小于 5cm。止水带固定方式可根据实际情况进行调整，以满足设计要求。

止水带施工控制要点如下：

(1) 中埋式止水带应固定在挡头模板上，先安装一端，浇筑混凝土时另一端应用箱型模板保护，固定时只能在止水带的允许部位上穿孔打洞，不得损坏止水带本体部分。

(2) 固定止水带时，应防止止水带偏移，以免单侧缩短，影响止水效果。

(3) 止水带定位时，应使其在界面部位保持平展，不得使橡胶止水带翻滚、扭结，如发现有扭结不展现象应及时进行调整。

(4) 止水带的连接如图 4-16 所示。

(5) 止水带粘接前应做好接头表面的清刷与打毛，接头处选在衬砌结构应力较小的部位，粘接可采用热硫化连接的方法，搭接长度不得小于 10cm，焊接缝宽不小于 50cm，胶粘法应采用专用粘结剂，冷接法搭接长度不得小于 20cm。

(6) 在浇捣靠近止水带附近的混凝土时，应严格控制浇捣的冲击力，避免力量过大而刺破橡胶止水带，同时还必须充分振捣，保证混凝土与橡胶止水带的紧密结合，施工中如发现有破裂现象应及时修补。

(7) 衬砌脱模后，若检查发现施工中有走模现象，致使止水带过分偏离中心，则应适当凿除或填补部分混凝土，对止水带进行纠偏。

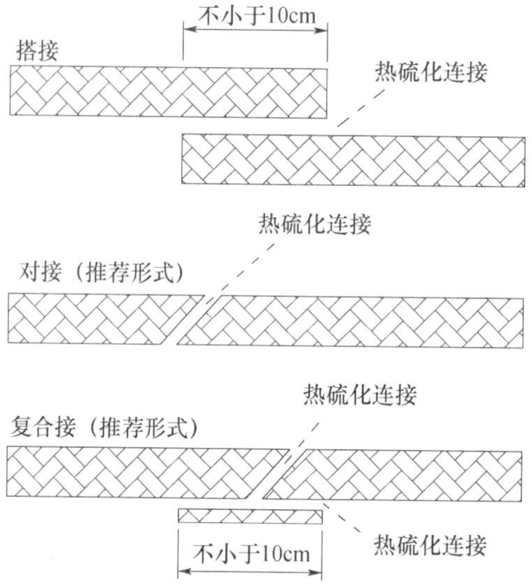

图 4-16　止水带常用接头形式示意

为保证相邻混凝土良好的粘结，在新混凝土浇筑前需对旧混凝土面进行凿毛处理，凿除已浇筑混凝土表面的水泥砂浆和“松弱”层，为确保施工缝位置的严密性，瓦斯逸出段位置，在环向背贴止水带和中埋止水带中间增设一条环向遇水膨胀止水条，凿毛露出的新鲜混凝土面积不低于总面积的 90%。凿毛时，混凝土的强度应符合下列规定：

① 用人工凿毛时，不低于 2.5MPa。

② 用风动机等凿毛时，不低于 10MPa。

凿毛处理的混凝土面用水冲洗干净。

4）模板施工

防水、钢筋完成并通过验收后及时行走台车进行定位，行走台车前对纵向施工缝全面清理，并安装遇水膨胀止水条；定位完成后开启台车所有观察窗口并根据仓内瓦斯浓度情况采用若干高压风管从端头向仓号内通风；端头模板安装过程中严禁动火，高压风管持续对仓号内通风，并随时检测仓号内瓦斯浓度。模板加固过程中如必须动火，必须履行动火手续，由瓦检员检测瓦斯浓度及灭火器、消防水管是否到位，符合动火条件后再进行动火作业，过程中瓦检员、安全员旁站作业。

衬砌台车顶模从上一循环衬砌连接段到端模共设置 3 个孔，依次为注浆孔、中间排气孔（备用注浆孔）、端模排气孔。

隧道标准段拱墙可采用定制 12m 衬砌钢模台车，通过调整液压元件，使模板正确对位。钢模台车就位施工如下：

（1）立模（台车就位）：根据放线位置，移动台车就位。台车就位后，按要求检查台车位置、尺寸、方向、标高、坡度、稳定性，放置接头止水带及界面剂和拱部注浆管，并安设好挡头模板再进行合格检验和经监理工程师签证，方可灌注边拱混凝土。

（2）台车就位前，首先检查模板台车各个部件，检查是否牢固，模板强度、刚度是否满足施工需要，同时对模板台车拼装后结构净空尺寸进行检查、验收合格后，才可以投入使用。

（3）台车就位前，对模板台车模板进行打磨处理，保证模板台车的表面平整度、光洁度，用色拉油作为脱模剂，脱模剂的涂刷一定要均匀，不能有油下流或聚集一团的现象。

（4）台车就位前，台车底部钢轨安装必须符合如下要求：首先必须保证钢轨安装后的刚度要求，即钢轨在承受自身静荷载和混凝土浇筑过程动荷载中，不能下沉。钢轨间距误差不能超过5mm，满足台车行走要求，同时要用钢楔卡住台车轮，保证台车在浇筑中不位移。

（5）对有钢筋的拱墙混凝土，钢筋上必须使用与设计保护层等厚的高强度等级砂浆垫块，以确保钢筋保护层符合设计要求，二衬钢筋的安装不能侵入净空。

（6）台车就位以测量组放样点位为标准，台车安装必须稳固、牢靠，接缝严密，不得漏浆。模板与混凝土接触面必须清理干净并涂刷隔离剂。

（7）台车就位完毕后，对台车进行检查，其允许偏差必须满足要求。

（8）检查完毕符合设计要求后，进行预埋件和挡头模板的安装，预埋件主要有背贴式橡胶止水带、中埋式橡胶止水带、止水条。止水带采用U形钢筋盘条固定在挡头模板部位，一半镶入模板，另一半需在挡头模板中埋，外侧并用钢筋进行固定、加固。带注浆管膨胀止水条采用预留安装槽。在模板拱顶（最高点）安设排气孔兼注浆孔。注浆孔设置间距5～10m。挡头模板和止水带之间采用定型木板加工，止水带与支护面之间采用不等宽度模板组合而成，根据超挖实际情况组合。

5）混凝土浇筑

（1）混凝土的运输。混凝土运输可采用12m^{3}混凝土罐车，高瓦斯工区混凝土罐车需经过防爆改装后方可进洞作业，低瓦斯工区可采用常规设备。

① 混凝土在运输过程中应不发生离析、漏浆、严重泌水及坍落度损失过多等现象。当运至浇筑点发生离析现象时，应在浇筑前进行二次搅拌，但严禁再次加水。

② 本工程采用混凝土搅拌运输车运输混凝土，应符合下列规定：

在运输已拌制好的混凝土时，宜以2～4r/min的转速搅动，严禁高速旋转。卸料前应以常速再次搅拌；在运输中同时拌制混凝土时，从加水后算起，至全部卸出所经过的时间，不宜大于90min；车体内壁应平整光滑、不吸水、不漏水。每天使用完毕后应清洗黏附的混凝土。

混凝土罐车的配置应根据浇筑部位的距离合理配置，在满足混凝土正常浇筑的情况下，混凝土罐车在现场既不出现积压的情况，也不因罐车到场时间过长影响浇筑。

（2）混凝土浇筑准备及入仓。

① 混凝土浇筑准备。

a. 在浇筑混凝土前，将二衬台车所有浇筑仓口、振动仓口、观察仓口开启，确保仓内空气流通，由瓦检员在各开启的仓口位置检测仓内瓦斯浓度，受空间限制的可采用橡胶软管伸入仓内进行检测，若仓内瓦斯浓度不超标，则正常开盘；若仓内瓦斯浓度超标要先加大通风量稀释瓦斯，待浓度下降至正常范围后再进行浇筑。

b. 浇筑混凝土前以及浇筑过程中，对模板、支架、钢筋骨架、预埋件等进行检查，发现问题及时处理。检查的主要内容包括下列各项：

模板的高程、位置及截面尺寸；模板、支架、支撑等结构的可靠程度；预埋件的安装位置和高程；钢筋的安装位置；脱模剂涂刷情况。

② 混凝土入仓。

仰拱及一次填充混凝土施工时，利用自制栈桥，混凝土搅拌运输车直接入仓。边墙、顶拱和排水沟混凝土施工利用混凝土泵入仓，混凝土泵采用 HB40 型混凝土泵机，混凝土入仓时，为保证钢模台车稳定，左右两侧混凝土高差不得大于 50cm。两侧混凝土上升速率控制在 1m/h 以内。

混凝土的浇筑需连续进行，浇筑过程中采用台车上附着式振动器和人工在窗口位置采用插入式振捣棒加强振捣，确保混凝土密实度。当因故间歇时，其间歇时间应小于前层混凝土的初凝时间。当超过初凝时间时会形成冷缝，脱模后按缺陷处理办法进行处理。

浇筑混凝土过程中或浇筑完成时，如混凝土表面泌水较多，须在不扰动已浇筑混凝土的条件下，采取措施将水排除。继续浇筑混凝土时，查明原因，采取措施，减少泌水。

混凝土浇筑时的自由倾落高度不得大于 2m，当大于 2m 时，采用串筒、溜筒或接软管等辅助设施进行混凝土浇筑。

随着混凝土入仓，仓号内空间减小，拱顶瓦斯浓度将升高，浇筑过程中在拱顶位置挂设便携式瓦检仪，瓦检员随时检测瓦斯浓度，如存在异常情况及时用高压风管对瓦斯积聚部位进行通风。混凝土浇筑过程中，瓦检员应跟班作业，随时检测瓦斯浓度，确保施工安全。

浇筑拱顶混凝土时，注浆管作为观察口，观察混凝土是否浇筑至拱顶，注意观察预埋管注浆管是否泌浆，必要时可对注浆观察口进行清理，避免堵塞。

（3）混凝土的振捣。混凝土振捣主要采用插入式振捣器和台车附着式振捣器。

① 用插入式振捣器振捣混凝土时，应符合下列规定：

移动间距不宜大于振捣器有效半径的 1.5 倍；插入下层混凝土内的深度宜为 5～10cm，以保证上下层结合良好；振捣器应尽可能垂直地插入混凝土中。如条件困难，可略带倾斜，但与水平面夹角不宜小于 45°；振捣棒捣固时应快插、慢拔，在每一孔位的振捣时间，以混凝土不再显著下沉、水分和气泡不再逸出并开始泛浆为准。一般为 10～30s；振捣时不得碰撞模板、钢筋和预埋管件，距模板的垂直距离，应不小于振捣器有效半径的 1/2；混凝土必须振捣密实，无漏振及过振现象。

② 在混凝土浇筑振捣过程中，要有专人负责，防止跑模和漏浆现象发生。

③ 混凝土浇筑应尽量连续进行。

④ 混凝土运输、浇筑及间歇的全部用时应不超过混凝土的初凝时间。底层混凝土初凝后浇筑上一层混凝土时，应按施工缝处理。

（4）混凝土养护。

① 混凝土浇筑后，12h 内即应覆盖或洒水。操作时，不得使混凝土受到污染和损伤。

② 当工地昼夜气温连续 3d 低于 5℃或最低气温低于－3℃时，采取冬期施工措施；当工地昼夜平均气温高于 30℃时，应采取夏期施工措施。

③ 混凝土养护时间不宜少于 14d，洒水次数应以混凝土表面保持湿润状态为度。

④ 养护用水与拌制用水相同，养护期间，养护水温与混凝土表面温度之差不得大于 15℃。

（5）拆模。

衬砌在初期支护变形稳定后施工，拆模时的混凝土强度应达到 8MPa，特殊情况下，衬砌在初期支护变形稳定前施工，拆模时的混凝土强度应达到设计的 100%。

二次衬砌拆模时混凝土内部与表层、表层与环境之间的温差不得大于 20℃，结构内外侧表面温差不得大于 15℃；混凝土内部开始降温前不得拆模。

6）带模注浆

为防止混凝土浇筑不密实，形成瓦斯气体储存腔，二衬施工完 2h 后及时通过在台车上预埋固定的垂直注浆管进行注浆。注浆采用专用的制浆注浆一体机进行操作，注浆材料具有微膨胀、高流动性、早强、无泌水、缓凝等特性，不仅起到空洞充填作用，而且能起到弥补或修复二衬混凝土缺陷的作用。

（1）在衬砌台车顶模上开孔，从上一循环衬砌连接段到端头模共设置 3 个孔，依次为注浆孔、中间排气孔（备用注浆孔）、端模排气孔。在顶模最高点适宜位置，设置注浆孔、排气孔等，共 3 个，各孔规格相同。顶模钻孔孔径 ϕ40mm；然后焊接固定法兰，法兰内径 ϕ40mm，外径 ϕ120mm。首次完成台车改造完后可重复使用。衬砌台车垂直注浆管安装示意图及模板固定法兰、注浆管定位法兰如图 4-17 和图 4-18 所示。

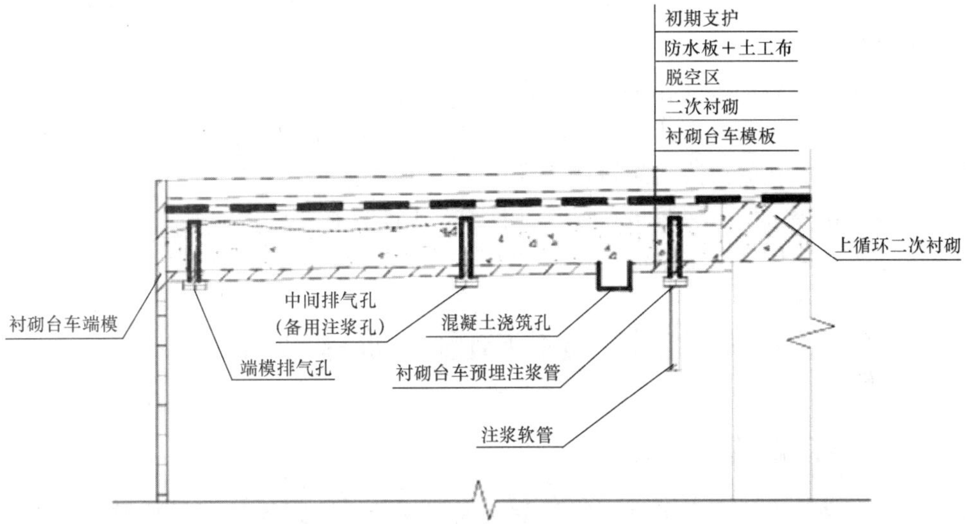

图 4-17　衬砌台车垂直注浆管安装示意图

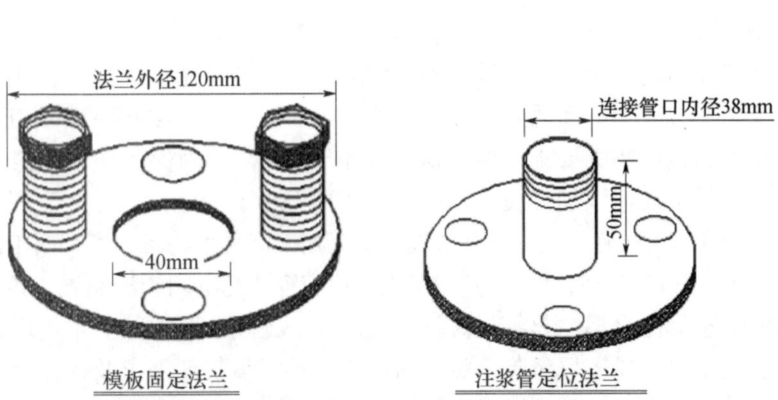

图 4-18　模板固定法兰、注浆管定位法兰示意图

(2) 安装 RPC 注浆管、排气管顶住防水板。根据二衬几何要求使改造后的模板就位后，将准备好的 RPC 注浆管（排气管）通过改造后的预留孔处进行“试穿”量测，确定 RPC 注浆管（排气管）的安装长度和检测二衬厚度是否满足设计要求，具体标准以 RPC 注浆管（排气管）顶住防水板长度+2cm 为准。

(3) 记录板上记录 RPC 管埋入深度。在 RPC 注浆管（排气管）顶住防水板后做好标记记录 RPC 管埋入深度：标记应为条线，一条为与二衬模板外模板的线（用来检测二衬厚度是否满足要求）；另一条为二衬模板外模板线+2cm，即 RPC 注浆管（排气管）的下料长度。

(4) 浇筑混凝土并观察预埋管出浆。二衬混凝土应对称浇筑，左右两侧混凝土面高差不得超过 0.5m，前后高差不得超过 0.6m，混凝土浇筑应逐窗逐层自模板窗口灌入，由下向上，对称分层，倾落自由高度不超过 2m。浇筑拱顶混凝土时，注浆管作为观察口，看混凝土是否浇筑到拱顶，以观察预埋管是否泌浆为准，必要时可对注浆观察口进行清理，避免堵塞。

(5) 注浆液制备及带模注浆。拱顶注浆原则上按照从低端往高端开始注浆。二衬混凝土浇筑完成 2～3h 后进行，注浆材料采用充填砂浆，水灰比为 0.18；注浆采用专用的制浆注浆一体机进行操作。浆液要求连续拌制，拌制过程中严格监控材料用量，确保浆液的质量。

(6) 观察压力表和排气孔出浆。注浆结束标志以排气孔和端头模流出浓浆即结束注浆。若台车模板处出浆压力达到 1.0MPa，仍未出浓浆，应更换排气孔注浆，直至中间排气孔和端模排气孔流出浓浆时停止注浆。

(7) 注浆结束，卸下注浆机软管，将灌浆管孔封堵密实。

(8) 浆液初凝后卸除定位法兰。

4.2 全隧贯通后的瓦斯管理探索

4.2.1 贯通后隧道施工通风

油气田瓦斯长大隧道在分区段贯通后，根据现场实际通风情况调整射流风机的位置，以达到最佳通风效果。

1. 施工通风要求

龙泉山隧道作为高瓦斯隧道，采用不间断通风，其中掌子面风速不得小于 0.5m/s，风管内风速不大于 20m/s，回风巷道内风速不大于 6m/s，百米漏风率不大于 2%。在隧道施工过程中严格按照相关要求控制瓦斯浓度小于 0.5%，确保瓦斯不积聚，并在局部瓦斯易积聚位置设置局扇以加强通风稀释，风速不得小于 1m/s。

油气田瓦斯隧道所有施工机电设备按高、低瓦斯工区分别配备。高瓦斯工区采用防爆型，低瓦斯工区可以采用非防爆型，其行车机械均配置“瓦电闭锁”装置。各工作面主风机均备用一套同等性能风机，并经常保持良好状态，风管采用阻燃、抗静电风管。

龙泉山隧道施工通风需风量除满足洞内作业人员对氧气的需求及稀释炮烟、稀释运输废气所需风量的要求外，并应同时满足稀释瓦斯所需风量及控制瓦斯不积聚所需风速要求。

隧道全线贯通衬砌施作完成后，不再设置洞外轴流风机，仅在隧道内特殊部位安装局扇，加速风流。

2. 隧道分区段贯通后通风

隧道分区段贯通前，根据工程参数和现场经验预先安设射流风机和局扇，贯通后未贯通面正常通风，贯通面暂停压入式通风，综合利用自然通风、射流风机和局扇进行混合式通风，形成隧道主洞和横通道内的巷道式通风，并结合贯通后检测风速、瓦斯数据动态调整通风方案，确保风流由贯通区段向未贯通区段流动，未贯通区段的污风严禁流向贯通区段，施工过程中随时监测瓦斯浓度，确保施工通风安全。图 4-19 所示为隧道分区段贯通通风流程图。

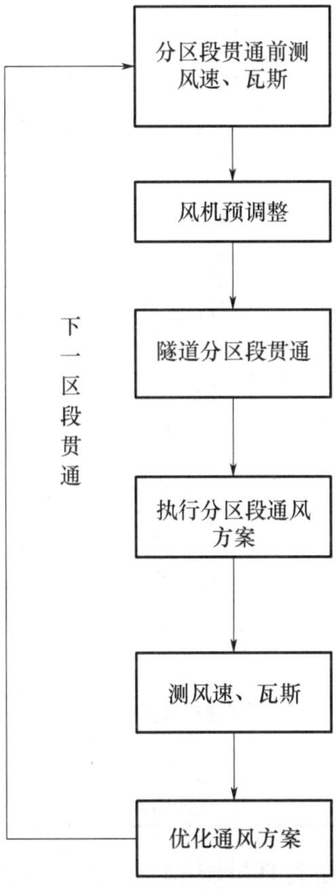

图 4-19　隧道分区段贯通通风流程图

通风维护系统：隧道分区段贯通期间，应加强隧道通风管理，保障隧道施工安全。加强日常风机运行、风管维护、风管延伸及风速测量工作。

4.2.2　隧道贯通后安全监控

1. 传感器设置

随着隧道分区段逐步贯通，一些主要工作面相继完工，故对此类位置前期所设置传感器进行拆除。贯通后安全监控系统传感器设置如表 4-2 所示。

表 4-2 贯通后安全监控系统传感器设置表

序号	设置地点	传感器名称	数量	备注
1	掌子面	甲烷传感器	0	拆除
		一氧化碳传感器	0	
		硫化氢传感器	0	
		温度传感器	0	
		风速传感器	0	
		其他气体传感器	0	
2	二次衬砌台车	甲烷传感器	0	拆除
		一氧化碳传感器	0	
		硫化氢传感器	0	
		温度传感器	0	
		风速传感器	0	
		甲烷传感器	0	
		其他气体传感器	0	
3	通风机	开停传感器	2	通风机拆除后拆除传感器
4	二衬成型段	甲烷传感器	0	拆除
		一氧化碳传感器	0	
		硫化氢传感器	0	
		温度传感器	0	
		风速传感器	0	
		甲烷传感器	0	
5	回风（距洞口 10～15m）	甲烷传感器	1	保留
		风速传感器	1	
6	主、副斜井与正洞相交段	甲烷传感器	2	保留
		风速传感器	2	保留
7	横通道	甲烷传感器	1	保留
		风速传感器	1	

2. 隧道贯通后安全监控系统管理措施

（1）安全监控中心应设专人值班，发现监控数据异常或系统发出报警信号时，应立即报告安全管理人员，并采取措施进行处理。

（2）安全监控中心值班人员每天对系统运行情况进行记录，安全管理人员每周对运行记录予以审核、签字。

（3）建立安全监控系统运行管理档案，包括各种检查记录、调试记录、测量记录、维护记录、运行记录等。应设专人负责，分类建档，安全监控记录必须进行备份，安全监控档案必须保持连续性、完整性。

（4）建立安全监控系统管理办法，监控系统及设施应定期进行维护，检查监控主机、分站、线路、传感器等的完好性及灵敏度，保证监测结果的准确性。

(5) 安全监控系统监测结果受温度、湿度、爆破震动等因素影响。因此，需及时对监测数据进行分析、整理，为隧道安全生产提供准确、可靠的依据。

(6) 隧道施工过程是动态变化的，安全监控系统设备、设施应随施工作业推进及时进行调整，保证隧道安全施工。

4.2.3 隧道贯通后瓦斯检测

全隧贯通后的瓦斯人工检测是由瓦检员执行检查，瓦检员必须经专门培训，考试合格，持证上岗。专职瓦检员必须使用光干涉式甲烷测定器检查瓦斯，同时检测 CH_4（甲烷）和 CO_2（二氧化碳）两种气体浓度。全隧贯通后原有瓦斯检测批次调整为全隧巡检，每班巡检两次。

1. 瓦检人员配备情况

贯通后工作面减少，瓦检员也相应减少配置。全隧贯通后，人工瓦斯检测工作实行24h两班轮换制，每班配备不少于两名瓦检员，日常瓦检每班瓦斯检测不少于两个巡回。

2. 人工瓦检设备

人工瓦检员检测采用光干涉瓦斯测定器和便携式甲烷检测报警仪，光干涉瓦斯测定器是根据光的干涉原理制成的，除了能检查 CH_4 浓度外，还可以检查 CO_2 浓度，检测瓦斯浓度0%～10%，使用低浓度光干涉甲烷测定器；特殊情况下，瓦斯浓度在10%以上，使用检测范围是0%～100%的高浓度光干涉式甲烷测定器。

3. 人工瓦斯检测范围

专职瓦检员严格执行瓦斯巡检制度，按时到岗，跟班作业，不得擅自离岗空班、漏检和假检，根据瓦斯巡检要求和频率进行瓦斯巡检工作。每次检查结果记入瓦斯检测日报表和检测位置悬挂的瓦斯记录牌。测定甲烷浓度重点在隧道风流的上部，测定二氧化碳浓度重点在风流下部。无作业台架处瓦检员自行配置辅助工具。巡检范围如下：

分区段贯通后：

(1) 未贯通区段隧道内各工作面（仰拱开挖、仰拱混凝土施工、防水板挂设、二次衬砌立模、二次衬砌混凝土浇筑、隧道加宽段、顶部凹陷处等）严格按照正常施工过程中瓦斯检测要求进行人工瓦斯巡检，每个断面至少检查4～6个点，即拱顶、两侧拱脚、两侧墙脚和仰拱底中点各距坑道周边20cm处。

(2) 未贯通区段隧道瓦斯可能产生积聚的地点（二衬台车部位、加宽段、加宽带、联络通道及预留洞室上部、塌腔内、局部超挖具有明显凹陷的地点等）。

(3) 隧道内可能产生火源的地点（电动机附近、变压器、电气开关附近、电缆接头的地点）及动火作业处。

(4) 贯通区段全范围的正常巡检，重点关注隧道排水孔处，洞内水气分离式、横向联络通道以及开挖过程中瓦斯异常涌出段落。

4. 人工瓦检频率

隧道分区段贯通后，未贯通段落正常巡检；已贯通段落正常情况下每天巡检1次，辅助系统监测；对洞内水气分离式、横向联络通道等瓦斯容易积聚的部位加强日常巡察，对异常动火作业处重点监控瓦斯情况。

人工监测要求：

专职检查员定时监测有毒、有害气体浓度。检测段内瓦斯浓度含量在0.5%以下，每班检查不少于两次；当检测段内瓦斯浓度含量在0.5%以上时，应立即停工，加强通风并采取相应措施，及时报告现场管理人员，并采取有效措施保证施工过程安全。

隧道内不得随意进行动火作业，动火作业必须报现场管理人员、安全部门，经批准，现场采取必要的措施后，方可动工，并且瓦检员要随时对每个检查点进行瓦斯浓度的检查。

回风流每次至少检查1次有毒、有害气体。

当洞内有毒、有害气体逸出时，对气体进行成分分析，根据分析结果，通过加强通风等措施对监测项目、频次进行动态调整。

当人工检测员携带的瓦斯检测仪报警或检测出瓦斯及有毒、有害气体超限时，则立即通知该工作面施工负责人，该处立即停工，并及时通知通风人员加强通风。若是局部瓦斯积聚的地点瓦斯检测仪报警，瓦斯浓度未达到2.0%，人工检测员通知通风人员对该地点加强通风（开启局部通风机等措施），并继续加强瓦斯浓度检测，该地点可继续施工，但绝对避免火源的产生；当局部瓦斯积聚的地点瓦斯浓度大于2.0%时，瓦检员通知该工作面的施工负责人，该地点及附近20m立即停工，并切断该处电源，撤出工作人员，同时通知通风人员加强通风措施，人工检测员加强瓦斯浓度的检测。

甲烷浓度预警设置如表4-3所示。

表4-3　甲烷报警范围表

甲烷检测地点	报警浓度	采取措施
防水板安装	≥0.5%CH_4	加强洞内通风、停止动火作业
二衬台车	≥0.5%CH_4	
回风流20m	≥0.5%CH_4	
隧道加宽带	≥0.5%CH_4	
联络通道	≥0.5%CH_4	
设备洞室	≥0.5%CH_4	
洞内施工完成段	≥0.5%CH_4	
其他瓦斯易积聚点	≥0.5%CH_4	

注：瓦检员根据洞内实际情况可增加测点位置。

4.2.4　运营期瓦斯防控探索

瓦斯隧道在运营中，瓦斯浓度在任何时间、任何地点都不得大于0.5%。

瓦斯隧道运营期间，必须进行瓦斯检测，低瓦斯隧道可以采用人工检测，高瓦斯和瓦斯突出隧道，则应采用自动检测。自动检测系统应具有瓦斯超限报警、通风机自动控制等功能，系统可采用洞口或远程计算机集中控制。

隧道运营期瓦斯检测断面的位置，应根据施工期间的瓦斯涌出情况确定。施工期间有瓦斯涌出地段，每50～100m设置一处，其他地段视具体情况确定。人工检测点或自动检测探头应位于隧道断面中部拱顶下 25cm 处。自动检测时，检测系统应能抗强电磁干扰，探头的安装结构应便于定时检查维修。

瓦斯隧道的机械通风方式，可采用壁龛式射流风机、洞口风道式纵向通风或竖（斜）井分段式纵向通风，因运营期通风是长期通风阶段，因此具体通风方式需在技术经济比较后确定。

瓦斯隧道运营通风机可采用普通型，有特殊要求时可采用防爆型。

设置机械通风的瓦斯隧道的通风量，应在稀释隧道内瓦斯所需风量和防止瓦斯积聚最小风速相应风量中取大值确定。计算风压时需计入适量自然反风。防止瓦斯积聚的最小风速按 1m/s 计。

机械通风的风机应有一定的备用量，采用射流风机时应有 50％的备用量，采用大型风机时应有 100％的备风量。备用风机必须在 10min 内启动。

瓦斯隧道的机械通风运转时间由计算确定，风机每次运转时间应不小于 15min。风机应具有短时反转控制风流大小及方向的消防功能。

瓦斯隧道运营期间宜采用定时通风；当隧道内瓦斯浓度达到 0.4％时，必须启动风机进行通风。保证隧道内瓦斯浓度不大于 0.5％，当瓦斯浓度降到 0.3％以下时，可停止通风。

设置机械通风的瓦斯隧道的监控中心与车站运转室和风机房之间应设置直通专线电话。

设有运营机械通风或瓦斯自动监控设施的瓦斯隧道，应视情况确定是否需要设置双回路电源。

附件　瓦斯隧道施工检查用表

瓦斯检测日报表

工程名称：　　　　　　　　　　　　工区：　　　　　　　　　　　　年　月　日

检测时间	桩号/部位	班次	作业内容	CH_4 浓度（%）	H_2S 浓度（%）	CO 浓度（%）	CO_2 浓度（%）	瓦检员

填表人：　　　　　　　　　　　　工区主任：　　　　　　　　　　　　安全总监：

填表说明：值班人员交接班后，及时将日报表上报瓦斯安全监控中心进行比对。在甲烷传感器布设位置应进行备注。H_2S 和 CO 的检查，每班检查 1 次，有异常时加频检测。CH_4 每 2h 检测 1 次，有异常时加频检测。日报表应包含部位：掌子面拱顶、掌子面侧壁、衬砌台车车顶、衬砌台车侧壁、放炮前、装药前、放炮后等其他瓦斯易积聚区域

瓦斯隧道风速风量原始记录表

工程名称：　　　　　　　　　　　　工区：　　　　　　　　　　　　资料编号：

序号	桩号/检测部位	时间	测风处断面积（m^2）	每次测定风表读数（m/s）			平均风速（m/s）	风量（m^3/min）
				第一次	第二次	第三次		
1								
2								
3								
4								
5								
6								
7								
8								
9								
10								
11								
12								
13								
14								
15								
16								
17								
18								

问题描述（含通风系统巡视情况）： 测风人员签字：	处理意见： 技术负责人签字：

填表说明：通风管理人员每日对工作面风流、工作面回风流、二衬模板台车前后、距离洞口20m处断面回风流及其他作业点处风速巡检一次。检测结果及时上报工区技术负责人，发现问题及时处理。该表格同时可用于监理单位驻地监理人员对工区通风系统进行抽检使用

瓦斯隧道一炮三检记录表

工程名称：　　　　　　　　　　　　工区：　　　　　　　　　　　　资料编号：

日期	班次	放炮地点	装药前			放炮前			放炮后			瓦检员签字	爆破员签字	安全员签字
			时间	CH_4	CO_2	时间	CH_4	CO_2	时间	CH_4	CO_2			

瓦斯隧道安全监控系统运行记录表

工程名称：　　　　　　　　　　　　工区：　　　　　　　　　　　　资料编号：

日期	值班班次	监控设备运行情况	瓦斯超限地点、浓度及持续时间	超限上报人员	瓦斯超限处理情况	值班人员

填表说明：时间格式按24h制填写，精确至分；班次填写早、中、晚；监控员值班期间应认真填写此表，发现瓦斯超限必须上报，并明确上报人员；工区技术负责人负责对瓦斯超限情况的处理

瓦斯隧道监控员（瓦检员、通风员）交接班记录表

工程名称： 工区： 资料编号：

序号	监控设备运行情况 （工区内瓦检情况或通风系运行情况）	交班人	接班人	交班时间

填表说明：交、接班人员认真填写此表，监控中心负责人（工区技术负责人）监督落实

光学瓦斯检测仪与甲烷传感器对照表

工程名称： 工区： 资料编号：

序号	瓦斯传感器安装位置	时间	光学瓦检仪测定值	瓦斯传感器监控值	误差值	比对结果
存在问题						
处理措施						
监控员签字 日期：			瓦检员签字 日期：			
安全员签字 日期：			系统安装维护人员签字 日期：			
工区技术负责人签字 日期：						

填表说明：监控员负责该表格的填写和数据对比分析，人工检测数据由瓦检员确认，位置由系统安装和维护人员确认，比对结果由工区技术负责人审核

安全监控系统巡检记录表

工程名称：　　　　　　　　　　　　工区：　　　　　　　　　　　　资料编号：

年　月　日	班次		巡检人员	
巡检线路及地点				
发现问题及隐患				
处理结果				
备注				

安全监控系统巡检记录表

工程名称：　　　　　　　　　　　　工区：　　　　　　　　　　　　资料编号：

年　月　日	班次		巡检人员	
巡检线路及地点				
发现问题及隐患				
处理结果				
备注				

甲烷传感器调校记录表

工程名称： 工区： 资料编号：

序号	传感器型号	出厂编号	外观检查	标气浓度	传感器显示值	显示误差	声光报警情况	调校结果	备注

校验人： 时间：

瓦斯超限处理记录表

工程名称：　　　　　　　　　　工区：　　　　　　　　　　资料编号：

时间	超限浓度	原因分析	发现 超限时间	恢复 安全时间	超限时长	处理措施	记录人

填表说明：由技术员负责填写完成

瓦斯隧道电气防爆设备失爆检查记录表

工程名称：　　　　　　　　　　　　工区：　　　　　　　　　　　　资料编号：

序号	设备名称	设备编号	检查情况	处理情况	检查人	检查日期

填表说明：由专业电气工程师或电工完成

瓦斯隧道“两闭锁”检测记录表

工程名称：　　　　　　　　　　　　　工区：　　　　　　　　　　　　　资料编号：

序号	闭锁事项	检测方式	检测情况	处理情况	检测人	检测日期

填表说明：由专业电气工程师或电工完成

瓦斯隧道电焊施工申请表

工程名称：　　　　　　　　　　　瓦斯工区等级：　　　　　　　　　　　资料编号：

<table>
<tr><td>施焊日期</td><td colspan="2"></td><td>施焊部位</td><td colspan="2"></td></tr>
<tr><td>施焊班组</td><td></td><td>施焊者</td><td></td><td>证件号</td><td></td></tr>
<tr><td>瓦检员</td><td></td><td>证件号</td><td></td><td>施焊时间段</td><td></td></tr>
<tr><td>施工内容
（原因）</td><td colspan="5">

申请人：　　　　　日期：</td></tr>
<tr><td>班组长意见</td><td colspan="5">

签字：　　　　　日期：</td></tr>
<tr><td>现场技术员意见</td><td colspan="5">

签字：　　　　　日期：</td></tr>
<tr><td>瓦检员意见</td><td colspan="5">

签字：　　　　　日期：</td></tr>
<tr><td>工区技术
负责人意见</td><td colspan="5">

签字：　　　　　日期：</td></tr>
</table>

注：瓦检员、技术员应落实焊接过程中瓦斯检测和安全措施。技术负责人应加强现场检查和监督

瓦斯隧道钻爆作业安全检查记录表

工程名称：　　　　　　　　　　瓦斯工区等级：　　　　　　　　　　资料编号：

本次钻爆桩号部位：　　　　　　　　　　　　　　　　　　　　　日期：　　年　月　日

序号	检查内容	检查结果	责任人	签名
1	超前钻孔起讫桩号		技术员	
2	钻屑指标分析许掘距离（m）		班组长	
3	钻眼前瓦斯浓度（%）		瓦检员	
4	钻眼个数（个）		班组长	
5	钻眼深度（m）		班组长	
6	领用炸药质量（kg）		安全员	
7	领用雷管数量（发）		安全员	
8	装药前瓦斯浓度（%） （爆破一检）		瓦检员	
9	实际装药质量（kg）		爆破员	
10	实际领用管数量（发）		爆破员	
11	雷管脚线连接方式		安全员	
12	炮孔是否正确堵塞		安全员	
13	装药后瓦斯浓度（%） （爆破二检）		瓦检员	
14	起爆方式		爆破员	
15	撤出洞内全部人员（人）		安全员	
16	洞口警戒 （50m 无人，熄灭火源）		安全员	
17	起爆时间	时分	爆破员	
18	持续通风时间（min）		安全员	
19	炮后进洞安全检查时间	时分	瓦检员	
20	爆破通风后瓦斯浓度（%） （爆破三检）		瓦检员	
21	瓦检员下达作业口令	□允许；□不允许 时分	瓦检员	
22	班组长接到允许作业口令 进洞作业		安全员 班组长	

填表说明：每次爆破均需按实际情况填写。本表流程执行完成后由安全员保存，过程中依次传递负责人。表中不适用项，用“/”标识

瓦斯隧道安全日常检查记录表

工程名称：　　　　　　　　瓦斯工区等级：　　　　　　　　资料编号：

序号	检查事项	桩号/部位	检查情况描述
1	洞口 20m 范围内是否存在火源		
2	洞口人员登记、检查记录		
3	是否穿着易产生静电的服装进洞		
4	进洞人员是否携带香烟、打火机或手机进洞		
5	是否按规定携带甲烷检测报警仪等仪表		
6	个人防护用品		
7	洞内灭火器等消防设施		
8	通风机运行情况，通风筒是否顺直、漏风，距离掌子面距离等		
9	各作业点甲烷等传感仪吊挂是否符合要求		
10	焊接动火安全措施是否到位		
11	一炮三检制的落实情况		
12	洞内电缆		
13	真空电磁启动器		
14	检漏继电器		
15	防爆插销		
16	真空馈电开关		
17	综合保护装置		
18	防爆型母线盒		
19	照明灯具		
20	安全监控线路		
21	台车运行		
22	人员遵章守纪情况		
23	排班管理		
24	CH_4（%）		
25	CO_2（%）		
26	风速（m/s）		
…	…		

安全员签字：　　　　　　日期：　　　　　　技术负责人签字：　　　　　　日期：

填表说明：本表格可用于监理单位对瓦斯隧道施工的日常检查和监督使用

瓦斯压力测定原始记录表

隧道/工区名称：　　　　　　　　　　　　　　　　　　　　　　　　资料编号：

油气构造层					测压地点、里程号	
依据标准						
测试所用仪器设备	序号	名称	型号规格	数量	精度	备注

测压钻孔施工记录

孔号	方位（°）	倾角（°）	长度（m）	岩孔长度（m）	油气层长度（m）	封孔长度（m）	开钻时间（min）	钻毕时间（min）	封孔时间（min）	备注

瓦斯压力测定记录

时间（d）	压力（MPa）	记录人	备注	时间（d）	压力（MPa）	记录人	备注

测定人：　　　　　　　　核定人：　　　　　　　　监理工程师：　　　　　　　　日期：

注：该表格适用于具有瓦斯突出岩层的危险性预测

参考文献

[1] 国家安全生产监督管理总局，国家煤矿安全监察局．煤矿安全规程［M］．北京：煤炭工业出版社，2016.

[2] 国家铁路局．铁路瓦斯隧道技术规范：TB 10120—2019［S］．北京：中国铁道出版社，2002.

[3] 国家安全生产监督管理总局，国家煤矿安全监察局．防治煤与瓦斯突出规定［M］.北京：煤炭工业出版社，2009.

[4] 贵州省公路工程集团有限公司．贵州省高速公路瓦斯隧道施工技术指南：JT 52/02—2014［S］．北京：人民交通出版社，2014.

[5] 贵州省公路工程集团有限公司．贵州省高速公路瓦斯隧道设计技术指南：JT 52/03—2014［S］．北京：人民交通出版社，2014.

[6] 国家铁路局．铁路隧道工程施工安全技术规程：TB 10304—2009［S］．北京：中国铁道出版社，2009.

[7] 傅鹤林，赵朝阳，等．隧道安全施工技术手册［M］．北京：人民交通出版社，2010.

[8] 杨立新，洪开荣，刘招伟，等．现代隧道施工通风技术［M］．北京：人民交通出版社，2012.

[9] 中华人民共和国交通运输部．公路隧道通风设计细则：JTG/T D70/2-02-2014［S］.北京：人民交通出版社，2014.

[10] 姚海波，高峰，等．油气田区瓦斯隧道施工地质灾害预报与监控［J］．第十一届海峡两岸隧道与地下工程学术与技术研讨会论文论文集（E卷），2012.

[11] 中铁二院．成都地铁18号线工程可行性研究报告［Z］．

[12] 中铁二院．成都地铁18号线工程龙泉山隧道初步设计［Z］．